KB119787

나는 왜 매번 불행을 선택할까

나는 왜 매번 불행을 선택할까

뤄진웨 지음
이효선 옮김

어떤 상황에서도 포기하지 않고
행복을 향해 가는 법

위즈덤하우스

"어린 시절 행복했던 사람은
평생 어린 시절에 의해 치유받지만,
어린 시절 불행했던 사람은
평생 어린 시절을 치유하며 살아간다."

알프레드 아들러Alfred Adler

그 모든 상처를
이겨낸 당신에게

몇 년 전부터 마음속에서 싹튼 생각이 있다.

'더 많은 사람이 성장을 바탕으로 자기 인생을 살아갈 수 있도록 도움을 주는 책을 쓰고 싶다.'

요 몇 년 사이 나는 직업상 많은 사람이 마음의 성장에 따른 변화를 겪으면서 심리적 성장의 중요성을 절감하는 모습을 지켜봤다. 물론 어쩔 수 없는 상황도 있겠지만, 되도록 많은 사람이 현실에 더 다양한 선택지가 있다는 사실을 깨닫기를 바랐다. 그러던 중 편집자 마자오윈(馬昭雯)에게서 출간 제안을 받았다. 책의 콘셉트가 내가 생각해오던 것과 딱 맞아 마치 운명처럼 느껴졌기에 기쁜 마음으로 수락했다.

수개월간의 작업 과정에서 나는 두 가지를 끊임없이 자문했다.

'행복해지는 방법에 대한 책은 아주 많은데, 이 책은 어디에 차이점을 두어야 할까?'

'심리적 성장을 바탕으로 어떻게 행복력을 발전시킬 수 있을까?'

첫 번째 질문에 대해서는 다음과 같이 생각했다. 우리는 살아가면서 늘 어려움에 직면하는데, 그럴 때마다 문제를 어떻게 해결해야 할지 탐색하고 다른 사람의 관점과 조언을 참고한다. 하지만 그 많은 방법과 조언들이 얼핏 완벽해 보이지만, 결국 자신에게는 조금도 쓸모가 없는 데다 근심만 더 키울 뿐이란 사실을 발견한다. 예상치 못하게도 나는 다른 사람들이 가서는 안 된다고 말하는 곳에서 길을 찾았다. 겉으로는 그럴듯해 보이는 조언들이 나에게는 아무런 도움이 되지 않았고, 오히려 불완전해 보이는 것들이 큰 도움이 됐다.

자신의 길을 완주한 이후 앞으로 어떻게 해야 좋을지 끊임없이 조언해주는 사람을 모두 한 번쯤은 만나봤을 것이다. 정작 자기는 열 걸음을 걸어 목적지에 도착했으면서 우리에게는 한 걸음만 더 가면 된다고 달콤한 말로 속삭인다. 만일 한 걸음을 더 갔는데도 목적지에 도착하지 못하면 우리는 좌절감을 느끼고 자신을 쓸모없는 존재로 여기게 된다. 사실 우리에겐 아무 잘못이 없다. '잘한다'고 추어주는 사람들이 뭔가를 시도해보려는 우리의 의지를 밟아버린 것이 문제일 뿐이다.

심리학자 칼 구스타프 융(Carl Gustav Jung)은 이런 말을 했다.

"다른 사람의 생각을 바꾸려는 마음조차 가져서는 안 된다. 빛과 열을 내뿜는 태양에서 배워야 한다. 햇빛은 세상 어디에나 공평하게 쏟아지지만, 받아들이는 사람에 따라 반응이 다르다. 누군가는 눈부심을 느낄 것이고, 누군가는 따뜻함을 느낄 것이며, 심지어 누군가는 피하려고 할 것이다. 씨앗이 땅을 뚫고 싹을 틔우기 전에는 어떤 조짐도 보이지 않는다. 싹이 나오지 않았다면 아직 때가 되지 않았기 때문이다. 나를 구원할 수 있는 사람은 오직 나뿐이다."

나는 지름길을 알려주려는 게 아니다. 살면서 마주하는 난관에는 가능성도 함께 존재한다는 사실을 발견할 수 있도록 돕고 싶을 뿐이다. 솔직히 말해서 자기 성장은 굉장히 고독하고 쉽지 않은 과정이다. 이 길을 걸어가는 사람 중 많은 이들이 이내 포기하고 싶어 할 것이다. 그런데도 누군가는 꽉 막혔다고 느껴지는 곳에서 더욱더 앞으로 나아가려고 발버둥을 친다.

이 책을 통해 성장 과정에서 겪게 되는 문제를 분명히 이해할 수 있었으면 좋겠다. 나아가는 길에서 적지 않은 어려움을 만나겠지만, 불공평한 운명을 원망하거나 자신에게 화살을 돌리지 않기를 바란다. 되도록 안정을 유지하고 자신을 충분히 탐색하며 새롭게 시도한다면, 생각지도 못했던 곳에서 기회의 문이 열릴 것이다.

두 번째 질문과 관련하여, 많은 이들이 행복한 사람은 운이 더 좋았을 뿐이라고 생각한다. 하지만 불행한 사람이라고 해서

운과 기회가 전혀 없었던 것은 아니다. 다만 그것을 제때 붙잡지 못했을 뿐이다. 행복한 사람은 눈 깜짝할 사이에 스쳐 지나가는 기회조차 모두 잡아낸다.

　나는 행복이 운을 통해서만 얻을 수 있는 게 아니라고 생각한다. 운이 찾아오기 전에 자신에게 필요한 심리적 능력을 얼마나 충분히 갖춰놓았는지가 더 중요하다. 만약 당신이 어부라면 바다에 나갈 때마다 고기를 배에 가득 싣고 돌아오길 바랄 것이다. 그러고 싶으면 물고기가 있는 곳에 그물을 쳐야 함은 물론이고 그물도 아주 튼튼해야 한다. 바로 이 튼튼한 그물이 행복을 맞이하기 위해 사전에 내재적으로 갖춰놓아야 하는 능력이다.

　이 책에서는 행복력을 인지력, 감수성, 감지력, 수용력이라는 네 가지 능력으로 나누었다. 이에 상응하는 마음 성장의 4단계로 나에게 호기심을 갖는 단계, 나를 있는 그대로 받아들이는 단계, 나를 이해하는 단계, 나와 화해하는 단계를 제시한다. 이 4단계의 성장을 이뤘을 때 자신을 더 편안하게 대할 수 있고, 다른 사람과의 관계가 원만해지며, 자아실현의 토대를 다질 수 있다. 토대가 안정될수록 인생에서 행복을 얻을 기회도 많아질 것이다.

　본론으로 들어가기 전에 몇 가지 제안을 하고 싶다. 우선, 책을 읽으면서 처음부터 일부러 어떤 생각을 떠올리려 하거나 어떤 말을 기억하려 할 필요는 없다. 자신의 느낌을 따라가기만 하면 된다. 읽다가 어느 부분에서 어떤 감정이 생겨나면, 잠시

읽기를 멈추고 글을 천천히 음미하며 깨달음을 얻거나 상담가와 이야기를 나눠보자.

　다음으로, 다양하게 나타나는 우리의 상태에는 옳고 그름이 없다는 점을 기억하자. 그것은 일종의 과정이거나 일시적인 모습일 뿐이다. 그에 대해 충분히 탐색하고 이해할 수 있으니 괴로워할 필요가 없다. 또한 성장을 고민하는 시기에는 절대적으로 올바른 상태로 보이려고 애쓰지 말고, 다른 상태의 존재 가능성도 부정하지 말자. 자칫 잘못하면 이런 과도기적 상태가 가져올 새로운 기회의 싹을 모두 잘라내는 결과를 가져올 수도 있기 때문이다.

　이 길을 가기 전의 대부분 사람은 유일한 확신을 얻고 싶어 한다. 단순명료한 삶을 추구하는 것이다. 하지만 이 길에 올라서면 삶 속에서 풍부한 가능성을 찾고 받아들이는 자기 모습을 발견하게 될 것이다. 매 순간 과거와 현재, 미래의 교차로에서 있는 우리는 많은 것과 공존하며 함께 앞으로 나아가야 한다. 자기 성장은 과거를 완전히 버리고 자신을 바꾸는 게 아니라, 과거를 충분히 이해하고 받아들이도록 자신을 격려하고 그것을 바탕으로 미래를 향해 힘차게 나아가는 것이다.

　독일의 작가 헤르만 헤세(Hermann Hesse)가 말했다.

　"세상의 어떤 책도 나에게 행운을 가져다줄 수는 없지만 소리 없이 나를 만들어줄 수는 있다."

　이 책이 마음에 가까이 다가갈 수 있는 지혜의 원천이 되어서 당신이 가야 할 길을 마침내 찾아낼 수 있기를 바란다.

마지막으로 이 책의 기획편집자 마자오원에게 감사의 말씀을 전하고 싶다. 그녀의 도움이 있었기에 이 책이 세상에 나올 수 있었다. 또한 내담자 한 분, 한 분께 감사드린다. 그분들을 통해 삶의 더 깊고 풍부한 의미를 깨달았다. 그리고 독자들께도 깊이 감사드린다. 독자들의 한결같은 지지는 내가 글을 써나갈 수 있는 원동력이 되고 있다. 모든 분께 가슴 깊이 감사의 마음을 전한다.

우리 모두 자신의 길을 찾고 행복한 인생을 살아갈 수 있기를 진심으로 기원한다.

뤄진웨

차례

• **프롤로그** 그 모든 상처를 이겨낸 당신에게 … 006

1장

<h2 style="text-align:center">자기도 모르게</h2>

<h2 style="text-align:center">불행을 선택하는 사람들</h2>

1 내면의 상처: 살기 위해 잊었지만 더 나은 삶을 위해 기억하라 … 019

2 반복되는 문제: 고통의 순환에서 벗어나라 … 029

3 자존감 결핍: 타인에게 기대다 보면 나 자신은 사라진다 … 038

4 애정 결핍: 아무런 상처도 주지 않는 사랑은 없다 … 047

5 감정 마비: 상처받지 않기 위해 감정에서 도망치지 마라 … 056

2장

<h2 style="text-align:center">행복력: 어떤 환경에서도 포기하지 않고</h2>

<h2 style="text-align:center">행복으로 나아가는 힘</h2>

1 자아의식: 행복과 불행의 차이는 어디에 있을까 … 067

2 왜곡된 인정 욕구: 받지 못한 사랑을 끝없이 갈망하다 … 074

3 극단적 감정의 부작용: '나의 행복'을 이루지 못하는 이유 … 083

4 행복력: 누구나 과거를 극복하고 새로운 인생을 살아갈 수 있다 ⋯092

5 마음 성장 단계별 네 가지 행복력: 행복하게 살고 싶으면 어떤 능력을 갖춰야 할까
⋯ 101

3장

마음 성장 1단계 : 인지력

나 자신을 진심으로 알아간다

1 인지의 경직: 막힌 길마다 나를 가로막는 원인이 숨겨져 있다 ⋯111

2 심리투사: 타인에게 휘둘리는 저주를 깨고 자기답게 살아가는 방법 ⋯ 119

3 성장을 위한 첫걸음: 첫술에 배부를 수는 없다 ⋯128

4 흑백논리: 모든 관계에서 이해가 공감보다 중요하다 ⋯134

5 인지력: 내 안에 공간을 남겨두어야 이해가 가능해진다 ⋯141

4장

마음 성장 2단계 : 감수성

내 감정을 인식하고 받아들인다

1 마음 공간: 억눌린 감정을 덜어내고 새로운 공간을 확보한다 ⋯151

2 마음 치유: 문제의 흐름을 막지 않아야 문제에 갇히지 않는다 ⋯157

3 심리적 자가치유 기능: 내 느낌에 가까이 다가설 때 진정한 나를 되찾는다 … 166

4 행복을 위한 미니멀리즘: 내려놓을 수 없는 감정은 모두 진지하게 대한다 … 174

5 끊고 버리고 벗어나기: 올 것은 오게 두고 갈 것은 가게 둔다 … 182

5장

마음 성장 3단계 : 감지력

내 감정의 원인을 탐색하고 이해한다

1 열정적인 인생을 위해: 아무래도 상관없다는 태도를 버리자 … 193

2 성장을 위해: 과거, 현재, 미래를 동시에 바라보자 … 202

3 자기 확인과 자기 감지: 나를 인정하는 것보다 더 중요한 것은 없다 … 211

4 감지력 향상 3단계: 경험을 회상하고 이해하고, 자기를 확인한다 … 220

5 의례화: 의식적인 의미 부여는 마음과 현실을 가깝게 이어준다 … 228

6장

마음 성장 4단계 : 수용력

나와 화해하고 나를 인정한다

1 안에서 밖으로의 성장: 자기 자신을 받아들이는 데서 모든 것이 시작된다 … 237

2 관계의 저력: 대등한 관계는 자기 수용이 이뤄질 때만 가능하다 … 246

3 자기 수용 3단계: 진정으로 나를 수용하는 법 … 255

4 중심 특질: 나의 핵심 성향을 찾는 것이 관계를 유지하는 밑바탕이 된다 … 266

5 자기 성장의 길: 가장 좋아하는 내 모습으로 살아야 행복과 만날 수 있다 … 275

$$\boxed{7장}$$

행복력은 나를

자그마한 우주의 중심이 되게 한다

1 무감각과 자기 확인: 마음속에서 돋아난 행복력이 가장 튼튼하다 … 287

2 행복을 향한 걸음: 마음속 간절한 목마름을 찾아내라 … 297

3 삶의 공간: 행복력은 인생의 폭과 깊이를 확장한다 … 305

4 애벌레와 나비: 내가 느꼈던 행복으로 사랑과 감동을 전달하자 … 314

5 인생의 전환점: 나의 인생이 아름다워질 수 있도록 … 321

1장

자기도 모르게

불행을

선택하는 사람들

1.

● 내면의 상처

살기 위해 잊었지만
더 나은 삶을 위해 기억하라

오늘날 '원가족'은 심리 분야에서 모두에게 주목받는 관심의 대상이다. "나는 예외야. 원가족의 영향을 받지 않아"라고 자신 있게 말하는 사람을 본 적이 없다. 특히 자신을 깊이 이해하는 사람일수록 원가족 역시 깊이 이해하기에 자신과 원가족의 복잡한 관계를 분명히 밝힐 수 있다.

대부분 사람이 살아가면서 원가족과 마주했을 때 보이는 태도는 두 가지다. 하나는 과거의 경험 때문에 너무나 괴로워서 죽을힘을 다해 벗어나려는 태도다. 그리고 다른 하나는 과거의 일은 과거일 뿐으로 이미 다 잊어서 자신에게 어떤 영향도 미치지 못한다고 여기는 태도다. 드러나는 태도야 어떻든 그들은 원가족의 영향에서 충분히 벗어날 수 있고, 심지어 이미 벗어났다고 생각한다. 하지만 한참을 여기저기에서 부딪히고 넘어지다가 겨우 원래 자리로 돌아오고 나서야 비로소 원가족에게서 절대 벗어날 수 없다는 사실을 깨닫는다.

 ### 01 벗어나려고 발버둥쳐도
결국 원래 모습으로 되돌아온다

대부분 사람은 원가족이 자신에게 매우 심각하고 강렬한 기억을 남기지 않았다며 대수롭지 않게 생각한다.

"제 과거는 평범하고 순탄해서 특별히 무슨 문제가 있다고 생각해본 적이 없어요."

겉으로야 트라우마 같은 것은 없어 보이지만, 종종 이런 사람들에게서 이해하기 어려운 문제점들이 발견된다. 예를 들어 심한 열등감을 느끼거나 자기 생각을 자신 있게 표현하지 못하거나 관계 안에서 갈등을 회피하려고 하는 행동 등이다. 이런 특성들은 오래전부터 삶에 내재되어 그들을 따라다닌다.

심리 상담가로서 나는 내담자에게 이런 상황이 원가족과 어떤 관련이 있는지 계속해서 호기심을 가져보라고 요구한다. 구체적으로 어떤 관련이 있는지 처음에는 알 수 없기에 훗날 그에 대해 더 많이 이해하게 될 날이 오리라고는 생각지도 못하겠지만, 자신에게 무언가를 담을 그릇을 마련해주면 그 안에서 많은 것이 천천히 떠오를 것이다.

관계 안에서 갈등을 회피하려는 여성의 사례를 소개하겠다. 지금 당신은 의도적으로 갈등을 회피하고 있는 거라고 말하자 그녀가 물었다.

"갈등을 좋아하는 사람이 어디 있어요? 좋지 않은 것은 완전히 없애버리는 게 낫지 않은가요?"

"맞아요. 우린 모두 갈등을 피하고 싶어 하죠. 하지만 피할 수 없는 갈등도 있어요. 제가 보기에 당신은 갈등을 피하려다 보니 삶이 너무나 괴로워지는 것 같아요. 왜 그렇게 할 수밖에 없는 건지 모르겠네요."

"무슨 말씀을 하시는 건지 도통 모르겠어요."

나중에 그녀는 나를 찾아와 그날의 일에 대한 느낌을 솔직하게 털어놓았다. 그때의 대화에서 무언가 가슴에 쿵 와닿는 것이 있었다고 말했다. 자기 내부에 계속 존재하던 특별한 느낌을 어렴풋이 깨닫기 시작한 것이다.

한번은 남편이 어떤 일에 대해 물었는데, 그녀는 어떻게 대답해야 할지 몰라서 아예 입을 다물었다고 한다. 남편이 화를 내더니 그녀를 힘껏 밀쳤고, 그녀는 졸지에 넘어지고 말았다. 급히 방으로 피신한 그녀는 양손이 계속해서 후들거리는 걸 발견했고 큰 두려움을 느꼈다. 동시에 과거의 기억이 한꺼번에 떠오르면서 애써 피하려고 했던 일들이 그녀에게 달려들었다.

02 상처 주는 것들을 대수롭지 않게 여기는 것이 삶의 일부분이 된다

얼마 후에 다시 상담을 받으러 온 그녀가 말했다.

"사실 전 어떤 일들에 대해서는 아예 생각하지 않으려고 노력해요. 그러면 다 지난 일이 되니까요. 하지만 지금은 저 자신에게 더 솔직해져야겠다는 생각이 들어요. 이제 선생님께 그때의 일에 대해서 말씀드리려고 합니다."

그녀가 일곱 살 때의 일이다. 하루는 술에 잔뜩 취해서 집에 돌아온 아버지를 보고 어머니가 참지 못하고 잔소리를 퍼부었다. 결국 싸움으로 번져 어머니가 아버지를 확 밀쳤다. 그러자 아버지가 어머니에게 손찌검을 했고, 어머니도 지지 않고 달려들었다. 잠시 후 어머니는 땅바닥에 고꾸라지고 말았다. 하지만 아버지는 폭력을 멈추지 않았고, 의자를 들어 어머니를 향해 사정없이 내려쳤다.

고작 일곱 살이었던 그녀는 문틈으로 이 모든 일을 지켜봤다. 바닥에 쓰러진 어머니는 움직임이 없었고, 얼굴에선 피가 흘렀다. 그녀는 아버지가 어머니를 정말로 죽일까 봐 숨도 못 쉴 지경이었다. 하지만 섣불리 나섰다가는 자기도 같이 죽일까 봐 겁이 나서 아버지를 말리지 못했다.

몇 시간이 흐른 뒤 어머니는 차에 실려 집을 떠났다. 그녀는 어머니가 어디로 실려 갔는지 알 수 없었다. 심지어 살았는지 죽었는지조차 알 수 없었다. 그녀는 밤새도록 공포에 떨며 주체할 수 없는 괴로움에 시달렸다. 한편으로는 어머니가 이대로 영영 돌아오지 못할까 봐 무서웠고, 한편으로는 자신의 나약함이 몹시 원망스러웠다.

다행히도 어머니는 크게 다친 곳 없이 치료를 잘 마치고 집으로 돌아왔다. 다만 얼굴에 선명한 흉터가 남아 있었다.

한참 뒤에 어머니가 그녀에게 나지막이 물었다.

"그날 밤 뭔가 봤니?"

그녀는 어머니의 눈을 똑바로 쳐다볼 수 없어서 고개를 숙이고 대답했다.

"아니요, 일찍 잠들어서요. 어머닌 어쩌다가 다치셨어요?"

어머니가 대답했다.

"실수로 넘어졌단다."

이후 그녀는 종종 어떤 꿈을 반복해서 꾸게 됐다. 누군가에게 쫓기며 도망치는 꿈이다. 그녀는 쫓기면서 극심한 공포에 질렸고 누군가가 뚫어지라 쳐다보는 듯한 느낌이 들어 무서웠다. 그러다가 언제부터인지 다시는 악몽을 꾸지 않게 됐다. 그녀는 당시 일이 이제는 그저 과거가 됐다고 생각했다. 그런데 남편이 밀치는 순간 과거의 느낌이 줄곧 자기 안에 남아 있었다는 사실을 비로소 깨달았다.

남편의 폭력과 마주하면서 그녀는 극도의 공포를 다시 느끼는 한편, 동시에 마음이 홀가분해지는 것을 느꼈다. 그녀는 남편이 아버지와 마찬가지로 잔인하고 포악해지는 것이 두려웠다. 그러면서도 한편으로는 자신이 정말로 남편에게 맞으면 더는 어머니에게 양심의 가책을 느끼지 않아도 된다는 안심이 들었다.

공포와 양심의 가책은 결혼 생활에서 그녀를 매우 왜곡된 사람으로 만들었다. 자기 생각을 표현하고 남편에게 반응하는 것을 계속 거부하게 했다. 원가족에 대한 트라우마를 끌어안은 채 살아가고 있다는 사실을 그녀 자신도 지금까지 몰랐던 것이다.

남편의 폭력과 마주하고 나서 그녀는 비로소 꿈에서 깨어나는 듯했다. 그날의 기억에 계속 끌려다니지는 않았지만, 자기도 모르게 자신을 계속 한쪽으로 몰아갔다. 일곱 살 소녀였던 때로 돌아가 그때의 두려움을 다시 떠올리며, 외면했던 어머니에 대한 죄책감을 보상하고 싶다는 마음이었다.

많은 사람이 원가족에게서 받은 수많은 상처가 어디에 존재하는지 알지 못한 채, 또는 알더라도 모르는 척하며 상처를 끌어안고 현재를 살아간다. 상담을 시작하고 나면 사람들의 내부에서 모종의 기억이 솟아오르기 시작한다. 먼지로 뒤덮인 낡은 기억의 책장에서 여러 가지 정서와 감정이 건드려졌을 때, 자신에게 나타나던 증상들이 점차 개선되는 모습을 발견하게 된다. 우리가 과거의 중요한 기억을 지우려고 할수록 증상은 도리어 그것을 더 기억하려 한다. 반대로 진지하게 기억하려 할수록 증상은 점차 약해진다.

 03 **살아가기 위해 잊고,
더 나은 삶을 살기 위해 기억한다**

아직 어릴 적에는 삶이 여러 가지 제약으로 가득 차 있는 것처럼 느끼기 쉽다. 그래서 사랑받지 못할까 봐 원하지 않는 일이지만 어쩔 수 없이 따르거나, 버림받을까 봐 자신을 감추는 방식으로 사랑을 얻으려 하기도 한다. 떠올리는 것만으로도 무서워지는 경험과 마주했을 때, 그것을 떠올리지 않도록 자신을 몰아붙여 더는 기억나지 않는 것처럼 만들어간다.

　어릴 적에는 이런 무서운 경험을 소홀히 여기곤 한다. 심지어 다른 사람도 모두 마찬가지 일을 겪고 있고, 세상의 부모는 모두 똑같다고 생각한다. 당시의 기억을 잊어버리고 마음에 두지 않는 것은 살아가기 위한 방편이고, 고등 동물인 우리의 자기 보존 본능이기도 하다.

　자라나면서 많은 일이 기억에서 점차 흐릿해지며, 얼핏 더는 중요하지 않은 것처럼 여겨진다. 과거에서 해답이나 의지할 만한 대상을 찾지 못했다고 해서 살아갈 수 없는 것은 아니기 때문이다. 하지만 이따금 날카롭게 찌르는 속박된 감정과 이해할 수 없는 감정에 온몸이 휘감기는 것을 느낀다. 다만 그것의 정체가 무엇인지 알 수 없고 그것에서 헤어날 수도 없다는 느낌을 받게 된다.

　의지를 다지고 죽을힘을 다해 앞으로 돌진하다가도, 어느 순간 자신이 바람 빠진 풍선처럼 느껴진다. 현재 상태에 갇혀서 나아가지도 물러서지도 못하며 깊은 무력감에 사로잡히기도 한다. 이런 상황에 처해 있다면 원인이 무엇인지를 반드시 밝혀내야 한다. 자신이 잊고 사는 게 무엇인지 아직 분명하게 밝힐 수는 없더라도 잠재의식 속에 존재하는 모종의 느낌은 한 번도 그곳을 벗어난 적이 없었다.

　잊는 것이 한때는 나를 살아가게 해줬다면, 다시 기억해내는 것은 더 나은 삶을 살아가기 위한 방편이다. 이 두 가지는 완전히 상반된 방식으로 보이지만 자기 보존과 자기 발전을 위해 반드시 함께 거쳐야 할 과정이다. 감정을 피하는 것은 자신을 앞으로 나아가게 하기 위한 일시적인 방편이고, 일정한 때가 되면 괴로움에서 벗어나기 위해 다시 기억을 불러일으켜 그 감정들을 떠올릴 수밖에 없다. 원가족에게서 받은 상처와 마주했을 때 사람들은 자신 있게 앞으로 나아가지도 못하고 잘 빠져나오지도 못하는 두 가지 고충 사이에서 이러지도 저러지도 못한다.

앞으로 나아갈 용기를 내지 못하는 사람은 과도하게 '잘하고' 싶어서 불완전한 자신의 실체와 마주하지 못한다. 예를 들어 분명히 마음속으로 부모를 원망하고 있으면서도 한편으로는 용서해야 한다고 자신을 설득하는 것이다. 실수가 더는 발생하지 않도록 조기에 정서와 감정을 차단하는 것이다.

이런 부류의 사람들은 세상의 수많은 법칙을 이해하고 어떻게 행동해야 하는지를 잘 알고 있다. 하지만 '해야 하는' 것과 반대되는 삶을 살면서 자신을 도저히 받아들일 수 없게 된다. 상처에서 잘 빠져나오지 못하는 사람은 설령 진정한 자신을 찾아 원가족과 일정한 거리를 두고 있더라도 다시 앞으로 힘차게 나아갈 원동력을 찾기 어렵다. 현재의 생활에 만족하는 것처럼 보이지만 사실은 삶의 의미를 느끼지 못한다. 더 멀리 나아가고 싶으면 더욱 튼튼히 연결되어야 한다. 성장의 과정에서 도중에 길이 갈라지고 말았다면 그 균열을 다시 메워야 한다.

많은 사람이 부모가 과거에 한 행동이 더는 의미가 없는 것으로 생각한다. 과거의 일은 대부분 잊고 살고 있는데 이제 와서 갈라진 틈을 다시 메우는 게 무슨 의미가 있는지 의문을 가진다. 하지만 그것은 매우 중요한 일이다. 가정이 우리에게 가져다준 상처가 무엇이든 전부 우리 존재의 뿌리가 되기 때문이다. 균열을 메우고 가정과 연결될 때 뿌리가 더욱 튼튼해지고 지속적으로 영양분을 섭취할 수 있다.

원가족은 우리 모두에게 깊은 의미를 지니고 있다. 원가족 내에서의 사랑과 미움은 차오르고 사그라지는 과정을 거쳐야 한다. 그 과정은 억지로 빨리 끝내거나 천천히 이룰 수 있는 것이 아니다. 스스로 충분히 감지하여 자신의 위치를 확인하는 것 말고 갇혀 있는 곳에서 자신을 데리고 나올 방법은 없다.

과거에 어떤 대접을 받았는지를 우리는 영원히 잊을 수가 없다. 이미 잊은 것처럼 보인다고 하더라도 단지 다른 방식으로 기억하고 있는 것에 불과하다.

우리는 원가족과 마주했을 때 각자 다른 선택을 할 수 있다. 하나는 회피하는 것이다. 원가족에 관한 것을 벗어나기 어려운 증상이나 문제로 치부하고, 자기 삶을 속박하고 망가뜨린 존재로 기억하기 때문이다. 다른 하나는 원가족이 가져다준 낙인과 굴레를 충분히 이해하고 더 나은 방식을 선택하여 가슴에 아로새기는 것이다.

앞으로 어떤 삶을 살게 될지는 우리의 신중한 선택에 달렸다. 이제 당신은 마음속에서 자신만의 답을 찾았으리라 믿는다.

1. 우리는 원가족에서 벗어날 수 없다. 이는 나무에 뿌리가 없을 수 없는 것과 같다.

2. 어릴 적 가정에서 받은 상처는 평생 잊을 수 없다. 다만 어떤 방식으로 기억하느냐의 차이가 있을 뿐이다.

3. 원가족에게서 받는 상처는 우리가 선택할 수 없다. 하지만 그 상처가 지속되는 기간이 길거나 짧은 것은 스스로 선택한 결과다.

고통의 순환에서
벗어나라

혹시 이런 느낌이 든 적 있는가? 어느 날 아침 눈을 떴는데 전혀 내 삶이 아닌 것만 같다. 무언가에 떠밀려서 쫓기듯 달려 나가고 있고, 선택이라고 할 만한 것을 전혀 해본 적이 없다.

　그것이 자신이 원하는 삶이 아니라는 것을 깨닫고 다급하게 질문을 던져본다.

　'난 어떻게 해야 할까? 내가 무엇을 할 수 있을까? 나에게 어떤 변화가 필요할까?'

　분명히 당분간은 적절한 답을 찾지 못한 채 삶을 지속할 것이다. 그리고 팽이처럼 쉬지 않고 정신없이 돌아가는 일상이 당신을 여러 가지 상황에 빠뜨릴 것이다.

　잠시 숨을 고를 수 있는 공간을 찾아 지치고 허무한 감정을 달래보지만 할 수 있는 것은 기껏해야 원망뿐이다.

- 그 사람은 어쩌면 그렇게 무책임하지?
- 나는 이렇게 고생하는데 왜 도와주지 않는 거지?
- 내가 잘해주는 것도 잘못인 거야?
- 그 사람은 왜 내 감정을 조금도 배려하지 않을까?

인생은 갈림길의 연속이다. 모든 사람에게 삶이란 파이프라인을 뚫고 나가는 것과 같다. 누군가는 파이프라인 끝에 있는 행복을 바라보며 뚫고 나가는 과정도 행복으로 여긴다. 하지만 누군가에게는 계속되는 고통일 뿐이다.

왜 이런 일이 벌어지는 걸까?

심리학자들은 우리가 파이프라인을 뚫고 나가는 것이 어려서 형성된 관계를 바탕으로 이루어진다고 생각한다. 우리는 어른이 된 이후에도 어릴 적 형성했던 관계를 끊임없이 복제한다. 예를 들어 어려서 충분히 신뢰받고 이해받았던 사람은 성장한 이후에도 이런 느낌의 복제를 바탕으로 타인을 신뢰하고 이해하는 사람이 된다. 동시에 자신 역시 신뢰받고 이해받을 만한 사람이라고 믿는다. 긍정적인 순환의 전형이다. 반면 어려서 항상 구박을 받고 부정당하면, 성장한 후에도 부지불식간에 그런 느낌을 거듭 경험하게 되고 타인을 헐뜯고 부정하는 사람이 된다. 게다가 타인이 자신을 깎아내리고 부정하는 것도 받아들이게 된다. 악순환의 전형이다.

이런 심리 패턴을 '반복 강박'이라고 한다. 만일 일찍부터 훌륭한 파이프라인을 만들어놓았다면 자연스럽게 좋은 길을 선택할 것이다. 하지만 파이프라인을 이미 엉망으로 뚫어놓았다면 끊임없이 엉망진창인 길이 펼쳐질 것이다.

 01 ### 잠재의식은 언제나 나를 위해 움직인다

누가 됐든, 행복을 꿈꾸는 것은 충분히 이해받을 만한 일이다. 하지만 그것에 가까이 다가가려고 하면 항상 예기치 못한 큰일이 터지고야 만다.

다음은 러시아 소설가 엘레나 고로코바(Elena Gorokhova)의 소설 《크럼즈의 산(A Mountain of Crumbs)》에 나오는 한 장면이다.

이른 봄날 강을 뒤덮은 빙판이 얇아질 무렵, 유빙에 살짝만 부딪혀도 물속에 얼어붙어 있던 폭탄은 폭발을 일으키고 물고기를 산산조각 냈다. 아이들이 물속으로 걸어 들어가 물고기를 잡기 시작하면 더 많은 폭탄이 터질 수 있었다.

몸이 산산조각 날 수 있다는 것을 알면서도 아이들은 여전히 고기를 잡으러 가곤 했다. 물고기에게도 불행한 일이지만, 이런 아이들의 운명은 말할 수 없을 만큼 안타깝다. 반복 강박에 시달리며 그것이 운명이라고 믿는 사람들은 목숨을 걸고 물고기를 잡으러 가는 아이들과 같다. 그들이 잡는 것이 물고기가 아니라 그

들 자신이라는 차이만 있을 뿐이다.

　이전에 폭탄이 터져 피투성이가 된 적이 있는데도 계속해서 고기를 잡으러 가는 아이들처럼, 반복 강박에 사로잡힌 사람들은 과거의 고통스러운 경험 속으로 되돌아가면 다시 한 번 새로운 기회가 열린다고 생각한다. 고통 속에서 다시 태어날 수 있기를 바라는 것이다. 하지만 매번 고통에 휩싸인 채로 산산조각이 나고 만다. 그들은 자신이 언제 산산조각이 나게 될지에 전혀 관심을 두지 않는다. 물속에 몸을 담그고 물고기를 찾는 데 온 신경을 쏟느라 위험이 한 걸음씩 다가오고 있다는 것을 알아채지 못하는 아이의 모습과 다르지 않다.

　그들은 물고기가 아니라 자기 자신을 잡아 올리면서 그 일에 더욱 숭고한 사명을 부여한다. 고통의 순환에 빠진 사람들은 잠재의식 안에서 자신을 구원하고 싶어 한다. 틈만 나면 자신을 궁지에 몰아넣으면서 위험한 상황에 처해도 살아서 돌아올 수 있는 구원의 기적을 간절히 바란다. 처참한 결과로 이어질 것이 뻔한데도 자신을 돌보지 않고 원래의 계획대로 일을 진행한다.

　기대하는 것과 실제 행동 사이에는 항상 뜻밖의 변수가 숨어 있기 때문에 예상 밖의 일이 일어날 수도 있다는 것을 잘 알고 있어야 한다. 동시에 더 나은 사람이 되기 위한 내면의 열망도 이해할 수 있어야 한다. 이때 우리는 다음과 같은 질문을 깊이 탐구해볼 필요가 있다.

　'이렇게 필사적으로 노력하는데도 왜 삶은 여전히 나아지지 않는 걸까?'

02 감정을 무시하면 쓰라린 대가를 치른다

반복 강박에 빠진 사람들은 대부분 '매우 조급하다'는 특징을 지니고 있다. 일마다 바삐 서두르고, 관계 안에서 다음 단계로 넘어갈 때마다 조급해한다. 일이나 관계가 실패할 것 같으면 더 빨리 다음으로 넘어가길 바란다. 하지만 아무리 바삐 움직여도 삶은 나아질 기미가 보이지 않는다. 무엇 때문에 이리도 서두르는 걸까?

그들은 일을 빨리 끝내야 한다는 생각에 빠져 조급해진 나머지 자신의 느낌에 주의를 기울일 시간이 없다. 결국 자신의 느낌을 다룰 필요조차 느끼지 못하게 된다. 이것은 잠시 잠깐 홀가분한 기분을 맛보게 해준다.

그냥 길을 걸을 때는 어디로 가야 할지 몰라 이리저리 두리번거리기도 하고 무수한 갈림길을 만나기도 한다. 하지만 직접 파이프라인을 뚫고 나갈 때는 오직 전진하는 것만 생각해야 하므로 다른 선택은 할 필요가 없다. 즉 매사 조급한 사람들은 정말로 처리해야 할 일이 많아서 바쁜 게 아니다. 자신을 일부러 일에 파묻히게 하여 고통스러운 감각이 떠오르는 것을 억누르고 마주하기 어려운 문제들을 회피하려는 것이다.

우리는 간혹 눈앞에서 벌어지는 일에 이상한 점이 많다는 점을 분명히 알면서도 계속 무시하는 길을 택하기도 한다. 그것에 대해 생각하지 않으려고 더욱 바쁘게 무언가를 하면서 주의를 돌리는 것이다.

하지만 자신의 느낌을 계속 무시하는 사람들은 결국 쓰라린 대가를 치르게 된다. 느낌은 최고의 브레이크 시스템이다. 우리가 지금 겪고 있는 일들 안에서 나타날 수 있는 문제를 미리 알려준다. 그런데 계속 소홀히 하면 문제가 점점 더 쌓이게 되고, 결국 우리는 산더미처럼 쌓인 문제들과 직면하게 된다. 그러면 더는 자신을 멈춰 세울 용기조차 내기 어려워진다.

아무 이상 없는 척하는 것은 고통에 빠진 사람이 잠시나마 평온한 시간을 보낼 수 있는 가장 간단한 방법이다. 하지만 고통의 강도가 더욱 세지면 반드시 어떤 느낌과 마주하게 되고, 다른 선택을 하기에는 이미 너무 늦은 상황에 처하게 된다.

반복 강박인 사람이 고통에 빠지면 90퍼센트의 시간은 고통스럽지 않은 척을 하고, 남은 10퍼센트의 시간은 매우 극렬한 고통 속에서 허덕이게 된다. 그러다가 더는 견딜 수 없는 때가 오면 남을 원망하기 시작한다. 마침내 가장 고통스러웠던 시간이 지나가면 다시 애써서 고통스럽지 않은 척을 한다.

진정 다른 선택을 할 수는 없을까?

이런 패턴은 그들의 잠재의식이 직접 선택한 것이다. 그들은 일정한 왜곡을 통해 자신의 의식을 회피함으로써 어린 시절에 얻지 못했던 행복에 도달할 수 있다고 믿는다. 하지만 이는 영원한 과욕에 불과하다.

물고기를 잡으러 가는 아이로 치면, 이전에 폭탄이 터져 고기를 잡지 못한 아이가 또다시 고기를 잡으러 가면서 자신에게 이렇게 말하는 것과 같다.

"강에 폭탄 따위는 없어. 앞으로 조금만 더 나아가면 고기를 잡을 수 있고 나는 진정한 승자가 되는 거야."

이 아이가 자신의 느낌을 무시하지 않는다면 고기도 잡기 전에 폭탄이 터져서 죽을 수도 있다는 내면의 두려움이나 걱정이 앞설 것이다. 그러면 분명히 고기를 잡는 데 조급해지지 않을 것이다. 하지만 자신의 느낌을 무시하면 앞날에 대한 걱정이 사라지면서 미래가 밝고 환하게만 느껴질 것이다.

반복 강박에 빠진 사람들은 항상 낙관적인 것처럼 보이지만, 점차 고통의 순환 고리에 빠져 그 안에서 허덕이게 된다. 상황이 얼마나 나쁜지 느끼지 못하고 위험이 다가오고 있다는 것도 모른다.

03 감지력과 의식이 미치는 곳에서 인생도 완성될 수 있다

예전에 다음과 같은 이야기를 듣고 깊은 깨달음을 얻은 적이 있다.

코끼리를 새끼 때부터 쇠사슬로 묶어두면, 자라서 힘이 세지더라도 가느다란 호박 넝쿨 하나만으로도 계속 묶어둘 수 있다. 그 코끼리는 심지어 넝쿨에서 벗어나려는 의욕조차 보이지 않는다.

사람들이 흔히 말하는 '운명으로 여기고 단념하는' 것이 바로 이런 상태다. 사람들은 삶이 벽에 부딪혔을 때 원래 자신은 이런 운명이었다며 체념한다. 남녀 관계에서 문제에 봉착했을 때도 상대방이 자신을 사랑하지 않는 것이 정해진 운명이라고 치부한다. 하지만 '운명으로 여기고 단념하는' 길을 선택하는 순간 과거의 운명을 순순히 받아들이게 된다. 그러면 영원히 자신의 과거 안에서 살아가게 된다.

내내 쇠사슬에 묶여 자란 코끼리는 설령 뒤늦게 자유를 갈망하고 갖은 애를 쓰더라도 호박 넝쿨에서 벗어나지 못한다. 자신을 묶은 것이 여전히 쇠사슬이라고 여기기 때문이다. 고통스러운 반복 강박에 빠진 사람 중에는 이미 어른이 된 이들도 많다. 하지만 그들의 감지력과 의식은 아무런 발전을 이루지 못하고 여전히 제자리에 머물러 있다. 그들은 아직도 어린 시절과 마찬가지로 무력감을 느낀다.

빠지지 않아도 될 곤경에 굳이 스스로 뛰어드는 사람은 반복 강박에 사로잡힌 것으로 볼 수 있다. 자신과 자신이 처한 상황을 충분히 감지해내고 자아의식을 갖추는 능력이 부족한 사람들이다.

연봉 200만 위안(약 4억 원)을 받는 어떤 사람의 얘기다. 그녀는 남편에게 자주 가정 폭력을 당하면서도 관계를 계속 유지하기를 바랐다. 사실 그녀는 이런 말도 안 되는 상황 탓에 깊은 무력감에 빠져 있을 수도 있다. 지금 그녀는 이미 성인이고, 혼자서 충분히 살아갈 만큼의 생활력을 갖추고 있으며, 자신의 가치도 잘 알고 있다. 그런데도 마음속의 일부 느낌이 아직도 어린아이의 위치에 머물러 있는 것이다. 예민하게 감지해 자신의 현재 상황을 충분히 의식한다면, 어른의 위치에 올라서서 어른의 눈으로 눈앞의 문제를 마주할 수 있을 것이다.

반복 강박에 빠진 사람이 운명을 바꾸고 싶으면 깊이 있는 의식과 감지의 토대를 마련해야 한다. 조급하게 바꾸려 할수록 선택의 폭은 좁아진다. 자신이 처한 상황을 분명히 알고 있을 때 자기 인생의 주도권을 확실히 잡을 수 있다.

치유 노트

1. '어떡해?'는 아무런 도움도 되지 않는다. '어떡해?'를 '대체 어떻게 된 일일까?'로 바꾸는 게 좋다.
2. 잠재의식은 자기 자신을 가장 잘 반영하는 것으로, 우리를 고통 속으로 데리고 들어가기도 한다.
3. 행복은 마음이 부정적인지 긍정적인지에 달린 게 아니라 자신의 의식이 미치는 곳에서 발견할 수 있다.

타인에게 기대다 보면
나 자신은 사라진다

살면서 이런 사람 하나쯤은 만나봤을 것이다. 상대방이 아무리 상처를 줘도 그에게 잘하는 사람. 그들은 다른 사람에게 최선을 다하고 대인관계에 정성을 기울이면 자신도 그런 대우를 받을 수 있으리라고 생각한다. 하지만 대개는 관계 때문에 괴로워하고 막막해하며, 끝내 출구를 찾지 못하기도 한다.

한 여성은 일에서 맡은 바 책임을 다했고, 가정에서는 불평 한마디 없이 혼자서 집안일을 해냈으며, 아이에게는 아낌없이 사랑을 베풀었다. 처음에는 문제 될 것이 아무것도 없었지만 시간이 흐른 후 그녀는 비로소 깨달았다.

아무리 열심히 일해도 상사의 인정을 받기 어려웠다. 아무리 가정을 위해 노력하고 모든 것을 바쳐도 배우자의 관심과 인정을 얻지 못했다. 아이가 원하는 대로 다 들어줬는데 가족들은 계속 아이의 문제를 지적하며 그녀의 교육 방식에 참견했다. 그녀는 언제나 타인을 배려했지만, 결국 모든 것이 밑 빠진 독에 물 붓기였고 칭찬해주는 사람도 하나 없다는 사실을 깨달았다.

이런 패턴이 언제부터 시작됐는지 찾아 올라가 보면, 아주 오래전부터 반복돼왔다는 사실을 알 수 있다. 예컨대 어렸을 때 열심히 공부한 이유는 부모님을 만족시키기 위한 것이었고, 매사에 친구들의 기분을 맞춰준 것은 그들을 만족시키기 위한 것이었다.

다른 사람을 만족시키려는 태도가 내면에 굳게 자리를 잡아버린 사람은 무엇을 좋아하는지, 무엇에 흥미가 있는지 같은 질문을 받으면 이렇게 얼버무린다.

"네? 잘… 모르겠어요."

독립적인 존재로서 자신의 의미와 가치를 찾아내지 못하고 타인의 논리에 따라 살아가는 것이다. 결국에는 모든 것을 바쳐도 다른 사람을 만족시키지 못하고, 자신에 대해서는 더욱더 만족감을 느끼지 못하게 된다.

 01 **절망의 굴레: 다른 사람을 만족시켜야 희망이 생긴다고 생각한다**

이전에 깜짝 놀랄 만한 뉴스를 접한 적이 있다. 스물여섯 살의 대학원생이 지도교수에게 4년 동안 노예 취급을 당했다는 것이다. 대학원생은 지도교수가 부르면 언제든 곧바로 달려갔고, 빨래와 식사 준비까지 해줬을 뿐 아니라 때때로 안마까지 해줬다. 그를 '아버지'라고 부르며 영원히 그를 따르겠다고 약속했다. 하지만 지도교수는 제자가 제공하는 각종 편의는 마음껏 누리면서 그가 유학을 가지 못하도록 모든 기회를 빼앗았다.

대학원생의 상태는 점점 주변 친구들도 차마 눈 뜨고 볼 수 없을 지경에 이르렀다. 그는 졸업할 때까지만 버텨보자고 자신을 다독였다. 하지만 그것은 자기 인내의 한계를 과대평가한 것이었다. 결국 더 이상 견딜 수 없었던 그는 건물에서 몸을 던져 스스로 생을 마감했다.

막다른 지경에 몰리기 직전까지 그에게는 아무런 의지가 없었다. 그의 일기에 적힌 내용을 살펴보면 지도교수와의 갈등에 대해 어머니에게 이야기했지만, 어머니는 그를 타이르며 그저 참으라고만 했다. 그는 여리고 미숙한 자아를 가지고 있었다. 어머니에게 반항하고도 싶었지만 결국 그녀의 논리에 압도되어 굴복하고 말았다. 그의 잠재의식 안에서는 지도교수를 만족시키고 어머니를 만족시키기만 하면 자신의 존재에도 가치가 생긴다는 희망이 자리하고 있었고, 그래서 지도교수와 어머니의 논리에 따라 살아갈 수밖에 없었다. 하지만 마침내 자신의 논리를 갖추기 시작하면서 자멸이라는 결과를 선택했다.

 **학습된 무기력: 딜레마에 빠지면
내가 받아들이는 것으로 결론을 내린다**

행동주의 심리학자 마틴 셀리그만(Martin Seligman)의

유명한 실험이 있다. 셀리그만은 개 한 마리를 자물쇠를 채운 박스에 가둔 후 전류를 흘려보냈다. 전기 자극을 받은 개는 고통을 참지 못하고 필사적으로 출구를 찾으려 했다. 개는 여러 번 몸부림을 쳤지만 결국 탈출에 성공하지 못했다. 잠시 후 다시 전기를 흘려보냈을 때 개는 잠자코 고통을 견딜 뿐 다시는 도망치려 하지 않았다.

이후 그는 더 큰 박스에 그 개를 포함하여 몇 마리를 집어넣고 전기를 흘려보냈다가 멈추기를 반복했다. 중간에는 쉽게 뛰어넘을 수 있는 높이의 칸막이가 있었다. 그런데 다른 개들은 전류를 피해 칸막이를 뛰어넘었지만 그 개는 다른 개가 넘어가는 모습을 바라보기만 할 뿐 시도해볼 용기조차 내지 않았다.

거듭되는 고통에 직면하면서 개는 묵인과 인내를 선택했다. 대학원생이 노예 취급을 받으면서도 참아야 한다고 자신을 타일렀던 것처럼 말이다. 외재적 환경에서 오는 괴로움을 느끼면서도 학습된 무기력 탓에 고통스러운 상황에서 벗어날 수 없었다.

이런 모순의 근원은 여기에 있다. 우리는 타인의 논리에서 만족스러운 답을 찾길 바라지만, 타인의 논리 안에는 그를 위한 정답이 들어 있을 뿐이다. 타인의 논리에 장단을 맞추려 하면 우리는 뿌리를 내리지 못하고 떠다니는 부평초처럼 될 것이다. 고통은 고통대로 받으면서 자신의 가치도 찾지 못한다.

이전에 한 여학생이 상담을 받으러 온 적이 있다. 바야흐로 사춘기에 접어든 그 여학생은 친구와 어떻게 사귀어야 할지 몰라 고민이 많았다. 여학생은 괴로운 나머지 어머니에게 고민을 털어놓았다. 하지만 돌아오는 대답은 이랬다.

"지금은 공부가 제일 중요하니까 그런 쓸데없는 생각은 하지도 마."

하지만 그녀는 고민을 떨쳐버릴 수 없었다. 생각이 너무 많은 게 아닐까 자책하면서 절대 어머니가 원하는 사람이 될 수 없다고 생각했다. 그녀는 친구와 갈등이 생겼을 때도 언제나 자책부터 했다. 상대방에게는 분명히 그럴 만한 이유가 있을 거라고 정당화했고, 문제는 모두 자신에게 있다고 여겼다.

결국 그녀는 끊임없이 자책하며 자신을 공격했다. 시간이 흘러도 이상적인 모습이 될 수 없었고, 극도의 괴로움을 느끼면서 빠르게 우울해지는 자기 모습을 발견했다. 어머니는 '네가 너무 민감하고 생각이 지나치게 많은 탓'이라며 그녀를 나무라기만 했다.

이와 같은 여학생의 상태를 이른바 '공심병(空心病, '자존감 결핍'과 비슷한 의미로 가치관의 결함으로 인해 겪는 심리적 장애의 일종이다. 인생이 무의미해지고 막막함을 느끼며 자신이 무엇을 원하는지 모르는 증상이 나타나는 것으로 베이징대학교 교수가 제시한 개념이다)'이라고 한다. 공심병의 특징은 타인과 자신의 견해가 일치하지 않을 때 항상 빠르게 타인의 관념을 받아들이도록 자신을 설득하는 것이다. 그들은 끊임없이 자신을 억압하고 왜곡된 모습으로 살아간다. 이런 과정에서 다른 사람을 위해서는 많이 노력하고 애쓰지만 자신을 위한 삶은 살아보지 못한다. 오직 다른 사람을 생각하는 것에서 인생의 희망을 찾을 수 있다.

그들은 벽에 부딪히고 희망을 느낄 수 없으면 자신에게 아무런 가치가 없다고 생각한다. 결국 자신의 안위를 위해서 여러가지 부당한 논리를 받아들이도록 자신을 몰아갈 수밖에 없다. 이런 일이 반복되면 언젠가 관계 안에서 절망을 느끼게 되고, 자신의 논리를 발전시킬 공간을 조금도 남기지 못하게 된다.

 **03 한 걸음씩 나아가게 할 여유 공간을 가져야
불만족스러운 삶에서 벗어날 수 있다**

베이징대학교의 심리학 박사인 쉬카이원(徐凱文)이 조사한 통계에 따르면 베이징대학교 1학년 학생 중에서 31퍼센트가 공심병에 시달리며 공부하는 의미를 찾지 못하는 것으로 나타났다. 그들은 부모나 사회의 기대에 부응해야 한다는 가치관에 무리하게 자신을 꿰맞추느라 자아를 발전시킬 기회를 가져본 적이 없었다. 그러다 보니 사회적 요구를 충족시키더라도 계속 허무함을 느꼈고, 타인의 기대를 만족시켜야 하는 삶에서 심한 괴로움을 느꼈으며, 결국 자신이 나아가야 할 길을 찾지 못했다.

정말 걱정스러운 상황이다. 무엇이 그들을 가뒀을까?

이전에 어떤 심리 상담 선생님이 중국과 서양 문화의 차이점에 대해 설명하는 것을 들었다.

"중국의 문화는 융합을 지향하기 때문에 부모의 기분과 감정 대부분이 부모의 것인 동시에 나의 것이기도 합니다. 만일 내

것이 아니라고 한다면 나는 아무 쓸모도 없게 됩니다. 서양과는 다른 모습이죠. 서양 사람들은 어려서부터 부모와 아이의 경계가 분명하고 각자 자신의 영역을 가지고 있습니다."

즉 우리는 어려서부터 부모의 감정과 기분, 가치관에 영향을 받고 자기도 모르는 사이에 그것을 기준으로 삼아 자신을 평가한다. 언젠가는 후회하며 자신이 세웠던 기준을 부정하지만, 이미 그때는 자신을 어디에 두어야 할지 모르는 상태가 되어 있다.

이미 성장한 어른들이 여전히 부모의 생각, 기분, 감정에 얽매이는 모습을 현실에서 종종 볼 수 있다. 많은 사람이 부모와의 사이에서 커다란 거리감을 느끼는데도 여전히 부모의 논리에 따라 살아가야 하고 계속해서 부모의 요구를 충족시켜야 한다고 여긴다. 머릿속에 주입된 그 논리를 만족시키지 못하면 자신을 가치가 없는 사람으로 여긴다. 힘들게 그 논리를 만족시키더라도 사실상 자기가 원하는 것이 아니기 때문에 아무런 의미도 남지 않는다.

어려서부터 왜곡된 모습으로 자랐다면 세상에서 가장 되돌리기 어려운 '왜곡'이 될 것이다. 마치 묘목이 어려서부터 비스듬하게 자라면 단단한 줄기가 형성된 이후에는 곧은 모습으로 돌아오기가 어려운 것과 마찬가지다. 과거를 바로잡으려 할 때마다 그리고 내재하는 심리적 패턴들에 저항할 때마다 자신을 부정하게 되고, 헛된 존재로 여기게 된다. 내면에 굳어진 속박에서 벗어나는 것은 물고기가 물을 떠나는 것만큼이나 고통스러운 과정이다.

과거의 속박이 우리에게 미치는 영향은 매우 심각하다. 평생 다른 사람의 뜻에 따라 살아온 사람은 자신이 불행한 이유를 깨닫지 못한다. 그래도 지금은 다행히 심리학 강의를 쉽게 접할 수 있어서 사람들이 자신에 대해 깨닫고 다른 사람의 경험을 거울삼아 많은 것을 배울 수 있다. 우리는 이런 기회를 잘 활용하여 마음속에 아직 살아 있는 작은 희망의 불씨에 숨을 불어넣고, 자기 자신을 확인해나가야 한다.

상담을 하면서 타인을 위해 헌신하는 여성을 많이 만났다. 그들은 처음에는 일, 남편, 아이에게서 자신의 가치를 실현하고자 했다. 그러던 어느 날 실패에 직면하면서 실상이 무엇인지 똑똑히 목격하게 됐다. 다른 사람을 통해 자신의 가치를 증명하는 건 영원히 불가능하다는 사실을 깨달은 것이다.

그들이 다시 태어나기로 마음먹는 순간 좌절과 충격이 삶 전반에 큰 영향을 미치겠지만, 이제 더는 남을 만족시키기 위한 삶을 사느라 괴로워하지는 않을 것이다. 또한 자신을 위한 여유 공간을 남겨두고 자신의 느낌을 체득하며 자기가 무엇을 원하는지 생각할 수 있을 것이다. 이전에는 피하려고만 했던 것들이 오히려 그들에게 숨 쉴 공간을 제공할 것이다. 이를 통해 과거에는 생각해보지 못했던 것을 다시 생각해볼 수 있고, 자신의 감정과 기분도 감지할 수 있다. 이전에는 필요 없다고 생각했던 것들에도 다시 도전해볼 수 있다.

이런 작은 노력이 내면에 굳어진 타성을 일순간에 바꿔주지는 못할지라도 타성을 완화하는 데는 도움이 된다. 만일 길을 잃었다면, 눈앞의 길 외에도 갈 수 있는 많은 길이 있다는 걸 발견할 기회가 될 것이다. 그러면 마침내 자기를 다시 생각해보게 되고 고귀한 '이기심'을 되찾을 것이다. 이런 경험은 자신을 위해 살아가고 있다는 가장 중요한 증거가 된다.

자신이 누구이고, 무얼 하고 싶고, 어떻게 되고 싶은지 고민해볼 수 있는 길이 발아래에 펼쳐져 있다. 이 길을 따라 앞으로 나아갔을 때 마주하게 된 자기 모습이 온전히 자기 본연의 모습임을 처음으로 실감하게 될 것이다. 그곳에서 그간 살아온 자취를 되돌아보면 남과 다른 자신만의 특별한 발걸음을 구별해낼 수 있을 것이다. 이것이 바로 자기 확인이다.

치유 노트

1. 자아를 형성하지 못하면 소중하게 여겨질 수 없다. 타인의 논리에 따라 살아간다면, 스스로 만족할 만한 답을 얻을 수 없다.
2. 자아를 발전시키고 싶다면, 주위의 압력을 견뎌내고 가치를 인정받지 못한다는 두려움을 이겨내야 한다.
3. 아무리 힘들어도 한 걸음씩 나아가며 자신의 공간을 만들어야 한다.

4.

아무런 상처도 주지 않는
사랑은 없다

알프레드 아들러가 말했다.

"어린 시절 행복했던 사람은 평생 어린 시절에 의해 치유받지만, 어린 시절 불행했던 사람은 평생 어린 시절을 치유하며 살아간다."

어린 시절 항상 무시당하고 사랑에 목말랐던 사람은 성인이 된 이후에도 무조건적인 사랑을 찾아다닌다. 이런 부족함은 애정 결핍과 감정 마비라는 두 가지 형태로 표출된다. 둘 다 부부나 연인 관계에 커다란 영향을 미친다는 점은 같지만 구체적인 양상은 다르다. 애정 결핍인 사람은 누군가가 사랑이 담긴 행동과 표현을 하면, 숨겨진 의도가 무엇이든 절대 저항하지 못한다. 감정 마비인 사람은 감정을 표현할 때 수치심이 앞서기에 감정을 숨기려고 애쓰며, 상대방이 무엇을 하든 아무렇지도 않은 척한다.

단순히 보면 애정 결핍인 사람은 어린아이 같아서 조금만 잘해줘도 속아 넘어가기 쉬워 보인다. 감정 마비인 사람은 로봇 같아서 무서울 만큼 이성적이고 그에게 아무리 감정을 표현해도 소용이 없어 보인다. 결국 애정 결핍인 사람은 관계 안에서 약간의 사랑만으로도 만족을 얻기 때문에 상처받지 않도록 자신을 보호하기가 어렵고, 감정 마비인 사람은 상대방이 무엇을 하든 반응을 보이지 않아 친밀한 관계로 발전하기가 어렵다.

01 애정 결핍인 사람은 평생 부족한 사랑을 찾아 헤맨다

내담자 A는 결혼 생활에 불만이 많았다. 구체적인 이유를 묻자 그녀도 문제가 될 만한 특별한 이유를 짚어내진 못했다. 다만 이런 말을 했다.

"남편에게 아무런 느낌도 들지 않아요."

이즈음에 A는 직장에 새로 온 남자 동료와 가깝게 지냈다. 근사한 레스토랑에 같이 가는 등 남자가 그녀를 살뜰히 챙겼고, 여기에 그녀는 깊이 감동했다. 두 사람의 사이는 갈수록 가까워졌고 자연스럽게 남녀 관계로 발전했다. 이 무렵 A는 남자가 유부남이라는 사실을 알게 됐다.

A는 남자에게 가정이 있다는 사실을 숨긴 이유가 뭐냐고 물었다. 그는 속일 생각은 없었다며, 결혼은 못 하겠지만 평생

잘하겠다고 말했다.

　이 한마디 때문에 A는 남편이 만류하는데도 남자 동료에게 자신의 진심을 보여주기 위해 과감하게 이혼을 선택했다. 그녀에게 결혼은 그렇게 중요한 것이 아니었다. 두 사람이 진심으로 평생 사랑하고 아끼면서 살면 충분하다고 생각했다.

　이혼 후 거리낄 것이 없어지자 A는 둘 사이가 더욱 가까워졌다고 느꼈다. 그러던 어느 날 남자가 수심이 가득한 얼굴을 했다. 이유를 물었더니 투자 자금으로 20만 위안(약 4천만 원)이 필요하다는 것이었다. 남자는 이 중요한 시기에 누군가가 도움을 주면 평생 은인으로 떠받들고 그 고마움을 영원히 가슴에 새길 것 같다고 속삭였다.

　공교롭게도 이혼 후 A에게 남아 있던 전 재산이 딱 20만 위안이었다. 그와의 관계가 이미 네 것 내 것을 가리지 않는 사이라고 생각한 그녀는 바로 그에게 20만 위안을 건넸다.

　일주일 후 남자 동료는 직장에서 모습을 감췄다. 알고 보니 그는 몰래 퇴직을 한 상태였고, 메신저에서도 이미 A를 수신 차단으로 설정해놓은 뒤였다. 물론 휴대전화도 꺼져 있었다. 그제야 그녀는 정말 사랑한다고 생각했던 남자에 대해 아무것도 몰랐다는 사실을 깨달았다.

　남자가 매정하게 떠났는데도 A는 그에게 피치 못할 사정이 있을 거라고 굳게 믿었다. 상황에 변화가 찾아온 것은 반년 후였다. 남자가 그녀 앞에 다시 나타난 것이다. 남자는 다시 메신저에 A를 등록하고 1만여 위안(약 200만 원)짜리 보석을 그녀에게 보냈다. 말없이 떠난 자신을 용서해달라고 빌면서, 진심을 알아달라며 함께 몰디브로 여행을 가자고 말했다.

A는 그 제안을 바로 수락했다. 실제 여행 경비 대부분을 자기가 부담했는데도 한없이 기쁘기만 했다. 여행에서 돌아오는 비행기 안에서 남자는 지금 투자 종목이 잘 운용되고 있어서 지난번에 빌렸던 원금에다 이익금과 이자까지 쳐서 곧 갚을 수 있을 거라고 A에게 말했다. 다만 아버지가 편찮으셔서 수술을 해야 하는데 운용 자금을 당장 뺄 수가 없어서 걱정이라고 했다. 지금 자금을 빼면 이 종목의 투자를 중단할 수밖에 없다는 것이었다.

그의 말을 듣고 A는 안타까운 마음이 들었다. 그녀는 자금 운용에 곤란을 겪고 있다며 부모와 친척들에게 총 25만 위안 (약 5천만 원)을 빌려 다시 남자에게 건넸다. 사실 그녀도 전혀 의심이 들지 않은 것은 아니었다. 혹시 몰라서 차용증이라도 받을까도 생각했다. 그런데 직접 만난 자리에서 남자가 감격한 듯 울먹이며 그녀를 꼭 껴안고 이런 말을 하는 것이었다.

"내 인생에서 가장 사랑하는 여자는 당신뿐이야."

이때 A는 세상에서 사랑보다 더 소중한 것은 없고, 너무 옹졸한 마음으로 상대를 바라보면 안 되겠다고 생각했다.

남자는 돈을 가져간 후 다시 순식간에 모습을 감췄다. 하지만 A는 그가 언젠가 사업에 크게 성공해서 돌아오리라고 또다시 굳게 믿었다.

대부분 사람은 이런 종류의 사랑에서 허점을 쉽게 꿰뚫어본다. 그런데 왜 A는 그를 깊이 신뢰하고 의심하지 않았던 걸까?

애정 결핍인 A는 남자 동료에게서 강렬한 정서적 만족을 얻었다. 중요한 순간마다 남자는 "내가 평생 잘할게. 죽을 때까지 내 마음속에는 당신밖에 없어. 내 생에서 가장 사랑하는 여자는 당신뿐이야"라고 속삭였다. 그녀는 이런 달콤한 말들에서 형언할 수 없는 만족을 느꼈다. 물불을 가리지 않고 무엇이든 해서라도 이런 만족감을 붙잡고 싶었다.

 불길 속으로 몸을 던지는 불나방 같은 사랑에는 충격과 아픔만이 뒤따른다

대부분 사람은 앞의 사례를 보고 어떻게 매번 속을 수 있느냐며 A를 나무랄 것이다. 사실 A의 어떤 행동은 그녀 자신도 의식하지 못한 채 통제 불능의 상태에서 행해진 것도 있다. 자기 행동을 지켜보면서 자신도 제정신이 아닌 것 같다고 생각했겠지만, 그녀는 이런 상황이 또다시 찾아오면 여전히 똑같은 선택을 할 것이다.

문제의 핵심은 여기에 있다. 상대방이 사랑을 주면 그녀는 드디어 뜨거운 사랑을 할 수 있겠다는 기대감으로 가슴이 벅차오른다. 그리고 상상으로만 꿈꾸었던 견고하고 깊은 관계를 형성하기 위해 어떤 대가도 치르려고 한다. 어떤 만족을 이루고 싶다는 극도의 갈망에 빠지면 그녀는 현실적으로 따져보는 능력을 잃고 만다. 헛된 사랑을 좇는 데만 정신이 팔려 현실에서 상대방이 자기를 대하는 방식 따위는 전혀 신경 쓰지 못하는 것이다.

불나방이 불길로 뛰어들듯, 애정 결핍인 사람은 관계 안에서 언제나 이해득실을 따지지 않고 맹렬히 달려든다. 누군가가 조금만 잘해주면 어린 시절에 받지 못했던 사랑을 다시 받을 수 있을지도 모른다는 생각에 빠진다. 이런 사람은 상처가 아물면 이내 지난 아픔을 잊고 다시 다른 사람에게 쉽게 커다란 희망을 건다. 하지만 그럴 때마다 또다시 상처를 입는다. 그럼에도 그다음에 다시 감정이 차오르면 망설임 없이 모든 것을 내건다.

어린 시절 겪은 사랑의 부재는 그 사람이 어린 시절에 받았어야 할 무조건적인 사랑을 평생토록 찾아다니게 한다. 하지만 이미 어른이 된 그가 현실의 관계 안에서 이런 사랑을 찾기란 절대 불가능하다. 계속 어린 시절의 환상에 사로잡힌 그가 돌려받는 것은 상처뿐이다.

 03 **계속 과거에 살고 있는 사람은**
진정으로 사랑받을 기회가 없다

남자 동료와의 사건이 일단락된 이후에 A는 고통스러운 감정을 경험하게 됐다. 연달아 발생한 지출과 자기희생의 경험을 통해 줄곧 자신이 좋은 것은 허황된 감각에 불과하다는 사실을 깨달았다. 마침내 환상에서 벗어난 A는 사랑이란 피상적인 강렬함이나 사탕발림이 아니라 자신의 느낌을 통해 천천히 체득해야 하는 것이라는 점을 받아들이게 됐다.

기나긴 심리적 성장의 길을 걸어오며 그녀는 자신이 원하는 관계가 사실 이미 오래전부터 곁에 있었단 사실을 깨달았다. 멀리 돌아오느라 오랜 시간이 걸리긴 했지만 말이다. 그녀는 전 남편과 재결합해 현실에서 참된 행복을 느끼기 시작했다.

아무리 노력을 기울이고 운명 속에서 발버둥을 쳐도 우리가 정말로 채우고 싶은 부분은 계속 부족한 채로 남아 있거나 어쩌면 영원히 채우지 못할 수도 있다. 현실의 고통을 뒤로하고 자신의 현재 위치를 똑똑히 바라볼 수 있을 때 과거의 상처를 회복할 기회도 생긴다.

얼핏 애정 결핍인 사람들은 현실에서 많은 만족을 얻어야 하는 것처럼 보인다. 하지만 현실에서 만족을 얻는 게 아니라 내재된 상처를 회복하는 일이 급선무다. 만일 상처를 소홀히 여기고 굶주림에 허덕이듯 오직 만족만을 찾아다닌다면 자신의 감정을 진지하게 생각해볼 겨를을 가질 수 없다. 오히려 희롱이나 속임수를 사랑으로 여기게 될 것이다. 이와 달리 올바른 상태로 회복되어 자신이 지금 어떤 상태인지, 어떤 감정을 원하는지 분명히 파악하면 현재 위치에서 새롭게 사랑을 시작할 수 있다. 이런 사랑이야말로 진정으로 그들을 위해 존재하는 것이다.

그들은 견실하고 안전한 관계에서는 아무런 느낌을 받지 못하는 반면, 고통스럽고 불확실한 감정에서는 더할 나위 없는 자극을 얻는다. 조건 없는 사랑을 갈망하는 아이의 위치에 계속 머물러 있는 것이다. 자신의 간절한 목마름을 확인하고 과거의 상처를 회복하며 자신의 느낌을 현재 자신이 있는 곳으로 옮겨 놔야 한다. 그래야만 상대방 역시 그 진실한 모습을 사랑할 수 있다.

어린 시절의 환상에서 벗어나는 것은 일종의 거대한 상실인 동시에 진정으로 관계 안에서 안정감을 얻을 기회이기도 하다. 갓난아이의 갈망을 충족시켜준다는 것은 부모가 아기의 욕구에 반응하고 돌봐준다는 의미이지, 한순간도 눈을 떼지 않고 보살핀다는 의미가 아니다. 그런데 이것은 아기에게 언젠가 부모로부터 버림받을지도 모른다는 생각이 들게 한다. 이런 위협 앞에서 아기는 자기 삶을 살아가기가 더욱 어려워지고, 관심과 보살핌을 얻기 위해 부모의 규칙과 명령을 따르는 아기로 성장할 뿐이다.

이런 관계에서는 처음부터 불균형이 발생한다. 당신은 사랑을 얻기 위해서 어쩔 수 없이 계속 부자유스러운 아기로 남아 있어야 하겠지만, 상대방은 당신처럼 어른이 될 권리를 포기할 필요가 없으니 말이다. 이런 불균형의 관계에서 당신이 매우 충분한 만족을 얻었을지라도 그 만족은 치명적인 결과를 낳을 뿐이며 관계의 본질을 근본적으로 바꾸지 못한다.

과거에 파묻혀 사는 사람은 사랑을 찾으려 하면 할수록 진정한 사랑에서 멀어진다. 있는 그대로의 자신이 아니라 왜곡된 자신을 사랑하는 사람과 만나게 되기 때문이다. 자기 성장의 길을 자신 있게 걸어 나가고 애타는 목마름 안에서 진실한 자신과 마주하게 됐을 때, 비로소 진정한 사랑을 만나 실질적인 관계를 형성할 수 있다.

1. 사람들이 관계 안에서 경계가 없을 정도로 지나치게 가깝거나, 너무 소원해져서 지나치게 먼 거리를 유지하는 것은 이전과 비슷한 상처를 더는 받지 않으려는 자기방어의 방편이다.

2. 애정 결핍인 사람은 너무 쉽게 만족하기 때문에 다른 사람과 불평등한 관계를 형성하기 쉽고 진정으로 사랑받을 기회를 얻기 어렵다.

3. 자기를 절제하고, 만족을 지연하고, 불안과 두려움을 이겨내며, 지속적으로 의식과 감지력을 키우는 것이 애정 결핍에서 벗어나는 유일한 길이다.

5.

상처받지 않기 위해
감정에서 도망치지 마라

B는 사업에서 매우 성공한 여성이다. 리더로서 직장 부하에게
호령하며 이치에 맞는 말만 한다. 집에 돌아와서도 '리더'로서
무슨 일에 맞닥뜨리든 냉정을 유지하며 남편과 아이에게 구구
절절 옳은 말만 한다. 그녀는 한때 자신의 역할에 자부심이 컸
다. 마치 여의봉이라도 손에 쥔 듯 자신이 해결할 수 없는 문제
가 없는 것처럼 느껴졌다.

 01 **'내 말이 분명히 일리가 있는데
왜 받아들이지 않을까?'**

　　남편이 지금 하고 있는 일이 난관에 부딪혔다고 말하
자, B는 바로 남편을 대신해 해결책을 모색했고 곤경을 헤쳐나

올 방법을 구체적으로 제시했다. 아이가 졸업을 앞두고 조금 막막하고 걱정스러운 마음이 든다고 말하자, B는 아이에게 생각이 너무 많다며 혼란 속에서 시간을 낭비하기보다 지금은 열심히 취업을 준비하는 것이 더 낫다고 충고했다. 하지만 B가 의견을 낼 때마다 남편과 아이는 기뻐하는 기색이 아니었다. 그녀는 자신이 문제에 접근하는 방식이 남편이나 아이보다 훨씬 현실적이고 효율적인데 왜 그 좋은 뜻을 받아들이지 못하는지 이해할 수가 없었다. 그녀의 머릿속에 이런 의문이 갑자기 스쳐 지나갔지만, 재빨리 자신을 다독이며 생각했다.

'상관없어. 남편과 아이가 어떻게 이해하든지 그건 자기들 자유니까. 난 최선을 다해서 내 할 일만 하면 돼. 남편과 아이가 이해하지 못해도 괜찮아.'

B는 감정 마비의 특징을 뚜렷하게 지니고 있었다. 다른 사람이 충만한 감정을 바탕으로 자신의 느낌을 표현할 때도 그녀는 언제나 이치에 맞는지부터 따지고 들었다. 당당하고 차분한 말투여서 상대는 반박할 수도 없었다.

감정 마비인 사람은 괴로움을 느끼지 못한다. 반면 그와 함께 사는 사람은 항상 고통스럽다. B의 남편과 아이도 그녀와 말하는 것을 괴로워했다.

남편은 그녀에 대해 이렇게 말했다.

"아내는 사람은 괜찮은데 인간미가 없어요. 누가 제 입장이 되더라도 '사람'과 살고 있다는 느낌을 받기 어려울걸요."

아이도 이렇게 말했다.

"엄마가 저를 사랑한다는 건 알지만, 그 사랑이 전해지진 않아요. 엄마는 제 생각을 이해하지 못해요. 엄마의 머릿속에서는 맞고 틀린 걸 따지는 게 제가 무엇을 생각하는지보다 훨씬 더 중요하죠."

 02 **'감정처럼 쓸모없는 것 때문에 왜 고민을 할까?'**

B는 자신은 이미 진화한 종인데 주변 사람들이 아직 그걸 알아차리지 못하는 것뿐이라고 생각했다. 특히 그녀가 가장 이해할 수 없는 점이 있었다. '감정이라는 가장 쓸데없는 것 때문에 왜 그렇게들 고민하는 걸까?'

그녀의 어린 시절을 돌이켜볼 때 가장 깊은 인상으로 남아 있는 것은 부모님이 툭하면 다투는 장면이었다. 어떤 일이 생기면 어머니는 늘 대성통곡을 해서 아무도 말릴 수 없을 정도였고, 아버지는 항상 벼락같이 소리를 내질렀다. 이런 불화는 지금까지 이어지고 있었고 그녀는 아주 넌더리가 났다.

그녀는 부모님이 무능하고 주관이 뚜렷하지 않고 줏대가 없어서 이렇게 오랜 시간을 다투면서도 결론을 내리지 못하고 있다고 쭉 생각해왔다. 가족 내 갈등을 계속 견뎌야 했던 그녀는 나중에 커서 결단력 있는 사람이 되겠다고 다짐했다. 아버지와 다투고 속상해하는 어머니에게 B는 이렇게 말했다.

"감정은 세상에서 가장 쓸데없는 거예요. 엄마는 이렇게 오래 살았으면서 아직 그것도 모르고 괴로워하는 거예요?"

어머니는 딸이 자신을 이해하지 못한다고 여겼고, 딸도 어머니와 말이 통하지 않는다고 생각했다.

기분과 감정은 인간의 본능적인 반응이지만 B의 논리에서는 모두 쓸데없는 것들이었고, 이 세상에 존재해서는 안 될 것들이었다. 사람에게 고통만 주기 때문이다.

그녀는 어린 시절 부모님이 감정에 휘둘리는 모습을 목격하고 혼란에 빠져들었다. 이성을 상실한 삶은 아직 어린아이였던 그녀에게 엄청난 두려움이었다. 이런 공포와 고통을 마주할 때마다 그녀는 감정을 피하는 방식으로 안정을 얻는 법을 터득했다. 당황해서 어찌할 바를 모르던 아이가 이제는 말끝마다 옳고 그름을 따지는 '가짜 어른'이 됐다.

그녀는 자신이 어떻게 하는 게 옳은지 이치를 따지기 시작했고, 그럼으로써 안정감을 찾을 수 있었다. 이 방법은 그녀가 느끼는 두려움과 상처받는 것에 대한 무력감을 억눌러줬다. 또한 독립성과 현실성을 길러줬으며, 그녀를 사회적으로 인정받을 수 있는 성공 지향적인 사람으로 연마해줬다. 겉으로 보기에 유달리 성숙했던 그녀는 실제로 곳곳에서 자신의 가치를 인정받을 수 있었다. 이것은 그녀 자신이 선택한 안전지대였다. 누군가가 이 영역에 들어온다면 그녀는 반드시 이길 자신이 있었다.

 03   **견고한 보호막은
내가 상처 입는 것을 막는 동시에 사랑도 막는다**

B는 현실을 직시하는 능력이 매우 발달하여 사회적으

로 인정받을 만한 성공을 이루고 주위의 부러움을 샀다. 하지만 그녀도 인정할 수밖에 없는 사실이 한 가지 있는데, 인간관계에서 실패했고 친밀하게 교류하는 사람이 없다는 것이다.

그녀는 자신의 기분과 감정을 느낄 수 없었다. 다른 사람이 표현하는 기분과 감정에 대해서도 옳고 그름부터 따져본 뒤 반응을 보였다. 그런 그녀를 이해할 수 없었던 사람들은 점차 멀어졌다. 옳고 그름을 따진다는 측면에서 그녀는 강한 사람이긴 하지만, 다른 사람의 감정 영역에 들어가지 못했고 다른 사람이 자신의 감정 영역에 들어오는 것도 막아섰다.

한번은 술에 잔뜩 취한 남편이 무의식중에 속마음을 털어놓았다.

"당신이랑 사는 건 정말 재미가 없어. 그래도 견딜 수 있지. 날 이해해주는 사람이 집 밖에 있거든."

B는 이 말을 듣고서도 의연하고 침착하게 대답했다.

"당신이 생각하기에 그 사람이 더 좋다고 한다면 당신의 선택을 존중하겠어요."

말은 이렇게 했지만 그녀도 마음속으로 평정심을 유지하기가 어려웠다. 하지만 이내 자신을 다잡았다.

'밖에 여자가 있다는 것뿐이잖아? 이런 건 아주 흔한 일이야. 이런 사소한 일에 신경 쓸 필요가 있을까?'

그녀는 신경 쓰지 않기로 마음먹었지만 매우 괴로운 심정이었다. 다시 자신에게 질문을 던졌다.

'괴로워해봤자 아무 소용도 없는데 왜 자신을 이렇게 고통

스럽게 하니?'

B처럼 감정이 얼어붙은 사람은 부부 관계에서도 매우 조심성 있게 굴고 쓸데없는 감정이 발생하는 것을 허락하지 않는다. 하지만 사랑을 느끼는 힘은 감정이 머물러 있는 곳에서 솟아나는 법이다.

또 다른 사례로, 나를 찾아온 한 여성이 크게 화를 내며 남편의 무능함을 성토한 적이 있다.

"이해가 안 돼요. 그렇게 사소한 일조차 제대로 못 하다니."

사소한 일이라면 그렇게까지 화를 낼 필요는 없지 않을까. 그녀가 내 생각을 읽었는지 조금은 동의하는 눈치를 보였다.

"맞아요, 사실 그게 중요한 게 아니에요. 이번 일로 그 사람에 대한 제 생각에 변화가 생겼다는 게 중요하죠. 정말 실망했거든요."

이를테면 남편이 99개의 일을 모두 잘했더라도 단 하나의 일에서 실수가 발생하면, 1퍼센트의 불만족 때문에 그녀는 실망하게 되고 심지어 분노하게 된다는 것이다.

당신이 상대방에게 오래도록 헌신했지만 상대방이 감격하기는커녕 그 희생을 당연하게 여긴다고 해보자. 그러던 어느 날 당신이 실수를 한 가지 저질렀는데 상대방이 못마땅한 시선으로 마구 비난을 퍼붓는다고 해보자. 얼마나 끔찍하겠는가.

감정 마비인 사람들 대부분은 관계에서 완벽주의 성향을 보인다. 많은 기대를 가지고 상대방을 바라보기 때문에 종종 이런 말을 하곤 한다.

"당신한테 실망한 건 당신이 제대로 하지 못했기 때문이에요. 당신이 무슨 일이든 다 잘하면 나도 당연히 당신을 사랑할 거라고요!"

사실상 옳고 그름을 따지는 사람의 시각으로 보면 당신이 무얼 해도 그 사람에게는 마음에 들지 않는 점이 있을 것이다. 무엇이든 다 잘 해내는 사람은 없으니 말이다.

감정 마비가 가져오는 결과는 자신을 만족시키지 못하는 상대방을 항상 무시하는 한편, 스스로 기대하는 모습에 부응하지 못하는 자신조차 하찮게 여긴다는 것이다.

감정 마비인 사람은 남을 이해하지 못하고 남에게 이해받을 수도 없어서 매우 고독하다. 어린 시절 형성된 보호막은 상처를 받지 않도록 자신을 보호할 수 있지만, 다른 사람과 좋은 관계를 맺는 데 방해가 되는 장애물이 되기도 한다.

 04 **진실한 사랑은 릴레이 경주를 완성하는 것이다**

감정 마비인 사람은 사랑이라는 불확실한 감정으로 상처받고 싶어 하지 않는다. 그에게 사랑은 단지 현실적인 욕구를 만족시켜주는 것에 불과하다. 이것은 매우 이기적인 모습으로 비치는데, 사랑이라는 이름으로 무엇이든 해도 괜찮다는 것처럼 들리기 때문이다.

사실 다른 사람이 우리를 위해 무언가를 하려는 것은 사랑을 표현하고 싶기 때문이다. 이런 감정이 가로막히면 상대방은 더 이상 최선을 다하고 싶지 않을 것이다. 결혼 생활에서 배우자와 정당성을 따지거나 책임과 의무를 이야기하는 사람이 많다. 하지만 그들이 잘 모르는 게 있는데, 사랑의 기능이 자주 가로막히면 사랑에 대한 책임과 의무를 완수할 수 없다는 것이다. 즉 관계 안에서 감정을 교류하고 받아들여야만 현실에서 관계의 기반을 쌓을 수 있다. 그러지 않으면 사랑의 감정과 기능이 사라지고 만다.

진실한 사랑은 서로 연결된 감정을 바탕으로 형성된다. 상대방이 감정을 표현하면 내가 그것을 느끼고 반응을 보이는데, 상대방이 다시 그것을 느끼면 감정의 순환이 일어난다. 반대로 내가 감정을 표현했을 때 상대방이 옳고 그름부터 따지기 시작한다면, 당연히 나는 내 감정이 거절당했다고 느낄 것이다. 이런 상황이 여러 번 반복된다면 더 이상 나는 상대방에게 감정을 표현하지 않게 되고, 상대방과 마찬가지로 이치를 따지고 들 것이다. 이로써 서로에 대한 감정 마비의 패턴이 형성된다.

그런데 감정 마비가 발생한 관계에서 대부분 사람은 문제가 어디에서 생긴 것인지 알아채지 못한 채 시간이 지나면 저절로 사랑이 자라날 거라고 착각한다. 하지만 사랑이 자라나려면, 마음을 활짝 열고 감정을 받아들여야 한다. 감정 마비인 사람이라고 해서 감정이 전혀 없는 게 아니라 감정 기능이 억눌려서 자유롭게 다른 사람의 감정을 느끼고 자신의 감정을 표현하기가 어려운 것이다. 그가 앞으로 직면하게 될 가장 큰 도전은, 과거의 안정된 위치에서 벗어나 관계 안에서 자신의 가장 근원적인 느낌을 체득하고 확인하는 것이다.

만약 당신이 감정 마비인 배우자를 만났다면 상당히 괴로울 것이다. 상대방을 사랑하지 못하는 것이 당신의 문제가 아닐 수 있다. 한편으로 당신 자신이 감정 마비일 수도 있다. 그렇다면 상대방은 마찬가지의 감정을 느낄 것이다. 하지만 상대방이 당신의 사랑을 받아주든 아니든 당신이 자신의 감정을 확인하는 것은 매우 중요하다. 자신을 확인함으로써 당신은 안정감을 얻을 수 있다.

사랑을 원할 때는 언제나 감정을 통해서 얻어야지 현실적인 것을 따져서 평가하고 요구해선 안 된다. 상대방이 감정에 집중하고 있으면 당신도 상대방에게 감정으로 피드백을 해야 한다. 그래야만 관계 안에서 감정이 흐르는 공간이 더 넓어지고 사랑도 더 깊고 두텁게 연결된다.

―――――――――――― **치유 노트** ――――――――――――

1. 신경 쓰지 않는 척하는 것은 상처를 피하는 데 도움이 되지 않을뿐더러 오히려 더 깊은 상처를 만들 수 있다.
2. 다른 사람과 거리를 유지하면 자신을 안전하게 지킬 수 있겠지만, 동시에 사랑받을 기회도 잃고 만다.
3. 감정을 테스트할 때마다 결과는 실패로 끝날 것이다. 상대방이 나를 얼마나 사랑하는지 시험하고 싶어지는 순간 관계가 엉망이 된다.

2장

행복력
: 어떤 환경에서도 포기하지 않고
행복으로 나아가는 힘

1.

행복과 불행의 차이는
어디에 있을까

젊은 여성 내담자가 이런 하소연을 했다. 그녀의 어머니는 아버지에게 불만이 많은데 마음이 언짢아지면 자기에게 계속 불평을 늘어놓아 스트레스가 크다는 것이었다. 그녀를 더욱 짜증나게 하는 것은 자기한테는 아버지를 심하게 욕하던 어머니가 정작 아버지 앞에서는 안면을 싹 바꾸고 최선을 다해 시중을 든다는 점이었다.

그녀는 속으로 100퍼센트 확신했다. 얼마 지나지 않아 어머니가 또 찾아와 아버지에 대한 불만을 쏟아낼 것이 뻔했다. 그녀는 어머니가 싫으면서도 불쌍했다. 어머니가 곤경에서 벗어날 수 있도록 도와주고 싶으면서도 자기 역시 이 답답하고 괴로운 마음에서 하루빨리 벗어나고 싶었다.

그동안 손 놓고 있었던 것도 아니다. 어머니와 이미 몇 번이나 무엇이 옳고 무엇이 그른지 이야기를 나누었고, 어머니가 스스로 답을 찾기를 바랐다. 그때마다 어머니는 알아듣는 듯했지만 얼마 지나지 않아 새까맣게 잊어버리곤 했다.

 ### 01 불행에서 벗어날 수 있느냐 없느냐는 고통과 마주하는 방식에 달렸다

사람들은 흔히 고통이 인생을 변화시킬 수 있다고 말한다. 그런데 그녀의 어머니가 그렇게 많은 고통을 겪어왔으면서도 전혀 변하지 않은 이유는 무엇일까? 행복 앞에서 우리 모두는 균등한 기회를 부여받는데, 행복한 사람과 불행한 사람의 차이는 어디에 있을까?

그녀는 처음에는 어머니에게 기대했다고 말했다. 지금 당장은 완전히 이해하지 못하더라도 대화를 나누다 보면 다음에는 좀 더 나아질 거라고 매번 생각했다. 하지만 계속 실망이 반복되니 싸늘한 예감이 들었다. 아무리 이야기해도 어머니는 자기 뜻대로 살아갈 것만 같았다.

어머니를 계속 지켜본 결과, 아버지를 원망하는 말투와 내용이 조금도 변하지 않는다는 것을 알아차렸다. 어머니는 이런 생활을 수십 년 동안 반복했다. 어머니에게는 자신을 바꾸거나 관계의 패턴을 바꿀 기회가 무수히 많았을 것이다. 그런데 무엇이 원망만 늘어놓으면서 불행하게 살아가도록 만들었을까?

사람이 불행에서 벗어날 수 있느냐 아니냐는 고통과 마주하는 방식에 달렸다. 그녀의 어머니는 고통과 마주하면 먼저 원망을 통해 고통을 완화하려고 했다. 그렇게 하면 앞으로는 더 좋아질 것만 같은 생각이 들었다. 하지만 이내 다시 이전의 패턴으로 돌아가고야 말았다. 거듭 고통을 겪으면서도 자신을 성찰하는 자아의식을 갖추지 못한 것이다. 어머니가 이전보다 업그레이드된 방식으로 고통과 마주하지 못했기 때문에 관계가 늘 제자리에서 맴돌았다.

　　예전에 알고 지내던 한 동료도 결혼 생활에서 커다란 고통을 느꼈다. 동료는 모두에게 자주 불평을 늘어놓곤 했다. 한번은 그녀와 수다를 떨다가 내가 잠깐 이런 이야기를 했다.

　　"관계는 상호적이잖아요. 내가 관계 안에서 무엇 때문에 막혀 있는지 찾아내야만 편안하고 행복하게 지낼 수 있어요."

　　동료는 한동안 생각에 잠긴 듯 아무 말도 하지 않았다. 잠시 후 그녀는 방금 내가 한 말이 자신에게는 정말 중요한 말이었다고 나직이 말했다. 그녀는 남편을 원망하던 삶의 방식에서 벗어나 자기 자신 그리고 남편과의 관계를 이해하고자 고민하기 시작했다. 관계에 대한 불만을 늘어놓길 좋아하던 모습은 빠르게 사라졌다. 대신 그녀는 더 많이 생각하고 모든 것에 호기심을 갖는 사람이 됐다.

　　그로부터 한참 후에 만난 그녀에게 남편과 잘 지내고 있는지 물어봤다. 그녀는 스스로 성장하고 나서야 비로소 과거의 일들이 별일 아니라는 것을 깨달았고, 지난날 자아의식을 갖추지 못해 고통에 갇혀 있던 단계는 이미 지났다고 대답했다.

 02 의식하는 사람은 자아를 창조하고
의식하지 못하는 사람은 자아를 상실한다

매일 펼쳐지는 일상생활에서 수많은 일이 일어나는데, 문제와 마주하는 방식은 사람마다 다르다. 자아의식이 없는 사람은 항상 다른 사람의 생각을 따르고, 지나치게 아름다운 환상을 품고 있으며, 여러 가지 불만 속에서 매일을 살아간다. 반면 자아의식이 있는 사람은 문제에 부딪히면 먼저 자신을 가다듬는 일부터 시작하고, 자기 생각을 바탕으로 살아가며, 어떤 일에도 당황하지 않고 잘 대처한다.

삶에서 기회는 모두에게 공평하게 주어진다. 자아의식이 있는 사람은 사고(思考)를 통해 매일 성장해나가지만, 자아의식이 없는 사람은 불평 속에서 매일 의기소침해진다. 시간이 지날수록 둘 사이의 격차가 벌어지는 것은 당연한 일이다.

자신이 자아의식을 가지고 있는지 아닌지는 어떻게 알 수 있을까?

첫째, 자아의식이 있는 사람은 감정이 발생해도 그것이 지나간 이후에 자신과 이 일의 연관성을 생각해본다. 반면 자아의식이 없는 사람은 양극단의 상황에 처하면 심하게 동요하고 어려움과 맞닥뜨리면 바로 불평을 늘어놓는다. 게다가 지난 일을 원망하는 것으로 모든 일이 잘 해결될 것만 같은 기분을 느낀다.

둘째, 자아의식이 있는 사람은 자신의 독립적인 공간과 의견을 가지고 있다. 반면 자아의식이 없는 사람은 문제에 부딪히면 다른 사람에게서 해결책을 구하려고 한다.

셋째, 자아의식이 있는 사람은 관계를 전체적으로 바라보면서 자신을 소중히 여기는 동시에 다른 사람도 무시하지 않는다. 반면 자아의식이 없는 사람은 종종 다른 사람을 무시하고 자신의 불만에만 관심을 기울인다.

이 세 가지 차이가 인생을 위로 올라가게 할지 아래로 내려가게 할지를 결정한다. 의식이 있는 사람은 어떤 일이 생기면 먼저 충분히 이해한 다음 행동한다. 하지만 의식이 없는 사람은 종종 자신의 느낌에 따라 좌충우돌하다가 특정 견해를 만나면 그것을 맹목적으로 따른다. 때로는 자신에게 매우 엄격한 잣대를 들이밀기도 한다.

역경이 우리 인생을 반드시 나락으로 떨어뜨리는 것은 아니다. 문제를 대하는 자세가 올바르지 않을 때 역경에 빠져 스스로 헤어나지 못하는 사람이 생기는 것이다.

자아의식의 유무가 눈앞의 현실적이고 구체적인 문제를 해결하는 태도에 영향을 미치는 것으로만 한정돼 보이지만, 장기적으로 봤을 때 우리의 종합적인 정신 상태에도 큰 영향을 미친다.

자아의식이 있는 사람은 더욱 먼 곳을 내다보는 안목을 바탕으로 자신이 달성하고자 하는 목표를 향해 걸어간다. 하지만 자아의식이 없는 사람은 흩어진 모래알처럼 줏대 없이 이리저리 휩쓸리며 늘 불평불만만 늘어놓고, 자신이 무얼 원하는지 탐색해볼 생각조차 하지 않고 살아간다.

03 자신에게 많은 관심을 기울여야 아름다운 인생을 살 수 있다

앞에서 이야기했던 내담자의 어머니는 남편에 대한 원망을 딸에게 끝없이 늘어놓았다. 그러는 동안 자신에게 관심을 기울여본 적이 있을까? 자신이 원하는 게 무엇인지는 알고 있을까? 자신을 깊은 괴로움에 빠뜨리는 것이 무엇인지 찾아본 적이 있을까?

대답은 전부 '아니요'다. 어머니는 관계 안에서 갖은 서러움을 느끼면서도 자신에게는 조금도 관심을 기울이지 않았다. 상대방에게 매번 상처를 입고 감정에 질질 끌려다니면서도 말이다.

이런 유형의 사람들은 상처에는 조금도 주의를 기울이지 않고 자기는 억울하다는 말만 되풀이한다. 줄곧 고통의 바닷속에서 허우적대며 온몸으로 모든 느낌을 받아낼 따름이다.

원망을 일삼는 사람들을 만난 적이 있다. 그들은 다른 사람이 자기 생각을 지지해주지 않거나 자기를 이해해주지 않으면 깊이 원망했다. 그런데 자세히 살펴보니 그들은 자신에 대해서는 조금도 관심을 기울이지 않는다는 것을 발견할 수 있었다. 예를 들어 자기 생각이 다른 사람에게 지지를 얻지 못하면 아예 자기 의견을 포기해버렸다. 게다가 다른 사람이 자신을 이해해주지 못했을 때 이해를 얻기 위한 행동을 하거나 노력을 기울이지도 않았다. 분명히 자신에게는 매우 중요한 일인데도 다른 사람이 중요하게 여기지 않으면 자신도 그들을 따라서 소홀히 여겼다.

이 모든 것을 통해 그들이 자신에게는 조금도 세심한 주의를 기울이지 않는다는 것을 알 수 있다. 자신에게 관심을 기울이지 않는 이유를 물으면 그들은 항상 이렇게 대답한다.

"나한테 신경 써봤자 무슨 소용이 있겠어요. 상대방은 변하지 않고 그대로일 텐데."

그들의 잠재의식은 다른 사람을 위해 무언가를 할 때 자신의 어떤 부분이 상대에게 확실한 인정을 얻어야만 존재의 이유를 찾을 수 있다고 여긴다. 문제에 부딪히면 부딪힐수록 더욱 혼란스러워지고 당황하게 된다. 또한 좌절에 빠졌을 때 성장하지 못할 뿐만 아니라 행운이 다가올 때 붙잡지도 못한다.

요약하면 자신에게 충분히 관심을 기울이는 사람, 자아의식을 갖춘 사람, 독립적인 자아를 발전시켜 삶과 직면할 수 있는 사람, 고난을 이겨내고 행운을 잡을 수 있는 사람만이 진정한 자기 인생을 누릴 수 있다.

치유 노트

1. 고통에서 벗어날 수 있느냐 아니냐는 고통과 마주하는 방식에 달렸다.
2. 고통과 마주하게 된 사람은 모두 원망을 쏟아낸다. 다만 그 원망이 끝난 뒤 자신에 대해 생각해보느냐 아니냐에 따라 차이가 발생한다.
3. 자신에게 충분히 관심을 기울이고 자아의식을 강화하면 독립적인 자아를 발전시킬 수 있다.

2.

받지 못한 사랑을
끝없이 갈망하다

'우물 안 개구리' 이야기는 당신도 아마 잘 알 것이다. 우물 안
에서 사는 개구리는 머리 위로 보이는 것이 하늘의 전부인 줄
알았지만, 사실 그것은 아주아주 넓은 하늘의 일부분에 불과
했다.

모든 사람은 자신의 틀 안에서, 자신의 인지적 편견 속에서
살아간다. 어떤 편견은 더 잘 살 수 있도록 도움을 주지만 어떤
편견은 비극을 부를 수도 있다. 이런 편견은 우리가 능동적으로
선택한 것이 아니라 원가족에서 벗어날 때 자연스럽게 따라온
것이다.

01 어린 시절에는 많은 일을 스스로 선택할 수 없다

내담자 샤오쌍(小桑)의 이야기를 해보겠다. 샤오쌍은 맏이였고 세 살 어린 남동생이 있었다. 그녀는 어머니 배 속에 있을 때 큰 기대를 받았다. 집안 식구 모두가 그녀가 아들이기를 바랐다. 하지만 결국 딸이었고, 그녀는 이 세상에 태어나자마자 존재를 거부당했다.

그녀가 말했다.

"그때 가족들이 저를 바라보는 시선이 얼마나 암담했는지, 그리고 동생이 태어나면서 다시 얼마나 밝아졌는지 아직도 그 장면이 생생하게 떠올라요. 제가 여자아이라는 이유로 가족들은 단 한 번도 저를 진심으로 대해준 적이 없어요."

가족의 무관심에 더해 그녀는 남동생에게도 괴롭힘을 당했다. 남동생은 그녀의 물건을 빼앗고 싶을 때마다 크게 울어서 부모의 이목을 끌었다. 아무 짓도 하지 않았지만 매번 혼나고 맞는 사람은 그녀였다.

어릴 때부터 그녀는 공부를 하면서 어머니의 집안일도 함께 도와야 했다. 하지만 남동생은 그저 빈둥거려도 괜찮았다. 부모님은 이렇게 말했다.

"여자는 많이 공부할 필요 없어. 중학교만 졸업하면 하루빨리 밖으로 나가서 돈을 벌어야지. 남자가 원래 더 많이 공부해야 하잖니."

그녀에겐 선택권이 없었다. 중학교를 졸업한 후 곧바로 외지에 가서 일을 해야 했다. 그래도 그녀는 자신의 가치를 입증하고 싶어서 죽기 살기로 돈을 모아 어머니에게 보내줬다. 어머니는 그 돈으로 남동생에게 최고로 좋은 것만 먹이고 입혔다. 어머니 자신은 제대로 먹고 쓰지 않았고 옷 한 벌 사는 것도 아까워했다.

남동생은 노는 것만 좋아했다. 열심히 공부하지 않아서 언제나 부모님을 화나게 했다. 그 모습을 지켜보던 그녀는 화가 머리끝까지 치밀었다. 한번은 결국 참지 못하고 남동생에게 따져 물었다.

"부모님이 이렇게 잘해주시는데 왜 넌 조금도 고마운 줄을 모르니? 부모님 볼 면목이 있어?"

이 장면을 목격한 어머니가 뛰어와 그녀의 뺨을 후려쳤다. 그러고는 매섭게 호통쳤다.

"앞으로 네 동생이 우리 집을 먹여 살려야 하는데 어떻게 그런 말을 해?"

그녀가 부모님을 사랑하기란 결코 쉬운 일이 아니었다. 어머니가 남동생을 두둔하며 역성드는 모습에 그녀는 완전히 절망했다. 아무리 노력해도 어머니의 눈에 그녀는 영원한 외부인일 뿐이었다.

02 **구차한 사랑이라도 붙잡으려고 애쓰는 것은
내가 살아가기 위해서다**

샤오쌍은 자기 삶부터 잘 꾸려야 한다고 수없이 자신

을 타이르면서도 여전히 가족의 요구를 우선시했다. 어려서부터 지금까지 불공평하다는 걸 수없이 느껴왔지만 항상 참을 수밖에 없었다. 그녀는 어머니의 편애를 인정하기로 했다. 남동생의 말도 안 되는 짓을 참았고, 대부분의 집안일을 도맡아 했으며, 공부를 계속하고 싶다는 생각마저 접고 남동생의 학비를 댔다. 어머니의 요구에 열심히 부응하다 보면 사랑과 관심을 얻을 수 있으리라고 생각했다. 하지만 어머니는 돈과 도움이 필요할 때만 그녀를 찾았다.

그들의 관계가 이런 패턴이었는데도 그녀는 여전히 만족을 느낄 수 있었다. 자신의 존재가 중요하다는 것을 증명하기 위해 그녀는 거의 모든 것을 바쳤다. 날이 갈수록 이런 자신이 거지처럼 느껴져 자신을 업신여기게 됐다. 하지만 가족에 대한 충성은 끝이 없었다. 조금이나마 사랑을 얻으려는 몸부림이었다.

원가족에서 독립한 사람들 중에는 이런 경험을 한 이들이 많다. 부모의 이런 행동이 옳지 않다는 것을 분명히 알고 있으면서도 그들은 계속해서 받아들이는 쪽을 선택한다. 자신이 받아들이면 사랑받을 기회를 얻을 수 있다고 생각하고, 아주 조금 주어지는 불평등한 사랑에서도 살아갈 의의를 찾는다.

샤오쌍이 받아들이고 노력하는 이유는 부모님이 언젠가 그녀의 헌신 안에서 그녀의 가치를 발견하고 인정해주기를 바라서다. 이것이 그녀를 살아가게 했고 또래보다 일찍 성숙하게 했다. 생활력이 강해서 풍족하게 살 수도 있었지만 그녀는 계속해서 가족들에게 내주기만 했다.

가족에 대한 왜곡된 인정 욕구는 한 사람에게 살아가는 원동력이자 가족과의 관계를 이어주는 끈이 되기도 한다. 하지만 이런 끈 자체가 속박이 되어 더 나은 삶을 향해 나아갈 수 없게 한다. 어른이 되고 나서 행복하게 살아보려고 하지만, 이런 왜곡이 앞을 가로막고 관계를 끊어낼 수 없게 한다. 모순은 바로 여기에 있다. 계속 이런 식이라면 언제까지나 우물 안에 갇혀서 살아갈 수밖에 없다.

더 먼 과거로 거슬러 올라가 보면, 샤오쌍의 어머니도 원가족이 만들어놓은 왜곡에 속박되어 살아왔다. 샤오쌍의 어머니가 딸을 홀대하고 정을 주지 않았던 데에는 이런 이유가 숨어 있었다. 어머니 자신이 가치가 없다는 평가를 받았기 때문에 더욱더 최선을 다해 아들을 길러냈고 아들을 통해 자신의 가치를 실현하려고 한 것이다.

샤오쌍과 어머니는 사실 같은 운명을 타고난 것이다. 태어나자마자 왜곡된 환경 속으로 내던져진 그들은 우선 살아남기 위해서 어쩔 수 없이 왜곡에 따르며 자신의 존재 가치를 확인받아야 했다. 하지만 조금이나마 인정을 받은 후에는 반드시 더 많은 인정을 받기를 바라는 법이다. 그들은 자신을 왜곡해서라도 자신을 환경에 꿰맞추려는 노력을 더욱 아끼지 않았다. 결국 그들은 자신이 왜곡된 모습이었을 때만 인정받을 수 있다는 사실을 깨달았다. 그것은 진정한 자기 모습이 아니었다.

왜곡된 환경에서 태어난 사람이 왜곡과 영합하여 자신의 진정한 가치를 계속 증명하기란 어려운 일이다. 당신이 자신을 왜곡한 상태로 좁은 하늘 안으로 들어가지 않으면 우물 안 개구리에게는 애초에 당신의 존재가 보이지 않는다. 하지만 설령 당신이 자신을 왜곡해서 그 하늘 안으로 들어간다고 하더라도 우물 안 개구리의 눈에 보이는 당신의 가치는 한정된 시야만큼이나 극히 일부분에 불과하다.

 ## 03 어린 시절에 얻지 못한 것일수록 전부를 바쳐서라도 얻기를 바란다

어떤 것은 한 사람의 존재에 매우 중요한 것일 수 있다. 예를 들어 사랑과 감정, 가치의 인정 같은 것들이다. 어려서 이런 것들을 얻지 못한 사람은 평생에 걸쳐 어떤 대가를 치르더라도 반드시 얻고자 한다.

부모가 당신을 쓸모없는 존재로 여기면, 당신은 쓸모 있다는 것을 증명하려고 노력할 것이다. 애정 관계에서도 마찬가지로, 배우자에게 자신이 쓸모 있는 사람임을 증명하기 위해 노력할 것이다. 왜곡된 평가를 바꾸고 자신을 증명하기 위해 노력하는 시점에서 이미 당신은 왜곡된 가치 평가의 기준을 받아들인 셈이다. 일단 이 길에 발을 내딛는 순간, 매우 희망적이면서도 괴로워지는 두 가지의 모순된 느낌에 사로잡히게 된다.

샤오쌍이 한번은 주말에 부모님 집을 방문했다. 그녀는 이른 시간부터 점심을 준비하기 시작했다. 상다리가 부러지게 요리를 차려냈고 마지막으로 시간이 좀 걸리는 요리 하나만을 남겨두고 있었다. 그녀가 마지막 요리를 완성해 부엌에서 가지고 나올 때였다. 이미 부모님과 남동생이 모여앉아 화기애애하게 밥을 먹고 있는 모습이 눈에 들어왔다. 그녀에게 같이 밥을 먹자고 불러준 사람은 아무도 없었다.

무시당했다는 느낌에 그녀는 매우 큰 고통을 느꼈다. 하지만 다음 주말에도 그녀는 또 부모님 집에 갔고 더 푸짐하게 요리를 차려냈다.

아버지가 새우 한 마리를 집어 남동생에게 건네며 말했다.

"새우가 몸에 좋아. 많이 먹어라."

"음, 맛있네요."

이 한마디에 그녀는 인정을 받았다는 느낌이 들었다.

그녀는 남동생을 향한 부모님의 관심에 기생하며 자신의 가치를 인정받기 위해 노력했다. 그럼으로써 그녀는 만족감을 느낄 수 있었고, 앞으로 더 열심히 하고 싶다는 마음마저 들었다. 하지만 마음속은 언제나 텅 빈 느낌이었다.

원가족에 대한 왜곡된 인정 욕구는 대단히 견고해서 쉽게 무너지지 않는다. 아주 오랫동안 한길을 걸어온 사람이 그 길을 끝까지 완주해내고 싶어 하는 것과 같다. 왜곡된 인정 욕구에 사로잡힌 사람들 대부분은 이 길을 끝까지 완주할 수 있을 것만 같다고 생각한다. 그들은 큰 컵에 담은 자신의 물을 상대방이 건네는 물 한 방울과 교환하면서, 그 물 한 방울에 계속 희망을 걸어본다. 언젠가 상대방이 큰 컵에 물을 가득 담아 자신에게 되돌려주리라고 믿는 것이다. 이처럼 왜곡된 인정 욕구의 패턴을 보이는 사람은 막다른 골목에 부딪혀 제자리걸음만 하고 있는 것과 같다. 이런 패턴의 속박을 받아들이면 평생 물 한 방울과 교환하는 데 그치거나, 심지어는 아예 물 한 방울도 얻지 못하는 상황에 빠질 수 있다. 반면 이런 패턴의 속박을 받아들이지 않는다면, 저항하거나 다른 곳에서 물을 찾기 시작할 것이다.

어린 시절 얻지 못한 것을 의식하다 보면 삶은 목마름으로 허비될 뿐이다. 하지만 아무리 헌신하고 노력을 기울여도 끝내 얻지 못하는 경우가 대부분이다.

수많은 고통을 겪고 나서야 이 길에서는 더 이상 희망을 찾을 수 없다는 사실을 깨닫는 사람들이 있다. 그들은 절박한 심정으로 다른 길을 찾아 나선다. 이때 지금까지 쌓아온 자기 인생을 전부 포기하고 처음부터 다시 시작해야지, 절대 원래의 방식을 따라 길을 찾아선 안 된다. 자칫 잘못하면 교각살우(矯角殺牛, 소의 뿔을 바로잡으려다가 소를 죽인다는 의미의 사자성어)가 될 수도 있다.

예를 들면 이런 것이다. 당신이 열심히 노력해서 물 한 방울을 얻게 됐다. 이 물 한 방울이 당신의 생명을 유지해줬다. 그런데 갑자기 더는 이런 것에 연연하지 않겠다고 마음먹었다. 하지만 이내 극심한 목마름을 느끼게 됐고, 다른 관계를 찾은 당신은 상대방에게 물 한 방울도 내주지 않으면서 상대방이 물 한 컵을 내주기만을 기대한다. 처음에는 뜻대로 이루어질지 모르겠지만, 시간이 지나면 상대방은 어떤 것도 내주고 싶지 않아질 것이다. 다급해진 당신은 다시 필사적으로 물 한 컵을 내주고 물 한 방울과 바꾸려는 노력을 이어갈 것이다. 어느새 당신은 죽을힘을 다해 도망치려고 했던 왜곡된 방식으로 다시 돌아오고 만 것이다.

잔혹한 운명을 계속 반복하는 것은 과거의 경험 속에 심하게 왜곡된 인정 욕구가 존재하기 때문이다. 그 사람의 마음속에는 사랑에 대한 갈망이 깊이 내재되어 있다. 조급하게 바꾸려 하거나 서둘러 증명하려 하지 않고 가장 본질적인 갈망으로 돌아와 새로운 길을 찾을 때, 드디어 우물을 벗어나 드넓게 펼쳐진 하늘과 마주할 수 있다.

치유 노트

1. 잔혹한 운명을 계속 반복하는 것은 성장 과정에 매우 심하게 왜곡된 인정 욕구가 존재하기 때문이다.
2. 사랑 때문에 괴로워하는 사람들은 더 평범한 방식으로 사랑하고 사랑받을 수 있다는 사실을 믿지 않는다.
3. 억압하려는 손을 뿌리치면 더 많은 것을 얻을 수 있다.

3.

극단적 감정의
부작용

'나의 행복'을
이루지 못하는 이유

앞서 얘기한 내담자 샤오쌍은 잇따른 절망에 모든 것을 내려놓고 오직 자신의 성장을 위한 길을 걷기로 마음먹었다. 그녀는 열심히 일해서 돈을 모았고 그 돈으로 공부하는 데 매진하여 자신을 발전시키는 데 집중했다. 그 결과 사회적으로 많은 인정을 얻고, 결혼해서도 남편의 눈치를 보지 않는 등 사업과 생활 면에서 모두 점차 나아졌다.

그런데 이번에는 어머니가 그녀에게 의지하기 시작했다. 문제에 부딪히면 곧바로 그녀에게 하소연을 늘어놓았다. 그녀는 어머니가 고통스러운 상황에서 벗어나도록 돕고 싶어서 옳고 그름을 따져 적절한 해결 방안을 내놓았지만 결국 아무 소용도 없었다.

083

사업 때문에 그녀는 매일 눈코 뜰 새 없이 바쁜 나날을 보냈다. 단지 관계를 유지하기 위해 무엇을 해야 한다는 것조차 무의미하게 느껴졌다. 어느 날 회사에서 야근을 마치고 집으로 돌아갈 채비를 하고 있을 때였다. 어느 순간 그녀의 뇌리에 지독한 고독감이 스치고 지나갔다. 집에 돌아가도 항상 할머니에게만 딱 붙어 있는 아이와 데면데면하게 구는 남편의 모습이 떠올랐다. 얼핏 삶이 더 나아진 듯 보였지만, 여전히 자신은 혼자라고 느껴졌다.

 01 변하려고 기를 쓰는 사람은
반대 방향으로 튕겨 나가기 쉽다

원가족의 문제를 의식하게 된 사람들은 변하기 위해 기를 쓰지만, 자칫 잘못하면 완전히 반대 방향으로 튕겨 나가기 쉽다. 예를 들면 다음과 같은 경우다.

- 과거에 너무 많은 것을 헌신했지만 오히려 자신이 상처를 입은 것을 깨닫고, 그때부터 아무것도 하지 않겠다고 결심한다.
- 다툼 때문에 해결하기 어려운 많은 문제가 발생한다는 것을 깨닫고, 충돌을 완전히 피하기로 마음먹는다.
- 감정을 표현해서 상처를 입으니 차라리 감정을 완전히 감추기로 한다.

이처럼 급격한 변화는 일시적으로 효과가 있는 것처럼 보이지만, 결국 자신을 또 다른 경직된 위치로 데려간다. 유연하지 못한 대처 탓에 고통을 지속하게 된다.

샤오쌍은 가족에게 사랑을 표현해봤자 결국 실망만 돌아온다는 것을 깨닫고, 가치를 인정받으려는 욕구를 외부에 모두 쏟아부었다. 그럼으로써 외부적으로 큰 성과를 거뒀다. 문제는 그녀가 가치의 인정을 전부 외부 세계에 의탁하고 자신의 감정적인 욕구를 완전히 억압했다는 데 있다. 그녀는 필사적으로 일하면서 내면의 상처에서 벗어날 수 있었지만, 주위 사람들은 그녀를 따라가기 버거워했다. 결국 그녀는 남편, 자식과 감정을 주고받지 못해 관계가 멀어지고 말았다. 어느 순간 그녀는 이전에는 알지 못했던 사랑에 대한 자신의 간절한 바람을 깨달았는데, 그동안 맹렬하게 회피해온 탓에 자신 안에 감정이 없다는 사실을 발견하게 됐다.

자신을 바꾸려고 애쓰는 사람들은 그동안 자신이 우물 안 개구리였다는 사실을 깨달으면 죽을힘을 다해 밖으로 뛰어오른다. 하지만 결국 또다시 다른 우물 안으로 떨어질 뿐이다.

02 나를 꼭꼭 걸어 잠그면 내면에서 행복을 얻을 수 없다

변화하려고 노력하는 사람은 왜곡된 인정 욕구를 가진 사람보다 좀 더 외로워한다. 과거에는 적어도 어떤 부분에서는 상대방에게 쓸모가 있어서 받아들여졌지만, 더는 상대방을 개의치 않고 상대방을 위해 최선을 다하지 않으면 사랑도 거기서 끝이 나기 때문이다.

자신의 감정을 꼭꼭 걸어 잠그고 모든 사람과의 연결을 차단하는 순간, 내면에서 진정한 행복을 얻을 수 없다. 행복은 타인과의 연결에서 오는 만족과 기쁨이다. 외딴섬과 같아서는 누구도 행복을 느낄 수 없다. 교각살우형, 그러니까 잘못을 바로잡으려다가 의욕이 앞서 일을 그르치기 십상인 사람은 괴로움에서 벗어나려다가 오히려 행복에서 멀어지게 된다.

샤오쌍은 이제 잠시나마 고통을 덜게 되자 어머니도 스스로 변화하여 행복해지기를 바랐다. 하지만 실제로 그녀는 결코 행복하지 않았고, 그녀의 어머니도 감정을 차단하는 방식으로 행복을 얻을 수 없었다.

나는 연애에 실패한 사람들을 많이 만나봤다. 그들은 이전 관계에서 상처받고 기만을 당했기 때문에 새로운 관계에 들어갈 때 언제나 경계를 늦추지 않는다. 남녀를 불문하고, 그들은 이렇게 말했다.

"아무런 기대가 없으면 상대방이 상처를 줘도 그다지 괴롭지 않아요."

시간이 흘러도 관계에서 진전을 이루지 못하고 마음이 더욱 괴로워지면서 그들은 이런 생각에까지 이르렀다.

'이토록 많은 사람과 사귀었는데도 맞는 사람이 하나도 없다면, 틀림없이 나한테 문제가 있는 거야!'

상처받을 가능성을 피한다고 해서 실제로 상처받는 것을 피할 수는 없다. 관계에서 너무 거리를 두면, 당신이 사랑을 원할 때 상대방이 그 마음을 무시해버린다. 상대방과 깊은 관계를 맺지 못하게 되고 사람 사이의 온도를 느끼지 못하게 된다. 관계에서 얻을 수 있는 행복도 맛볼 수 없게 된다.

원가족과의 문제를 해결하는 과정에서 드러나는 뚜렷한 굴곡이 있다.

- 왜곡된 방식으로 인정받기를 바라며 행했던 무수한 노력이 실망에 따른 고통으로 바뀐다.
- 왜곡된 방식에서 벗어났더라도 원가족의 문제가 자신에게 미치는 영향을 무시하면 고독이라는 고통이 뒤따른다.
- 다시 그 문제에 직면할 때 관계가 연결된다.

인생에서 중대한 문제에 직면하면 누구나 도망치고 싶을 것이다. 나약해서가 아니라 인간의 본능이 그렇다. 아이가 진정으로 성장하기 위해서는 사춘기의 반항을 겪어야 하는 것처럼, 우리도 도망쳐봐야 무엇이 중요한지 깨달을 수 있고 진정으로 관계를 소중히 여기는 법을 배울 수 있다.

 03 **노력한 후에도 여전히 원래 자리라는 것을 발견했을 때가 진정으로 깨달은 순간이다**

자아의식을 갖추려는 사람에게는 두 가지 중요한 성

장 시기가 있다. 첫 번째는 자신이 어떤 고통의 반복에 빠진 것을 발견하고 이 모든 것을 바꾸려고 할 때다. 두 번째는 변화하기 위해 노력했지만 자신이 여전히 원래 자리에 있다는 것을 발견할 때다. 첫 번째 순간에는 많은 사람이 변화하고자 하는 강렬한 동기를 가지고 있는 데다 자신감이 충만하여 전속력으로 돌진하려고 한다. 두 번째 순간에는 많은 사람이 풀이 죽어서 자신과 미래에 대해 깊은 의심을 품는다. 자신에게는 아무 능력도 없고 어떤 기회도 잡을 수 없다는 심한 무력감에 빠진다.

이런 두 가지 순간에서 진정한 성장을 이룰 수 있는 시기는 언제일까?

대부분 사람은 문제를 발견하고 바로 바꾸려는 첫 번째 시기라고 생각한다. 하지만 사실 이때 바꾸려고 하는 것은 교각살우가 될 수 있다. 문제의 일부분만을 보고 전체를 바로잡으려하기 때문이다.

두 번째 시기에는 변화를 시도해봤지만 가야 할 길이 쉽지 않다는 것을 깨닫게 된다. 자포자기하는 사람들도 일부 있겠지만 대부분은 첫 번째 시기보다 더 냉정하게 원인을 분석하고 문제를 더 깊게 이해하려고 한다.

문제의 심각성을 깨닫고 바꿔보려고 노력했지만 여전히 자신이 변하지 않았다는 것을 알 때 진정한 깨달음을 얻을 수 있다. 문제 안에 미처 알아차리지 못한 진실이 숨어 있어서 자신이 계속 이 문제에 갇혀 있다는 것을 비로소 깨닫게 된다.

샤오쌍의 깨달음도 이런 시기에 발생했다. 그녀는 나아지려고 노력했고 자신의 가치를 확인했다. 하지만 여전히 외로움을 느꼈고 관계에서 무시를 당했다. 그 순간 자신이 이미 멀리까지 달려왔지만 계속 앞으로 나아가도 행복할 수 없다는 것을 깨달았다.

그녀는 발걸음을 되돌리기로 마음먹었다. 아이, 남편과 함께 보내는 시간을 소중히 여기기 시작했다. 이전과는 달리 더는 자신을 왜곡하여 인정받으려 하지 않았다. 자신의 가치를 창조해야 한다는 믿음에는 변함이 없었지만, 동시에 가족에게 시간을 투자해야 한다는 게 무엇을 의미하는지도 충분히 깨달았다. 때로는 어머니의 하소연도 조용히 들어줄 수 있게 됐다. 그녀는 더 이상 어머니를 바꾸려고 하지 않았다. 상대방을 위해 무엇을 하든 하지 않든, 가장 중요한 것은 언제나 자신이라는 사실을 분명히 깨달았기 때문이다.

왜곡된 인정 욕구에서 교각살우까지, 왜 이렇게 극심한 변동이 일어나는 걸까

여기까지 살펴본 당신 머릿속에는 한 가지 의문이 떠오를 것이다.

'왜곡된 인정 욕구부터 교각살우까지, 성장하려는 모든 사람은 이렇게 극심한 변동 과정을 겪어야만 하는 걸까?'

그렇다. 각자의 성장 단계와 주기에는 커다란 차이가 있겠지만, 이런 성장 과정은 모든 사람이 기본적으로 똑같이 겪는다.

왜 우리는 이처럼 심한 변동 과정을 피하지 못하고, 자신의 목표를 단번에 이룰 수도 없는 걸까? 누구든 한 번도 가본 적 없는 길을 걷는다면 너무 낯설어서 우왕좌왕하게 될 것이다. 이런 과정은 일종의 시행착오로, 우리가 그 길에서 가장 적절한 곳을 선택할 수 있도록 도와준다.

샤오쌍의 사례에서 그녀가 이전에 해온 노력이 전혀 도움이 되지 않고 오히려 그녀를 곤경에 빠뜨리는 것처럼 보였지만, 전체적인 과정을 돌이켜보면 그동안 시도한 모든 것이 그녀에게 매우 중요한 의미를 지닌다는 것을 알 수 있다. 이 과정에서 그녀는 자신의 소중한 가치를 확인할 수 있었다. 그것은 가족에게 얻을 수 없는 것으로, 그녀는 이 과정을 통해 비로소 안정감을 얻게 됐다. 극심한 변동을 겪느라 중요한 감정의 연결이 끊어지기도 했지만, 자아의식을 갖춤으로써 결국 연결을 회복할 수 있었다.

이런 과정에서 목표를 바라보면 희망과 절망을 번갈아 느낄 것이다. 목표만을 바라보는 자세에서 벗어나 과정을 자세히 살피면 성장의 길을 반드시 발견할 수 있다. 성장을 이루는 과정에서 자주 드는 느낌이 있다. 분명히 노력했고 자신이 한 일이 틀린 것 같지는 않은데, 항상 뭔가 잘못되어가는 듯하고 원하는 결과를 얻지 못하는 것 같다. 하지만 이것이 진정한 성장의 과정이다. 단번에 이룰 수는 없고 시도와 탐색을 통해 조금씩 확인하며 성장의 길을 공고히 다져가야 한다. 이럴 때 비로소 과거와 연결을 유지하면서 새로운 자기 모습으로 다시 태어날 수 있다.

아직 성장의 길 위에 있는 사람이라면 자신을 아무리 재촉해봤자 실질적인 효과는 거두지 못할 것이다. 자기의식을 바탕으로 자신에 대한 인내심을 유지하고 어려움에 부딪혀도 쓰러지지 않을 때, 과거로부터 이어져 온 길이 마침내 자신에게 의미가 있는 길로 이어질 것이다.

치유 노트

1. 성장하고자 할 때는 극에서 극으로 넘어가는 과정이 필요하다. 이것이 성장의 통과 의례다.
2. 상처받을 가능성을 피한다고 해서 실제로 상처받는 것을 피할 수는 없다.
3. 참된 깨달음은 종종 가장 무력한 순간에 발생한다.

누구나 과거를 극복하고
새로운 인생을 살아갈 수 있다

행복에 대해 이야기할 때면 몇 년 전 방송된 설문조사 프로그램이 생각난다. 질문이 '행복이란 무엇인가'였는데, 사람들의 대답이 웃다가 쓰러질 정도로 정말 재미있었다. 이 질문을 자신에게 던져보자. 혼자 있거나 고요한 깊은 밤이 되면 자신에게 이렇게 묻는 것이다.

- 행복은 무엇인가?
- 나는 행복한가?

여기에 어떻게 대답할 수 있을까? 자기 삶의 모습을 대강 되짚어보면 바로 답이 나올 것이다.

우리는 혼자였을 때 안정된 자아를 느낄 수 있다. 안정된 자아를 느끼면 관계 안에서 다른 사람과 친밀히 연결됐을 때도 스스로 만족할 만한 자유를 느낄 수 있다. 사회 조직 안에서는 자신의 가치를 마음껏 드러내는 일을 할 수 있다. 이처럼 삶이 편안한 상태일 때는 자신을 위해 살아가고 있다는 느낌이 들 것이다. 반대로 감정 기복이 심하다고 느끼면 관계에서 다툼이 잦고 자기실현에 어려움을 겪게 된다. 위축된 몸으로 삶에 치여 사방에서 부딪히느라 무엇을 위해 사는지 알 수 없게 된다.

사람이 행복하게 사느냐 불행하게 사느냐는 구체적인 경험에 달린 것도 아니고 얼마나 많은 사람에게 사랑받는지에 달린 것도 아니다. 자기 삶을 살아가면서 펼치는 모습에 달렸다.

자신이 무엇을 원하는지 분명하게 알고 있고 이상을 추구하는 노력을 멈추지 않는다면, 순조로운 상황에서든 어려운 상황에서든 항상 행복을 느낄 수 있다. 반면 자신이 무엇을 원하는지 모른다면, 수많은 행복의 기회를 만나도 그것을 알아차리기 어렵다.

 01 **행복하게 살아가는 최고의 방법은**
나의 경험을 이해하는 것이다

모든 사람에게는 두 가지 인생이 있다고 생각한다. 첫 번째는 부모가 주는 인생으로, 왜곡과 억압과 몸부림으로 가득 차 있다. 두 번째는 스스로 만들어나가는 인생으로, 행복한 삶에 대한 동경과 추구와 만족으로 가득 차 있다.

이 세상에 태어난 이상 누구나 당연히 더 행복해지길 바라고 자기 인생을 주도할 수 있기를 바란다. 하지만 영유아기, 아동기, 사춘기, 심지어 성인이 되어서까지 걷잡을 수 없는 막막함을 느끼고 절망하는 이들이 많다. 그 책임의 상당 부분이 부모일 수 있다. 부모가 우리의 심리 발달에 일정한 영향을 미치고 깊은 상처를 입히면, 우리는 어찌할 수 없는 무력감에 빠져들고 만다.

누구든 단번에 자기답게 살기란 어려운 일이다. 반드시 먼저 왜곡을 통해 삶이 존속돼야 내적인 자기 발전도 이룰 수 있다. 이는 우리가 수정란에서 한 인간으로 자라날 때 어머니의 자궁에 적응하기 위해 몸을 웅크리고 있어야 하는 것과 마찬가지다. 우리가 처음에 몸을 웅크리는 것은 제약을 받아들여야만 생존할 수 있기 때문이다. 만일 그것을 받아들이지 않고 저항하면 존재하는 것 자체가 불가능해진다. 제약을 받아들여야만 자신을 발전시킬 기회도 얻을 수 있다.

부모에게서 즉시 만족을 얻지 못한 아기는 당시에는 커다란 절망을 느끼지만 조금만 기다리면 부모로부터 보살핌을 받을 수 있다. 매 순간 세심한 보살핌을 받을 수 없다는 현실을 받아들이는 것은 아기의 마음을 괴롭게 하지만, 그것은 자신을 살아가게 하고 성장하게 하며 자신을 지키는 능력을 길러준다.

이처럼 생존하기 위한 노력과 경험은 매우 중요하다. 하지만 생존이 보장된 이후에는 인생에서 스스로 새로운 선택을 해야 한다는 점을 절대 잊어서는 안 된다. 그럼에도 생존 단계에 계속 머물러 있는 사람이 여전히 많다. 분명히 이미 성인이 되어 충분한 능력을 갖추고 있는데도 무력한 상태에 머물러 그 능력을 발휘하지 못한다. 지나온 길은 이미 끝이 났는데도 한참을 계속 그 자리에 서 있으니 새로운 여정을 시작할 수 없는 것이다.

자신이 그곳에 멈춰 있다는 걸 발견했다면 과거의 경험을 되돌아보고 충분히 이해하여 자신의 존재를 구속하는 것이 무엇인지 밝혀내야 한다. 과거의 경험에 대한 이해가 우리의 의식과 느낌에 깊이 새겨졌을 때 우리는 비로소 그 길의 끝에서 과거와 이별하고 진정한 자신을 찾아 앞으로 나아갈 수 있다.

02 과거는 출발점일 뿐 나의 영원한 모습으로 남아서는 안 된다

세상만사와 만물은 모두 자기 발전의 법칙을 따른다. 자연의 법칙에 따라 아기는 영원히 아기일 수 없고, 점차 자라면서 발전하게 된다. 하지만 견딜 수 없는 좌절과 고통을 안겨주는 일에 부딪혔을 때 우리는 종종 자기 발전의 법칙을 잊어버리고 좌절과 고통이라는 끔찍한 느낌에 평생 휘둘릴 것이라고 확신하며 걱정하게 된다.

끔찍한 느낌에서 벗어나려고 발버둥칠수록 우리의 자연스러운 발전 과정은 궤도를 이탈하고, 자신을 가두는 곳을 향해 자신을 더욱 몰아가게 된다. 결국 그곳에 갇혀서 빠져나오지 못하고 더는 앞으로 나아가기 어려워진다. 무리해서 벗어나려 할

수록 더 깊이 빠져들 뿐이다.

이혼한 지 얼마 되지 않은 여성의 사례다. 그녀는 자신이 앞으로 어떻게 될지, 더 좋은 사람을 만날 수 있을지 걱정이었다. 특히 혼자서 살아가야 한다는 생각에 두려움이 컸다. 그런 한편으로, 전남편이 계속 다른 사람을 만나지 못하고 비참한 결말을 맞았으면 좋겠다는 생각도 들었다.

그녀는 이런 자기 모습을 바라보며 최악이라고 느꼈다. 또한 자신의 나약함과 허상을 받아들일 수 없었다. 가능한 한 빨리 그런 생각들에서 빠져나와 잊어야 한다고 자신을 다그쳤다. 그런 생각들이 떠오를 때마다 자책하곤 했지만 상황은 조금도 개선되지 않았다.

얼마 후 그녀는 자신이 '가져서는 안 되는' 생각들에 한층 더 관심을 기울이기로 했다. 하지만 그런 생각이 떠오르자 이내 커다란 충격과 함께 쓰라린 절망을 느꼈다. 자기 삶은 영원히 나아질 수 없을 것만 같았다.

원가족에 대한 문제를 짊어지고 있는 많은 사람이 그녀와 마찬가지로 자기 모습을 매우 싫어한다. 그들은 변화하기 위해 노력하고, 그 문제에 각별한 관심을 기울인다. 하지만 결국 원가족이 자기 앞을 철저하게 가로막는다는 결론을 얻을 뿐이다.

우리는 문제가 발생하는 것과 관련해서는 선택권이 없지만, 문제를 해결하는 데에는 결정적인 역할을 할 수 있다. 과거는 하나의 출발점에 불과하다. 물론 과거의 존재를 무시할 수는 없지만, 우리가 완전히 과거를 위해 존재할 수만도 없다!

과거를 억지로 바꾸려 할 것이 아니라 제대로 바라보고, 자세히 살피고, 이해해야 한다. 비록 우리가 과거에서 온 건 맞지만, 그렇게 할 때 과거와는 크게 달라진 자기 모습을 발견할 수 있다. 이런 과정을 통해 우리는 죽순처럼 한 마디씩 차근차근 자라날 수 있다. 지켜주기도 하지만 방해가 되기도 하는 껍질은 우리가 한 마디씩 자라날 때마다 한 겹씩 벗겨져 나갈 것이다.

 ### 03 누구나 과거를 극복하고 새로운 인생을 살아갈 수 있다

분명한 것은 누구나 과거를 극복하고 제2의 인생을 살아갈 수 있다는 것이다. 다만 많은 사람이 이 길을 갈 수 있다는 걸 아직 깨닫지 못했을 뿐이다. 누구에게나 그것을 깨닫는 각성의 시기가 찾아오기 마련이다. 다만 그 시기가 이르냐 늦으냐에 따라 그 사람의 운명이 결정된다.

일찍 각성할수록 자신이 무엇을 원하는지 생각해볼 시간이 더 많아진다. 새로운 경험을 얻으려는 시도를 통해 원하는 것을 자기 인생에 더 많이 쌓을 수 있다. 하지만 각성이 늦어지면, 살아가는 과정은 똑같더라도 타성의 벽에 크게 부딪히게 된다. 부딪힘이 클수록 외부 세계의 압력도 커질 것이다. 예를 들어 10대 아이가 반항하는 것과 30~40대 어른이 부모와 다투는 것을 비교해보면, 후자가 직면하는 압력과 저항이 훨씬 크지 않은가.

자기 삶을 살아갈 기회가 부족했던 사람일수록 마음속에서 자신에 대한 믿음이 부족해지고 새로운 한 걸음을 내딛기가 어려워진다. 이것이 내재적으로 직면하는 걸림돌이다. 외재적인 걸림돌은 자신을 숨기는 데 익숙해질수록 진정으로 자기다운 삶을 살고 싶을 때 상대방의 반대에 부딪히기 쉽다는 것이다.

상대방은 이미 당신의 과거 모습에 익숙해져 있다. 하지만 당신이 발전하는 모습을 보이면 그들은 당신이 과거와 똑같은 모습을 유지하길 바라는 마음에서 변화를 공감하지 못하고 가로막을 수 있다.

원가족에서 벗어난 사람들이 모두 처음부터 행복을 찾을 수 있는 것은 아니다. 행복을 찾은 사람은 환경에서 오는 압박과 시련에 이미 단련되어서 다른 사람의 관심과 지지가 부족하더라도 자기 삶을 꿋꿋이 살아갈 능력을 어느 정도 갖추고 있다. 따라서 그들은 어떤 상황에 직면해도 미래와 마주할 자신감을 가지고 있다.

어떤 환경에서도 자신을 잃지 않고 쉽게 포기하지 않으며, 유효한 도움과 지원을 적극적으로 구하고, 자신을 격려하며 자아실현의 과정을 한 단계씩 완성하는 능력을 나는 '행복력'이라고 부른다. 행복력을 가지고 있으면 삶을 지배하는 느낌이 들 것이다. 그러면 더는 과거에 얽매이지 않고 미래로 눈을 돌릴 수 있다.

완벽한 원가족을 가진 사람이라고 해서 행복력을 지니고 있다고 단정하기는 어렵다. 행복력을 갖춘 사람들조차 원가족과의 매듭을 전부 풀어낸 것은 아니다. 하지만 그들은 '아무 일도 일어나지 않았으면 좋겠다'라고 기대하거나 '다른 사람이 바뀌면 좋겠다'라는 환상 속에 계속 머무르지 않는다. 그들은 이미 그것 위에 발을 딛고 올라서서 어떤 일이 닥치든 인생을 영위할 책임이 자신에게 있다는 사실을 확실히 깨닫고 있다. 서로 다른 두 사람이 과거에 완전히 똑같은 운명에 처한 적이 있더라도 행복력을 갖추고 있느냐 아니냐에 따라 인생이 전혀 다른 양상으로 펼쳐질 수 있다.

많은 사람이 행복력을 기를 수 있는 최적의 시기가 언제인지 묻는다. 그러면 나는 이렇게 답한다.

"당신이 의식할 수 있을 때가 최적의 시기입니다."

그들은 곧바로 이렇게 묻는다.

"제가 의식했어도 행복력을 기르지 못하면 어떡하죠?"

행복력을 기르는 일은 하루아침에 완성되는 것이 아니며, 의식하자마자 바로 길러지는 것도 아니다. 한 여성이 엄마가 된 이후에 해야 할 일이 무엇인지 알게 되고, 직접 해보며 끊임없이 연습한 후에야 비로소 엄마로서의 자격을 갖추게 되는 것과 같다. 우리는 모두 이런 일련의 과정을 거쳐야 한다.

우선 행복력을 길러야 한다는 것을 인지하고, 자신의 의식을 바탕으로 실제로 시도해봐야 한다. 이런 과정에서 계속 경험이 쌓이면 언젠가 자기도 모르는 사이에 과거에 겪었던 역경을 더는 두려워하지 않는 자기 모습을 발견하게 된다.

이 과정에서 흔히 보이는 잘못된 인식이 있다. 행복력을 갖추지 못한 사람은 다른 사람을 깜짝 놀라게 할 만큼 큰 성과를 이루고야 말겠다는 환상을 갖곤 한다는 것이다. 그래서 계속 목표를 향해 총을 겨누고는 있지만 정작 한 발도 쏘지 못해 경험의 영역은 언제나 공백 상태다. 반면, 마침내 행복력을 갖추게 된 사람은 실제 사격 훈련을 통해서만 명사수가 될 수 있다는 사실을 잘 안다. 따라서 완벽해지기 위해서 매번 연습할 기회를 놓치지 않는다. 삶의 모든 순간을 더욱 용감하게, 더욱 강한 의지로, 더욱 충만한 열정으로 임하고 도전한다면 행복력을 더 빠르게 발전시키고 인생 제2막을 열 수 있다!

─────────────── 치유 노트 ───────────────

1. 행복하게 사느냐 불행하게 사느냐는 자기 삶을 살아가면서 펼치는 모습에 달렸다.
2. 누구에게나 각성의 시기가 찾아오지만, 그 시기에 따라 운명이 결정된다.
3. 행복력을 발전시킬 최고의 적기는 바로 지금이다.

5.

행복하게 살고 싶으면
어떤 능력을 갖춰야 할까

사는 게 불행하다고 느끼는 사람들도 마음속으로는 분명히 알
고 있다. 미래가 바뀌려면 과거와 다른 모습이 되어야 한다는
것을. 삶이 항상 막막하고 불행하다면 먼저 행복력부터 갖춰야
한다.

행복하다고 느끼는 사람은 자신에게 특별한 능력이 있다
는 사실을 모른다. 반면 불행하다고 느끼는 사람은 자신에게 무
엇이 부족한지 잘 모른다.

미국의 기업가 세스 고딘(Seth Godin)은 저서 《더 딥》을 통
해 '딥(Dip, 성공을 향하는 과정에서 겪는 좌절과 침체의 시기)'에 대한
확고한 생각을 이렇게 전한다.

딥은 인생에서 중대한 찬스다. 당신이 딥에 처했을 때 그 안에는 틀림없이 당신이 모르는 실체의 근원이 있고, 그것을 밝혔을 때 인생은 빠르게 위로 올라갈 것이다. 인생에서 만나는 딥은 당신이 가고 싶은 모든 곳으로 데려다주는 가장 빠른 지름길이다.

삶이 항상 불행하다면, 삶과 인간관계에 우리가 볼 수 없는 어떤 실체의 근원이 따로 존재하기 때문이다. 보이지 않으면 마주할 수도 없다. 진실을 발견하고 실체의 근원과 마주할 능력을 발전시켜야 비로소 인생을 전면적으로 업그레이드할 수 있다.

이 책의 후반부에서는 다른 관점에서 바라본 행복의 가능성을 자세히 함께 탐색해보고, 행복해지기 위해 갖춰야 할 능력과 이 능력을 어떻게 발전시켜나가야 할지 이야기를 나눠볼 것이다. 그 전에 나는 우선 불행한 사람에서 행복한 사람으로 성장하는 과정을 4단계로 나누었다. 이 4단계에 따라 그 안에서 갖춰야 할 네 가지 능력을 차츰 발전시켜나가면 된다.

1단계: 인지력
나에게 호기심을 가진다

'어디에서 왔는지 모르면 어디로 가야 할지도 모른다'라는 말이 있다. 그런데 현실에서 대부분 사람은 자신이 어디에서 왔는지, 어디로 가야 할지도 모르는 무의식적 상태일 것이다. 심지어 어떤 사람은 현재 자신이 어느 위치에 있는지도 모를 것이다.

자신에 대한 의식을 잃는 것은 많은 사람에게 심리적 문제가 발생하는 원인이 된다. 삶의 고달픔에 시달리는 대부분 사람은 호기심을 품지 않은 채 자신을 이해하려고 한다. 이것이 늘 문제에 갇혀 헤어나지 못하는 이유다.

괴로운 상황에서 벗어나고 싶으면 우선 자신에게 충분한 호기심을 가져야 하고, 다음의 세 가지 질문에 확실히 답할 수 있어야 한다.

- 나는 누구인가?
- 나는 지금까지 어떤 길을 걸어왔는가?
- 나는 앞으로 어떤 길을 걸어갈 것인가?

이 과정을 통해 얻어지는 수많은 생각과 느낌은 모두 자신에게 초점이 맞춰진 것이다. 다시 말해서 자신에게 충분한 관심을 쏟으면 제한적이었던 인지에서 벗어날 수 있다.

결혼 생활에서 항상 무시받는 아내가 있다. 인지력을 갖추지 못한 상태일 때 그녀는 고통스러운 나머지 이렇게 말할 것이다.

"지금의 고통은 모두 남편 때문이야. 남편만 바뀌면 괴롭지 않을 텐데…."

그녀는 딥에 빠진 것으로 볼 수 있는데, 자신을 딥에 빠뜨린 실체에 대해 알려고 하지 않기 때문에 자력으로 자신을 구원할 수 없다. 자신에 대해 호기심을 갖는 단계는 성장하는 데 매우 중요한 첫걸음으로, 자신에게 주의를 집중하고 자신을 이해할 수 있는 길을 열어준다.

인지력이란 쉽게 말해서 어떤 현상을 얼마나 이해할 수 있는지를 뜻한다. 앞의 예시에서처럼 문제가 무엇인지 제대로 이해하지 못한 채 문제의 원인을 남편이라고만 굳게 믿는 아내는 인지력이 편협하다고 할 수 있다.

인지를 확장하길 바라고 관계 안에서 미지의 영역을 더 많이 탐색하고 싶어 하는 사람은 이미 성장의 동기를 갖춘 셈이다. 불행에서 빠져나오고 싶어 하는 사람이 가장 먼저 해야 할 일은 변화하는 것이 아니라 자신에게 흥미를 갖고 이해하고자 하는 것이다. 이처럼 문제에 계속 호기심을 가지려는 태도는 문제를 폭넓게 인지할 수 있게 한다. 인지가 가져오는 새로운 공간을 통해 과거에 소홀히 여겨졌던 부분에서 가능성을 찾고, 새로운 정보를 받아들여 자신에 대한 이해를 재정립할 수 있다.

02 2,3단계: 감수성과 감지력
나를 이해한다

자신을 이해하는 단계는 자신에게 호기심을 갖는 단계의 토대 위에 세워진다. 어떤 일을 자기 생각의 틀 안에서 확정하는 것은 잔이 이미 가득 차서 물을 더 채울 공간이 없는 것과 같다. 사람들이 괴로움에서 헤어나지 못하는 것은 바로 지금 내면을 가득 채우고 있는 물이 앞으로 나아가지 못하게 막고 있기 때문이다.

성장하는 과정에서 사람들은 종종 모순적인 상황에 처한다. 대부분은 과거의 경험을 바탕으로 문제를 해결함으로써 삶에 대한 자신감과 통제감을 얻으려 한다. 하지만 이전의 경험들이 지금 상황에 더는 도움이 되지 못하고, 오히려 막다른 골목으로 내몰 수도 있다. 따라서 지금 어떤 일을 겪고 있는지 의식하고 어떻게 된 영문인지 알아야만, 삶이 불행한 이유를 이해할 수 있다. 우리 안에는 우리가 이해하고 발견해주기를 애타게 기다리는 중요한 것들이 아직 많이 남아 있다.

1단계의 토대 위에서 자신을 이해하고자 하면, 과거에는 당연하게 여겨졌던 많은 것이 의식 속에서 새롭게 받아들여질 것이다. 이런 경험을 통해 충분한 느낌을 얻었을 때 자신에게 무슨 일이 일어났는지 인식할 수 있다.

여기에는 두 가지 능력이 관련되어 있다. 바로, 감수성과 감지력이다. 감수성은 느낌이 자신에게 받아들여지는 것이다. 정서와 감정이 발생했음을 의식했을 때 이것들을 중요한 정보로 취급해서 하나하나 보존해두는 것이다. 감지력은 이미 발생한 정서와 감정의 과정을 식별하는 것이다.

예를 들어 당신이 남편과 매일같이 싸운다고 해보자. 당신이 아직 자기 성장을 시작하지 못했다면, 화가 났다는 것만 느낀 상태에서 남편의 잘못을 원망하거나 비난할 수 있다. 하지만 성장을 시작하는 첫 번째 단계에 들어갔다면 마음이 안정되면서 호기심의 문이 열리고 자신에게 질문을 던질 수 있다.

'이번 다툼은 나와 어떤 상관이 있을까? 나는 어떻게 해서

남편과 싸우는 지경에 이르렀을까? 내 안에서 어떤 작용이 일어났을까?'

이런 호기심을 품었을 때 자신을 이해하는 단계로 들어갈 수 있고, 정서와 감정 상태의 변화를 탐색할 수 있다. 이런 변화를 주시해야 그 변화의 배후에서 자신에게 무슨 일이 일어나고 있는지 더욱 분명하게 감지할 수 있다.

다음의 대비되는 상황에서 차이를 분명히 알 수 있을 것이다. 제자리에 발이 묶인 사람은 문제에 부딪힐 때마다 다른 사람에게 더 많은 원망을 품고 온 세상이 자신에게 상처를 입힌다고 생각한다. 하지만 성장하기 시작한 사람은 문제에 직면할 때마다 문제를 바탕으로 자신을 더 많이 이해할 수 있고 더 많은 문제와 마주할 성찰의 힘을 기를 수 있다고 생각한다. 한곳에 발이 묶여 있는 사람은 계속해서 과거의 패턴을 되풀이하며 점점 더 깊숙한 곳에 자신을 가둔다. 반면 성장하기 시작한 사람은 점점 더 많은 느낌을 체득한다. 그들은 얻은 것들을 의식적으로 정리한 후 새로운 경험으로 바꿔 고통스러운 상황을 벗어날 수 있는 밑거름으로 활용한다.

 4단계: 수용력
나와 화해한다

자신과 화해하는 것은 앞에서 설명한 세 단계의 기초 위에서 행해져야 하므로 대부분 사람에게는 실현하기 어려운 단계다. 자신에게 호기심을 갖지 않고 충분한 감수성과 감지력을 갖추지 않은 채 자신을 이해하려고 한다면 분명히 자신을 받아들이지 못할 것이다. 음식을 입안 가득 넣고 씹지 않으면 삼킬 수도 없고 당연히 소화할 수도 없는 것과 마찬가지다. '씹는' 기능을 훈련하지 않고 무리하게 자신을 받아들이려 하는 것은 완전히 어불성설이다. 감수성과 감지력은 씹는 기능에 해당하는 중요한 능력인데, 두 가지 능력을 발달시키지 못하면 삶에서 겪는 아주 작은 일로도 쉽게 감정에 휘둘릴 수 있다.

자신을 이해하지 못하면 안정감을 얻지 못하고 자신을 수용할 수 없게 된다. 반면 자신을 이해하는 것은 다른 사람을 이해하는 발판이 되어 다른 사람을 수용할 수 있도록 도움을 준다. 감수성과 감지력을 충분히 계발하고 원시적인 경험을 이해할 수 있어야 상대방이 어떤 반응을 보였을 때 자기만의 유효한 참조 기준을 바탕으로 상대방이 그렇게 하는 이유를 분명하게 파악할 수 있다. 그런 다음 상대방의 느낌을 이해하고 감지하여 공감했을 때 상대방을 받아들일 수 있다.

딥에 빠진 사람이 그곳에서 벗어나려면 대체로 위와 같은 과정을 통과해야 한다. 다만 단계별로 소요되는 시간은 사람마다 다르다. 지금 딥에 빠져 있다면 호기심 갖기, 이해하기, 수용하기 중에서 어느 단계로 가야 할지부터 확실히 정하는 것이 좋다. 그런 다음 앞에서 이야기한 과정을 차근차근 해나가면 된다. 이런 과정을 완전히 정복해본 적이 없다면 전문가를 찾아가 심리적 도움을 받는 것도 좋다. 상담가의 안내와 피드백을 따르면 네 가지 능력을 발전시키는 데 도움을 받을 수 있다.

딥에서 한 번 빠져나온 경험이 있다고 해서 그것만으로 인생 전체에 큰 도움이 되리라고 단정할 수는 없다. 실질적으로는 이 과정을 통해 발전시킨 네 가지 능력이 평생에 걸쳐 피가 되고 살이 될 것이다. 네 가지 능력을 갖추면 혼자일 때도 안정된 자아를 유지할 수 있고 다른 사람들과도 더욱 가까운 관계를 지속해나가는 데 도움을 받을 수 있다. 고난과 도전에 직면했을 때는 자신을 더욱 단단하게 지탱할 수 있고 삶의 모습을 업그레이드할 수 있을 것이다.

치유 노트

1. 딥은 우리가 가고 싶은 모든 곳으로 데려다줄 수 있는 인생에서 가장 빠른 지름길이다.
2. 행복하게 살기 위해서는 4단계를 거쳐야 한다. 나에게 호기심 갖기, 나를 이해하기, 나와 화해하기.
3. 행복력에는 인지력, 감수성, 감지력, 수용력이라는 네 가지 능력이 있다.

3장

마음 성장 1단계: 인지력

나 자신을

진심으로 알아간다

1.

막힌 길마다
나를 가로막는 원인이 숨겨져 있다

어려움을 만나 앞으로 더 나아가지 못하는 것은 아마도 우리가 모르는 법칙이 그 안에 숨어 있기 때문일 것이다. 우리가 법칙을 찾아낼 기회를 놓친 이유는 무엇일까? 경직된 인지 때문이다. 이는 과거에 기인한 것으로, 한때는 살아가는 데 도움이 된 적도 있고 삶을 구원해준 적도 있지만 지금은 우리를 깊은 수렁에 빠지게 할 뿐이다.

어떤 아이가 친구에게 좋아하는 감정을 고백했다고 하자. 하지만 거절당하고 모욕을 느끼면, 그 아이는 감정을 최대한 피해야 하는 것으로 여기게 될 수 있다. 이런 회피는 아이가 더는 상처를 받지 않고 안정감을 얻는 데 도움을 줄 수 있다. 아이는 성장한 후에도 자연스레 자신의 감정을 회피하려 들고 관계에

냉담해질 것이다. 이것은 그의 인간관계를 엉망으로 만드는 데 직접적인 원인이 된다.

훗날 그는 원만하지 못한 인간관계로 괴로워하다가 이 문제에서 벗어나기 위해 지난날을 돌이켜보게 될 것이다. 이때 어떤 의문이 내면에서 떠오를 것이다.

'왜 이런 문제가 발생한 걸까? 그 안에 나의 경직된 인지가 숨어 있었던 걸까?'

살아가면서 다른 문제들은 모두 쉽게 해결되어도 유독 어떤 문제는 계속 꽉 막혀 있는 경우가 있다. 이때 모든 신경이 이 문제에 집중되면 말할 수 없는 고통이 밀려오게 된다.

 ## 고통의 대부분은 극단성에서 오고, 극단성에 빠지는 주요 원인은 인지의 경직이다

문제의 해결을 임기응변에 맡기면 임기응변이 불가능해졌을 때 진짜 문제가 발생한다. 대부분의 문제는 극단으로 치달아 균형을 잃는 것에서 발생한다. 하지만 이런 불균형은 허울에 불과할 뿐이고 문제 발생의 핵심 원인은 인지의 경직이다.

나에게 상담을 받으러 온 샤오메이(小梅)는 결혼 생활에서 최선을 다하기 위해 줄곧 노력해왔고 모든 일을 완벽하게 처리하려고 애썼다. 그러다 보니 항상 잔소리를 하게 됐다. '드디어 끝났구나' 싶어 상대방이 가슴을 쓸어내릴 때 꼭 몇 마디를 덧붙이는 게 예사였다.

샤오메이는 상대방에게 정성을 다하면 상대방도 그 마음

을 알아주리라고 믿어왔다. 그러나 그녀의 남편은 바람을 피웠고 이혼까지 요구했다. 샤오메이는 이혼을 받아들였지만 마음이 찢어지는 것만 같았고, 한편으로는 자책하는 마음도 들었다. 자신의 노력이 부족했던 탓에 좋은 사람을 잃었다고 생각했다. 지난날 최선을 다하지 못했던 것과 남편과 시어머니에게 좀 더 잘하지 못했던 것을 후회했다.

그녀는 결혼이 깨진 것이 순전히 자신의 노력이 부족했기 때문이라고 생각했다. 결혼이란 자신의 지극한 노력과 헌신으로 유지되는 것이라고 여겼기 때문이다. 하지만 이런 생각은 그녀의 경직된 인지에 불과하다.

나는 그녀와 함께 결혼 생활 중 발생한 갈등을 자세히 살펴봤고, 마침내 중요한 사실을 알아냈다. 남편이 가장 진저리를 쳤던 부분은 그녀의 참견과 통제였다. 그녀가 지나치게 최선을 다하려고 할 때마다 남편은 부담스러워했고, 그녀가 자신을 돌보기를 바랐다. 하지만 경직된 인지에 갇혀 있던 그녀는 남편이 불만스러운 모습을 보이면 모두 자신이 부족하기 때문이라고 생각했다. 남편이 자신을 이해해주지 못하면 자신의 해명이 불충분했다고 생각했다. 그러나 해명을 하면 할수록 남편은 그녀가 너무 집요하다고 여겼다. 남편을 위해 한 일로 남편에게 미움을 사자 그녀는 또 다른 방법으로 최선을 다할 수밖에 없었다.

경직된 인지를 바탕으로 관계를 개선하려 하면 관계에서 나타나는 현실적인 문제를 소홀히 하게 된다. 이것은 관계를 더욱 망치는 길이다.

02 생활 속에서 흔히 볼 수 있는
두 가지 인지의 경직

생활 속에서 흔히 볼 수 있는 두 가지 인지의 경직은 편집적 나르시시즘과 자기 비하다. 편집적 나르시시즘인 사람은 제 생각이 전부 옳으니 다른 사람이 반드시 따라야 한다고 생각한다. 다른 사람이 자기 생각을 인정하지 않으면 그 사람에게 문제가 있다고 여긴다. 그리고 자기 비하는 항상 자신이 부족하다고 여기는 것이다. 살아가는 능력이 부족하다고 여겨서 어떤 일에 부딪혔을 때 언제나 자신의 기대와 생각을 포기하고 다른 사람의 요구와 의견을 삶의 중심으로 삼는다. 편집적 나르시시즘과 자기 비하는 삶에서 나타나는 극단적인 두 가지 유형이다. 전자는 자신을 중심에 두고, 후자는 다른 사람을 중심으로 삼는다. 전자는 매우 자만하는 사람이고, 후자는 열등감이 매우 심한 사람이다.

이처럼 극단적인 유형이 발생하는 이유는 무엇일까? 사실 이 두 가지 유형의 배후에는 낮은 자존감과 무가치하다는 느낌이 자리하고 있다. 편집적 나르시시즘인 사람은 얼핏 극도의 자신감을 드러내는 것처럼 보이지만, 사실 마음속에서 스스로 부족하다는 느낌이 떠오르는 것을 회피하려는 방편에 불과하다. 자기 비하적인 사람은 자신을 드러내지 않으려 하는데, 이는 자신의 부족함이 명확하게 드러나는 상황을 피하기 위한 것이다. 결국 두 가지 인지의 경직은 사실상 자기방어의 일종이다. 과거에는 더 이상 상처받지 않도록 자신을 보호하기 위해서 필요했겠지만, 어른이 된 이후에는 삶에 커다란 결함을 가져온다.

편집적 나르시시즘인 사람은 종종 말이 통하지 않는다는 느낌을 준다. 그는 자신이 굳게 믿는 관점을 고수할 뿐 다른 사람의 의견을 전혀 받아들이려 하지 않아서 대체로 다른 사람과 깊은 관계를 맺을 수 없다. 자기 비하적인 사람은 항상 다른 사람에게 의지하는 것처럼 보인다. 어린아이처럼 다른 사람이 대신 결정을 내려주길 바란다. 이해를 받지 못하면 서러워지고 사는 게 매우 우울해진다. 이들은 대체로 '나는 왜 내가 꼭 옳다고 생각하는 걸까' 아니면 '나는 왜 남의 생각을 쉽게 믿는 걸까'와 같은, 자신에 대한 궁금증을 거의 갖지 않는다.

호기심과 반성 능력을 갖추지 못한 그들은 자기 행동이 당연하다고 여긴다. 괴로운 문제에 직면해도 그것이 어떻게 발생한 것인지 확인해보려 하지 않고 계속 방어적 자세를 유지할 뿐이다. 이런 자세는 이해를 바탕으로 새로운 적응 능력을 계발하는 것을 방해한다.

03 나에 대한 호기심을 유지하면 경직 상태를 완화할 수 있다

인지가 경직된 사람은 자신이 느끼는 것에 머물러 그 느낌을 100퍼센트 현실로 받아들이곤 한다. 하지만 그들이 진실이라고 믿는 느낌은 검증을 거치지 않은 것들로, 현실과는 거리가 있다. 그들은 어떻게 검증해야 할지를 몰라서가 아니라, 다시 상처와 마주하는 상황을 피하려고 잠재의식 속에서 검증의 과정을 회피하는 것이다.

인지의 경직은 우리와 매우 복잡한 관계가 있다. 그것은 우리를 보호하면서도 제약한다. 우리는 인지의 경직이 보호해준 덕분에 도움을 받을 때도 분명히 있었지만, 그로 인해 제약을 받는 상황이 반드시 찾아올 것이다. 우리가 인지의 경직을 완전히 받아들이면 우리 삶의 일정 부분은 영원히 사라질 수 있다. 그렇다고 그것을 단번에 모조리 무너뜨리면 심한 불안에 사로잡히고 어디로도 나아가지 못할 수 있다.

호기심을 갖는 행위는 경직된 것을 이해하고 탐색하면서 경직된 것에 대해 존중의 태도를 갖는 것이기도 하다. 즉, 호기심을 갖는 행위는 자신의 모든 경험과 문제에 의문을 품고 마주하는 것이지 옳고 그름을 판별하는 것이 아니다. 게다가 자신에게 즉각적인 변화를 강요하는 것도 아니다.

성장하고 싶어 하는 사람들은 대부분 자신을 빨리 변화시키려고 한다. 하지만 그것이 종종 효과를 보지 못하는 이유는 호기심이 부족하기 때문이다. 처음부터 자신을 이해하려 하지 않고 변화만을 추구하면 이런 도전은 성공할 수 없다.

내가 내담자들에게 항상 강조하는 바가 있다. 성장하는 데 가장 중요한 건 천천히 걷는 것이다. 단번에 본질적인 변화를 이끌고자 하는 사람들은 첫걸음도 떼지 못할 것이다. 대신 한 걸음씩 나아가기로 마음먹은 사람들은 분명히 성장의 지름길을 찾아내 정복할 수 있을 것이다.

호기심 속에서 첫걸음을 내디딜 때, 발생한 문제에 관심을 가진 상태로 멀리서 바라볼 수 있다. 가까이 다가가거나 간섭하지 않는 동시에 멀리하지도 않는다. 그럴 때 비로소 안정감을 느낄 수 있고 문제에 가로막히지 않을 수 있다.

대부분 사람은 호기심을 갖는 것의 효과를 잘 모른다. 호기심을 갖는 것은 문제에 대해 질문을 던지는 것일 뿐 즉시 해답을 얻을 수 있는 것도 아니니, 그것이 우리 인생에 무슨 소용이 있는지 알 수 없다는 것이다. 하지만 어려운 상황에 직면하여 질문을 던지고 여유롭게 답을 찾으려고 하면 느낌에서 의식의 영역으로 한 단계 더 발전할 수 있다. 이것이 우리가 곤경에서 벗어나는 데 중요한 열쇠다. 반대로 자신에게 질문하지 않고 변화만을 바라는 사람들은 순식간에 원래의 자리로 되돌아갈 것이다.

과거에 어떤 문제에 철저히 사로잡혀 있었다면, 그 문제에 호기심을 가져야 그곳에서 빠져나와 의식의 영역으로 나아갈 수 있다. 사람들은 성장하는 데 가장 중요한 것이 변화라고 생각하는데 사실 그렇지 않다. 성장은 의식을 바탕으로 지속적으로 탐색하는 과정이다. 성장에 가장 중요한 첫걸음은 호기심을 통해 경직 상태를 완화하여 기존의 안정을 유지하는 동시에 자기 발전을 위한 새로운 공간을 확보하는 것이다.

치유 노트

---

1. 인생에서 좌절을 겪을 때마다 자기 앞을 가로막는 것에 대한 답을 찾아야 한다.

2. 모든 괴로움은 극단성에서 오고, 극단성에 빠지는 주요 원인은 인지의 경직이다.
3. 인지의 경직을 극복하는 유일한 방법은 호기심을 유지하고 현실에서 그것을 검증해보는 것이다.

심
리
투
사

타인에게 휘둘리는 저주를 깨고
자기답게 살아가는 방법

'끌어당김의 법칙'이라는 유명한 법칙이 있다. 믿는 대로 보이고,
나아가 현실로 이루어진다는 내용이다. 무형의 정신세계를 유형
의 현실 세계로 바꿀 수 있다는 점에서 많은 이들이 매력적으로
여기는데, 사실상 인간의 심리를 바탕으로 하는 법칙이다.

　유명한 스릴러 영화 〈가스등〉에서 아름다운 여주인공 폴
라는 고모의 막대한 유산을 물려받은 후 외모도 훌륭하고 성격
도 자상한 그레고리와 결혼한다. 그런데 결혼 후 집에서 괴이한
일들이 연이어 발생한다. 밤마다 방의 가스등이 가물거리고 다
락방에선 이상한 소리가 들려온다. 폴라는 이런 기이한 현상에
두려움을 느껴 그레고리에게 얘기하지만 그는 단호하게 부인
한다. 그런 일들은 전혀 일어나지 않았으며 그녀의 정신에 문제

가 생긴 것이라고 말한다. 게다가 그레고리는 의도적으로 폴라를 곤경에 빠뜨린다. 어떤 물건을 폴라에게 건네주며 잘 챙겨두라고 말한 다음 몰래 다시 가져가고는 그 물건이 어디 있느냐고 묻는다. 물건을 찾지 못한 그녀는 자신의 기억에 문제가 생겼다고 의심하게 된다. 남편의 거짓말이 반복될 때마다 폴라는 자신을 정신 이상자라고 여긴다. 그러던 어느 날, 형사 브라이언이 폴라 앞에 나타난다. 브라이언은 폴라가 목격했다던 가스등이 가물거리는 현상을 자신도 봤다고 말한다. 이에 폴라는 지금까지의 모든 상황에 의심을 품기 시작하고, 마침내 남편이 고모를 죽인 범인이라는 사실을 알게 된다. 그가 폴라를 정신 이상자로 몰아 재산을 독차지하려고 계획적으로 그녀를 함정에 빠뜨린 것이었다.

생각해보면 정말 무섭고 끔찍한 일이다. 브라이언이 나타나지 않았다면 폴라는 실제로 정신 이상자가 됐을지도 모른다. 그레고리는 폴라를 조종하는 과정에서 그녀가 목격한 현상을 끊임없이 왜곡하고 그녀가 자신을 의심하도록 만들었다. 이런 혼란과 무질서 속에서 계속 두려움에 떨며 살아갔다면 그녀는 결국 공포에 질려 정말로 미쳐버렸을 것이다.

심리학에서는 이를 '가스라이팅(Gaslighting, 가스등 효과)'이라고 한다. 미국의 정신분석가 로빈 스턴(Robin Stern)은 가스라이팅은 식별하기 어려운 감정적 학대와 조종으로, 피해자가 여기서 벗어나기는 상당히 어렵다고 말했다. 이것은 없는 것도 있는 것으로 만들어낸다는 점에서 심리투사(心理投射)와 논리상

일맥상통한다. 즉 당신이 아무리 애써도 상대방이 정해놓은 기준을 바탕으로 당신을 정의하면, 결국 당신은 자신이 정말 그렇다고 여기게 되고 실제로 현실에서도 그 증거를 찾아내게 될 것이다.

01 심리투사란 무엇일까

심리학에서는 심리투사를 '사람에게 내재한 삶의 가치관과 감정의 좋고 싫음을 외부 세계의 사람, 일, 사물에 투영하는 심리 현상'이라고 설명한다. 간단히 예를 들면 이런 것이다. 당신은 오늘 기분이 별로다. 그런데 만나는 사람마다 당신에게 "오늘 아주 좋아 보이네요!"라고 인사를 건네면 컨디션이 정말 좋은 것처럼 느껴진다. 반대로 오늘 컨디션이 괜찮은 편인데 사람들에게 "오늘 컨디션이 좋지 않은 것 같네요!"라는 말을 들으면 정말로 그런 것처럼 느껴진다. 당신이 느끼는 컨디션의 좋고 나쁨은 본연의 느낌이 아니라 상대방이 당신에게 투사한 것이다. 당신이 단순해지면 자기도 모르는 사이에 상대방에게서 영향을 받기 쉽다.

우리는 세상을 살아가면서 다른 사람이 자신에게 투사한 것의 영향을 받는 동시에 투사를 통해 다른 사람에게 영향을 미치기도 한다. 바로 이런 심리투사의 양방향성 때문에 자아의식을 충분히 갖추지 못한 상태에서는 타인의 투사에 영향을 받을 가능성 또는 자신이 투사를 통해 타인에게 영향을 미칠 가능성이 매우 커진다.

어릴 때는 부모의 심리투사에 영향을 받기 쉽다. 부모가 어떤 것이 좋다고 하면 우리도 좋다고 여기고, 부모가 어떤 것을 거부하면 우리도 따라서 거부한다. 우리는 자신을 설득하며 그것이 옳다고 믿는다. 하지만 자라면서 점차 자신을 감지하기 시작한다. 부모가 자신에게 투사한 것이 무엇인지, 무엇이 자신의 것인지, 자신에게 영향을 미치고 자신을 가로막는 심리투사가 무엇인지 명확히 분별할 수 있다.

심리투사 자체가 해가 되는 것은 아니다. 하지만 비정상적인 일부 심리투사는 삶에 심각한 영향을 미친다. 당신이 어떤 환경을 거쳐왔든 자아의식을 충분히 발전시켰다면 심리투사에 크게 영향을 받지 않을 수 있다.

02 심리투사의 양상에 따라 상황은 달라진다

누군가의 심리투사가 강렬하다면, 투사의 대상이 되는 사람은 인생이 뒤바뀔 정도의 영향을 받을 수 있다. 나는 이런 사례를 자주 목격했다.

한 여성이 결혼의 문턱을 넘어서자마자 남편과 맞지 않다는 것을 느낀다. 그녀는 언젠가 남편에게 버림받으리라고 확신한다. 하지만 남편은 그런 생각조차 해본 적도 없다.

이런 심리투사가 일어나면 아내는 그런 일이 실제로 일어나지 않도록 모든 방법을 동원할 것이다. 남편의 비위를 맞추고 집안일에도 더 공을 들이고 아이도 더 열심히 돌볼 것이다. 대화를 할 때도 최대한 남편의 의견을 존중하려 할 것이다. 남편은 점차 이런 생활에 지루함을 느끼게 된다. 언제나 "좋아요"라는 대답만 반복하는 가면을 쓴 아내와 살고 있기 때문이다.

이윽고 남편은 다른 여성과 사귀는 등의 일을 벌일 수 있다. 아내는 처음에는 억울함을 느낄 것이다. 남편을 위해서 얼마나 많은 것을 희생했는데 이렇게 배신하느냐고 생각할 것이다. 하지만 어느 정도 시간이 지나면 그녀는 남편을 전보다 더 떠받들게 된다. 더욱 노력하는 것이다. 결국 결혼 생활은 남편이 언제든지 그녀를 버릴 수 있는 모양새로 변질된다.

열등감과 낮은 자존감을 가진 사람은 좋은 사람도 몹쓸 상대방으로 만들 수 있다. '나는 사랑받을 가치가 없다. 계속 나를 사랑해줄 사람은 없다'와 같은 심리투사를 바탕으로 부부 관계를 형성하면, 그 관계는 정말 그 방향대로 흘러갈 것이다.

관계 안에서 왜곡된 심리투사가 이루어진 사람이나 투사에 영향을 받은 사람은 대부분 자기도 모르는 사이에 관계를 자기가 상상한 좋지 않은 모습으로 바꾸어버리거나 상대방이 가장 싫어하는 모습으로 만들어버린다.

이런 상황을 개선할 수 없는 것은 아니다. 자신의 의식을 깨우고 호기심을 가짐으로써 오랫동안 닫혀 있던 인지의 문을 열면 심리투사로 가로막혔던 장벽을 뛰어넘을 수 있다. 심리투사의 영향을 심하게 받는 사람들은 어떻게 해야 저주를 깨고 자기다운 삶을 살아갈 수 있을까?

03 심리투사의 저주를 깨고
자기답게 살아가는 방법

독일의 가족치료 전문가 베르트 헬링거(Bert Hellinger)
가 들려준 우화 하나를 소개하겠다.

곰 한 마리가 아주 좁은 우리에 갇혀 있는데 공간이 너무나
도 좁아서 서 있을 수밖에 없었다. 한참 후 곰은 우리에서 풀려
났다. 이제는 높은 곳으로 기어오를 수도 있고 넓은 곳에서 뒹
굴 수도 있었지만 곰은 계속 서 있기만 했다. 실제로 자신을 가
두었던 우리는 사라졌지만 눈에 보이지 않는 우리가 계속 곰을
구속하는 듯했다. 곰은 자신이 계속 서 있는 것 외에 아무것도
할 수 없다고 생각했다. 심지어 다른 곰들도 자신과 마찬가지로
서 있어야 정상이라고 생각했다. 만일 다른 곰들이 자기가 생각
하는 대로 따르지 않으면 그것은 자신의 인지를 모욕하고 자신
에게 맞서는 것이라고 여겼다.

곰에게 배우자와 아이가 있다면 분명히 그들에게도 똑같
이 요구했을 것이다. 곰의 배우자가 자아의식을 충분히 가지고
있다면 조건반사적으로 도망가고 말 것이다. 결국 곰은 자아의
식이 없는 배우자와 짝을 지을 것이고, 시간이 흐를수록 배우자
는 정말로 곰이 요구하는 모습대로 변해 있을 것이다. 곰의 아
이도 계속 서 있어야 한다는 논리에 당연히 수긍할 것이다. 그
럼으로써 '눈에 보이지 않는 우리'는 집안 대대로 전해 내려갈
것이다.

물론 이 과정에서 곰은 좋지 않은 신호를 미리 감지할 수도

있다. 배우자에게 자기 생각을 강요했을 때 배우자가 그를 버리고 떠날 수도 있기 때문이다. 그러면 '부부 관계'에서 냉담하게 버려지는 고통을 겪을 수도 있다. 곰이 아이에게 자신과 똑같이 하라고 요구했을 때 아이가 강하게 반발하면 부모와 자식 사이에 끊임없이 불화가 일어날 수도 있다. 부부 사이나 부자 사이에서 항상 극렬한 충돌과 갈등이 일어나고 억압과 억울함이 느껴진다면, 여기에서 비정상적인 일이 일어나고 있진 않은지 호기심을 가지고 살펴봐야 한다.

나는 상담 일을 하면서 심리투사의 영향을 강하게 받아 생활하는 데 심각한 장애를 겪는 사람들을 많이 만나봤다. 극심한 괴로움에 시달리다가 결국 심리 상담을 통해 도움을 받고자 나를 찾아온 것이다. 그들은 심리 상담을 받고 나서야 비로소 자신이 커다란 함정에 빠져 있었다는 사실을 깨닫는다.

사람은 누구나 고통을 적극적으로 피하려고 한다. 하지만 어떤 고통은 피할 수가 없는데 그것이 바로 우리에게 중요한 신호가 되기도 한다. 우리가 이미 문제에 봉착했지만 알아차리지 못하고 있다는 것을 알려주는 것이다. 이럴 때는 스스로 경험한 것들에 호기심을 지녀야 하고, 굳게 믿고 있는 부분에 대해서도 계속 감지력을 발휘해야 한다. 전문 심리 상담가와 함께할 수 있다면 자아의식을 형성하고 경직된 상태에서 벗어날 수 있도록 도움을 받을 수 있을 것이다. 타인의 심리투사에 제한받지 않고 경직된 투사로 타인을 대하지 않으면, 더 넓은 세계를 품에 안을 수 있다.

한 내담자 얘기를 해보겠다. 그녀의 어머니는 걱정과 불안이 지나치게 많은 사람이었다. 주변에서 딸에 대해 안 좋은 얘기를 하면 딸에게 그 이야기를 자세히 전했다. 어머니가 그럴 때마다 여성은 큰 좌절감을 느꼈고 '내가 또 잘못을 저질렀구나' 하는 생각이 들었다. 게다가 그녀는 평소에도 자기가 맡은 일을 제대로 해내지 못하리라는 불안감을 느꼈다. 일이든 일상생활이든 무언가를 이루고자 노력하면서도 종종 위축됐고, 이런 경향은 자아실현을 하는 데 커다란 걸림돌이 됐다.

나는 그녀와 함께 이런 상황이 어떻게 발생한 것인지 탐구해봤다. 여성은 어머니가 심한 열등감을 가지고 있는 사람이란 사실을 마침내 깨달았다. 딸이 실수를 저지를까 봐 항상 초조했던 어머니는 이런 걱정을 딸에게 투사했다. 딸이 무언가 잘못을 하면 어머니는 "그러게 내가 뭐랬어. 잘 좀 하라고 했잖아. 넌 어떻게 된 애가 제대로 하는 게 아무것도 없니?"라며 나무랐다. 이런 말을 자주 듣다 보니 그녀도 점차 자신이 정말로 아무것도 해낼 수 없을 것 같은 느낌이 들었다. 이런 느낌은 그녀가 성인이 된 이후에도 한참 동안 따라다녔다. 자기 아이가 무언가를 잘 해내지 못하는 모습을 지켜볼 때마다 그녀 역시 어머니가 자신에게 했던 방식 그대로 아이를 꾸짖었다.

여성은 호기심을 갖고 자신이 경험한 것을 이해해보기 시작했다. 바로 큰 변화가 일어난 것은 아니었지만, 이전처럼 자신을 강하게 부정하는 일은 점차 하지 않게 됐다.

한번은 어머니가 또다시 다른 사람이 그녀의 문제점을 지적하며 이러쿵저러쿵 말한 일에 대해 들먹였다. 그녀의 마음속은 안개가 걷힌 듯 선명해졌다. 그것은 어머니의 심리투사와 불안감의 표현이지 자신이 나쁜 게 아니었다. 이후 그녀는 이 문제를 계속해서 고민했고 결국 잘 해결했다. 여성은 자신과 어머니의 심리투사를 분리해야만 자기 능력이 발휘될 수 있고 어머니와 다른 길로 나아갈 수 있다는 사실을 분명히 깨달았다. 그녀가 변하면서 아이를 대하는 방식도 자연히 바뀌었고, 아이 역시 더욱 자신감을 얻게 됐다.

우리는 모두 심리투사의 영향을 받을 수 있다. 하지만 고통과 맞닥뜨렸을 때 감지력과 호기심을 유지할 수만 있다면, 고통속에서 자신을 재확인할 수 있고 나아갈 길도 찾아낼 수 있다.

치유 노트

1. 누군가의 심리투사가 강렬하다면, 투사의 대상이 되는 사람은 인생이 뒤바뀔 정도의 영향을 받을 수 있다.
2. 고통과 맞닥뜨렸을 때 성급하게 변화하려고 고민하지 말고, 먼저 그에 대한 감지력과 호기심을 유지해야 한다.

첫술에
배부를 수는 없다

"자기 성장을 이루고 싶으면 어떻게 하는 게 좋을까요?"

　이 문제에 대해 많은 사람이 정답을 알고 싶어 한다. 정답이 있다는 것은 확실한 방향과 기준이 있다는 것을 의미하므로 이 기준에 부합하도록 노력하기만 하면 되리라고 생각한다.

　하지만 심리적 성장에는 정답이 없다. 성장하는 과정에서 사람마다 받는 시험지가 모두 다르고 문제를 푸는 방법도 서로 다르다. 따라서 다른 사람의 인생을 살펴보고 다양한 성장 방법을 깨우쳤더라도, 정작 자기 인생과 마주했을 때는 너무 당황해서 손을 댈 수조차 없을 수 있다. 게다가 스스로 감지하고 탐색하여 자신에게 맞는 방향을 찾았더라도, 그 길이 곧게 쭉 뻗어 있진 않다. 오히려 굴곡으로 가득한 길이기 쉽다.

01 굴곡과 반복을 견디지 못하면
성장의 첫걸음을 내디딜 수 없다

오늘날에는 심리학이 널리 퍼지면서 심리학과 접할 기회가 많아졌다. 어떤 문제에 부딪히면 관련 글을 찾아서 그 해답과 법칙을 알아내는 것이 흔한 일이 됐다. 나를 찾아오는 많은 내담자도 모두 그런 과정을 거쳤다. 문제와 맞닥뜨리면 원인을 찾아 분석해보려고 노력했고, 각 방면의 조언과 관련 정보를 조사한 뒤 어떻게 할지를 스스로 결정했다.

얼핏 그런 조언들은 흠잡을 데가 없어 보인다. 문제는 그들의 예상과 달리 항상 완벽하게 해결되지 않는다는 것이다. 그러다 보면 완벽하게 해결하지 못하는 것이 자신의 노력이나 능력이 부족해서라고 자신을 탓하게 된다. 일이 이렇게 흘러가면 곧바로 자신을 의심하기 시작하고, 자신을 끊임없이 억압하며 추궁하게 된다.

'다른 사람들은 모두 하는데 왜 나만 못 하는 거야?'

그럴수록 자신의 모든 노력에 높은 잣대를 들이밀게 된다. 그러면 좌절할 때마다 자기 능력을 더욱 의심하게 되는 악순환이 이어진다.

성장은 모든 사람이 거쳐야 할 단계적인 과정으로, 순식간에 다른 모습으로 변하는 것은 불가능하다. 천천히 탐색하고, 시도하고, 종합하고, 조정해야 다른 방향으로 수정할 수 있고 원하는 바에 더 다가갈 수 있다.

성장의 첫걸음에서 가장 중요한 것은 정확한 방법을 찾는 게 아니라 일단 한 걸음을 내디뎌보는 것이다. 최종 목표를 달성하는 과정에서 이 한 걸음이 시행착오였든 아니든, 우리의 성장을 돕는 데 중요한 경험이 된다. 그러니 당당하게 한 걸음을 내디디자.

02   성장은 그네를 타는 것과 같아서 한자리에 나를 고정할 수 없다

결혼 생활과 관련한 애정 상담을 수년간 진행해왔는데, 가장 흔히 관찰할 수 있었던 상황은 각종 '반복'이었다.

남편과의 현재 상태를 더는 견딜 수 없다고 느낀 여성의 사례다. 어느 날 그녀는 부부 싸움을 한 뒤 남편에게 부정됐다는 느낌을 받았다. 그 순간 마음속으로 생각했다.

'이런 인간이랑 계속 살 순 없지. 이혼해야겠어!'

그녀는 도움을 청하러 상담실을 찾아왔고, 남편에 대해 한바탕 불만을 쏟아내고는 이혼해야겠다고 말했다. 하지만 그녀가 정말로 이혼하리라고 생각한다면 큰 오산이다.

남편에 대한 원망을 쏟아내고 나니 기분이 한결 나아진 그녀는 남편에게 맛있는 저녁을 차려주러 바삐 집으로 돌아갔다. 속에 쌓였던 것들을 모조리 비워내자 사는 게 재미있고 남편과의 관계도 이전보다 훨씬 나아질 것 같은 기분이 들었다. 앞으로 잘 살아보고 싶다는 생각마저 들었다.

하지만 며칠 뒤 또 부부 싸움을 했다. 남편은 일부러 아내를 냉대했고, 그녀는 이혼하겠다는 생각이 확고해졌다.

주위 사람들은 늘 그녀의 불평불만을 듣고 조언을 해주면서도 한편으로는 정말 어처구니가 없었다.

'어떻게 하루가 멀다고 손바닥 뒤집듯이 마음을 바꾸는 거야? 이혼한다고 했다가 다시 화해한다고 했다가 말이야.'

이런 반복의 느낌은 우리가 성장하는 과정에서 흔히 겪는 느낌과 매우 비슷하다. 아이는 "성장하고 싶어요"라고 말은 하지만 집으로 돌아가 부모에게 계속 의지하여 살아간다. 그다음은 무엇일까? 아마도 아이는 지난번에 했던 말을 후회하며 "역시 집에 있는 게 더 편해요"라고 말할 것이다. 하지만 며칠도 지나지 않아서 아이는 다시 성장하고 싶다고 말할 것이다.

성장은 반복을 통해 조금씩 과거의 궤도에서 벗어나 새로운 궤도로 진입하는 과정이다. 지금 당신이 땅 위에 머물러 있지만 성장해서 도달하고 싶은 곳은 하늘의 별이라고 해보자. 성장하면서 실천해야 할 일은 하늘과 땅 사이를 연결하는 것이다. 처음 꿈을 품을 때 대개는 목표와 기대를 갖는다. 그리고 마침내 하늘 어딘가에 도달하게 되지만 눈 깜짝할 사이에 다시 땅으로 떨어질 수 있다. 현실은 잔혹하고 목표는 이루기 어렵다는 생각이 들 것이고, 깊은 무력감에 빠질 수도 있다. 그래도 다시 마음속에 품었던 소망을 되새기며 힘을 내본다. 하지만 얼마 지나지 않아 또다시 땅으로 떨어지고 만다.

이처럼 현실은 녹록지 않지만 그래도 다시 힘을 내서 현실에서 작은 한 걸음을 내디뎌야 한다. 물론 이 한 걸음이 근본적인 변화를 불러오지는 않을 것이다. 하지만 매번 이렇게 흔들리면서도 한 걸음씩 계속 앞을 향해 나아가야 한다. 여러 마음이 번갈아 떠오르기를 반복하겠지만 천천히 발걸음을 옮겨야 한다.

 03 **자기 실수에 너그러워야**
더 멀리 나아갈 힘을 얻을 수 있다

나의 스승은 내담자들에게 이렇게 말씀하셨다.

"당신의 문제를 더 완벽하게 해결하고 싶으면, 남은 상담 기간에 그 문제를 여러 번 반복하는 게 좋습니다."

다소 이해하기 어렵다고 생각될 것이다. 더 완벽하게 해결하려면 왜 반복이 필요할까?

우리의 수많은 의식과 감지는 모두 문제에서 비롯된 것이다. 문제가 반복되는 것을 반길 사람은 없겠지만, 문제를 반복하다 보면 호기심을 가지고 이해하고 확인할 기회가 그만큼 더 많아진다. 또한 자신이 문제를 파악하는 데 더 큰 도움이 되고, 문제를 처리할 힘을 갖추고 있는지도 검증할 수 있다.

자기 성장이든 심리 상담이든 처음부터 한 치의 오차도 없이 진행되기를 바란다면, 첫걸음조차 뗄 수 없을 것이다. 정확하고 올바른 첫걸음을 내디뎌야 한다고 계속 노심초사하면 망설이는 단계에 계속 머물 수밖에 없다. 완벽한 목표를 추구하느라 앞으로 나아가지 못하는 자신을 외면하는 것이다.

원대한 목표를 가지고 있다면 적극적으로 실수를 저질러서 경험을 쌓는 것도 괜찮은 방법이다. 분명한 점은 실수를 계속 피하려고만 해서는 성장의 첫발조차 떼지 못한다는 것이다. 실수와 성장은 떼려야 뗄 수 없는 관계다. 아기에서 어른이 되기까지의 과정을 돌이켜보면, 수없이 실수를 저지르면서 기본적인 인생 경험을 쌓는다. 어른이 되면서 이전에 무엇을 경험했는지 잊어버렸을 수도 있지만, 실수를 전혀 하지 않고 심리적 성장을 이루는 건 불가능하다.

원대한 목표를 세우고 충분히 멀리 나아가기를 바란다면, 눈앞의 사소한 한 걸음에까지 전전긍긍해서는 안 된다. 눈앞의 것에 얽매이지 말고 전체적인 상황에 초점을 맞춰야 한다.

치유 노트

1. 언제나 답보 상태라면 첫걸음부터 너무 높은 잣대를 들이민 것일 수도 있다.
2. 성장을 시작하고자 할 때는 단번에 놀라운 성과를 내려고 하지 말고, 완벽하지 않더라도 일단 시도를 많이 해봐야 한다.

모든 관계에서
이해가 공감보다 중요하다

세상살이가 괴로운 사람들은 한 가지 공통점을 지니고 있다. 남들이 왜 그러는지 이해할 수 없고, 늘 화가 나서 미칠 것만 같고, 온 세상이 자신을 열받게 하는 것 같다고 생각한다. 예를 들어 애인이 오늘 갑자기 냉담하게 대한다고 해보자. 그러면 보통은 마음이 답답해지면서 이게 대체 어떻게 된 일인지, 원인이 무엇인지 생각해볼 것이다. 하지만 어떤 이들은 완전히 용납할 수 없는 상황으로 여기고 이렇게 생각한다.

'나와 사귀는 거라면 나를 많이 사랑해야지. 그런데 어떻게 나를 쌀쌀맞게 대할 수가 있어? 이건 나를 사랑하지 않는단 증거야. 헤어지는 게 낫지 않을까?'

이런 사람은 종종 상대방을 당황하게 하고, 속으로 심하게 괴로워하다가 결국 크게 화를 낸다.

"당신이 어떻게 날 사랑하지 않을 수가 있어? 당장 헤어져."

어떤 일에 직면했을 때 깊이 이해하지 못한 상태에서 성급하게 평가하고 결론을 내리는 사람은 인지력이 매우 편협하다고 할 수 있다. 이런 사람들은 겉으로 보기에는 이성적이며, 분석하고 결론 내리는 것을 좋아하는 것 같다. 하지만 실제로는 완전히 주관적인 생각과 억측으로 결론을 내리고 실제적인 검증은 원하지 않는다. 이처럼 억측을 사실로 여기면 인지는 돌이킬 수 없이 경직된다.

이런 사람들은 평소에 상대방에게 이해받기를 간절히 바라면서도 항상 선입견을 가지고 상대방을 평가한다. 상대방과 괴리된 상태에서 거세게 몰아붙이고, 그럴수록 이해받을 기회는 계속 줄어든다. 그래서 인지력이 편협한 사람은 깊은 관계를 맺지 못할 뿐만 아니라, 그 때문에 더 외로움을 느낀다.

 **01 어떤 관계에서도 이해하는 것이
공감하는 것보다 중요하다**

내가 아는 한 아주머니는 상당히 직설적인 성격이라 말을 꺼내기만 하면 남의 기분을 상하게 하기 일쑤였다. 본래 아주머니의 마음은 따뜻하고 선량했지만, 어려움에 부딪힌 사람에게도 대놓고 아주 냉정한 평가를 했다. 상대방이 잘됐으면 하는 마음에서 있는 그대로의 사실을 말해줘야 한다고 생각해서다.

아주머니가 동조하거나 비판하는 태도를 직설적으로 드러내면 순식간에 분위기가 냉랭해지고 그 말을 듣는 당사자는 불쾌한 기색이 역력해졌다. 그런 일이 반복되면서 그녀는 사람들에게 미움을 샀다. 모두 그녀가 좋은 사람이라는 걸 알고 있었지만, 가까이 다가가고 싶어 하지는 않았다.

한편 아주머니는 자기보다 관계를 더 중요하게 여기고 관계에서 자기보다 더 진실한 사람은 없다고 생각했다. 항상 마음을 다해 상대방에게 잘해주는데 모두가 자기 마음을 이해해주지 못하자 그녀는 매우 괴로웠다.

나는 이 아주머니와 마찬가지로 많은 부부가 상대방의 행동을 매번 직설적으로 비판하는 모습을 자주 봤다. 한번은 그 이유를 물었더니 이런 대답이 돌아왔다.

"그 사람이 너무 형편없어서 도무지 공감할 수가 없어요."

공감에는 고도의 일치성이 요구되지만, 관계 안에서 발생하는 많은 문제는 근본적으로 일치할 수 없고 서로 공감하지 못하는 것이 정상이다. 하지만 대부분 사람은 공감하지 못하면 관계에 깊이 들어갈 수 없다고 생각한다.

그렇다면 관계는 서로의 공감에 기대어 유지할 수밖에 없는 걸까?

그런 한계를 뛰어넘어 때로는 두 사람이 서로에게 공감하지는 못하더라도 서로를 이해할 수 있는 관계도 있다. 이런 관계는 깊고 돈독한 사이로 발전할 수 있다.

관계란 어느 정도 공감을 기반으로 해야 하지만, 공감이 관계를 가깝게 하는 데 필수 조건은 아니다. 관계를 영위하는 핵심은 바로 이해하는 것이다. 관계 안에서 다른 사람을 이해할 수 있고 다른 사람에게 이해받을 수 있는 사람은 공감받지 못하는 문제로 고민할 일은 없을 것이다. 관계를 깊게 형성하고 싶지만 다른 사람을 이해하는 능력이 부족한 사람만이 공감받지 못하는 것을 큰 문제로 여긴다.

 ## 02 타인을 이해하는 능력을
왜 갖추지 못할까

　타인을 이해하지 못하는 사람들은 종종 옳고 그름, 좋고 나쁨, 쓸모 있고 없음 등과 같은 흑백논리를 기반으로 문제를 바라본다.

　예를 들어 한 여성에게 오늘 회사에서 기분 나쁜 일이 있었다고 해보자. 집에 돌아오자마자 남편에게 그 일에 대해 이야기했는데 남편이 이렇게 반응한다.

　"당신이 그렇게 한 것 자체가 잘못이야. 왜냐하면…."

　이 얘길 들은 그녀는 이해받지 못했다는 느낌을 받아 마음이 더욱 상할 것이다. 어떤 일에 대해 누군가가 이런 방식으로 옳고 그름을 분석한다면, 그는 이해하는 능력이 부족한 사람이라고 볼 수 있다. 이해하는 능력이 부족한 사람은 문제를 바라볼 때 특정 부분에만 또는 양극단에만 주목한다. 예컨대 어떻게 해야 하는지에만 또는 옳은 것이 무엇이고 틀린 것이 무엇인지에만 관심을 갖는다.

그가 상대방을 그렇게 바라보는 이유는 무엇일까? 자신을 그렇게 바라보기 때문이다. 그는 상대방을 평가하는 기준과 자신을 평가하는 기준이 모두 매우 엄격하다. 자신이 서 있는 위치에서만 상대방을 이해하려 하고, 그 지점 밖에서는 상대방을 이해할 수 없다. 따라서 이해 능력이 부족한 사람은 관계에서 항상 버거운 느낌을 받는다. 마음을 다해 잘하고 최선을 다해 돕지만, 계속해서 사람들에게 배척된다.

사건이나 문제에 부딪힐 때마다 사람에게는 단순한 기준으로 판단할 수 없는 수많은 느낌과 감정이 일어난다. 그래서 다른 사람에게 이해받지 못하면 괴로움을 느끼기 마련이다. 이해한다는 건 당시 상대방의 입장에서 직접 경험해보지 않았더라도 상대방의 느낌과 체험한 바를 간접적으로나마 헤아려보는 것이다. 자신과 다른 위치에 있는 사람의 느낌을 이해하고자 할 때, 그와 비슷한 경험을 해봤는지는 중요하지 않다. 그와 비슷한 느낌을 가져본 적이 있기만 하면 된다.

이미 체득한 적이 있는 느낌이라면 지금의 위치에서도 다시 체득할 수 있다. 그리고 그와 '비슷한 느낌'을 상대방 입장에서 생각해봄으로써 그를 이해할 수 있다.

다른 사람이 갖는 다양한 느낌을 이해할 수 있는지 아닌지는 자신이 갖는 다양한 느낌을 스스로 이해할 수 있는지 아닌에 달렸다. 자신의 다양성을 이해하지 못해서 자신에 대한 인지가 심하게 경직되면, 다른 사람을 대하는 방식도 경직되고 관계를 유지하고 발전시키는 데 심각한 지장이 생길 것이다.

03 나를 이해하는 만큼
타인을 이해할 수 있다

예전에 외부 강의를 나간 적이 있다. 강의장에 몇몇 수강생이 모여 이야기를 나누고 있었다. 한 여성이 자신은 공무를 수행한 지 아주 오래됐는데 기관의 요구가 매우 엄격한 데다 여러모로 대우도 썩 좋지 않다고 말했다. 언뜻 보면 힘들다고 불평하는 것 같았지만, 내게는 이 여성이 자신을 자랑스러워하는 것처럼 보였다.

다른 사람들은 모두 그녀를 위로하며 말했다.

"더 좋은 기회가 있을 거예요. 모든 게 좋아질 거예요."

여성도 모두의 호의에 겸손하게 회답했다. 그때 내가 말했다.

"당신이 하는 일 중에서 당신의 마음을 사로잡은 게 분명히 있었겠지요. 그것이 당신에게 주는 의미는 경제적인 가치로 따질 수 없을 겁니다. 어려운 일이지만 당당히 해내는 자신이 자랑스럽지 않은가요?"

여성은 뜻밖이라는 표정이었다. 자신을 이해해줄 수 있는 사람이 있을 거라고는 생각지도 못한 듯했다. 다른 수강생들도 내심 놀란 표정이었다. 내가 이런 관점으로 그녀를 바라보고 이해할 줄은 전혀 예상하지 못했던 것이다.

사실 내가 이 수강생을 이해할 수 있었던 것은 비슷한 상황을 경험해본 덕분이었다. 나는 좋아하는 일을 하기 위해 다른 좋은 기회를 포기한 적이 있다. 조건으로만 보면 고생길이 훤히 열린 선택이었지만, 당시 마음속으로는 매우 만족스러웠고 그럴 만한 가치가 있다고 여겼다.

어쩌면 당신은 이렇게 묻고 싶을 것이다.

"상대방과 비슷한 느낌을 가져본 적이 없으면 그 사람을 이해할 수 없는 건가요?"

사실 우리는 모두 매우 풍부한 경험을 지니고 있다. 자신의 느낌을 무시하지 않는다면 자신의 경험 대부분을 이해할 수 있고, 그것만으로도 다른 사람을 이해하는 데는 충분하다. 하지만 자신의 경험에 대해 호기심이 부족하고 자신의 느낌을 억압하는 데 익숙해져서 자꾸 자기 생각을 부정하다 보면, 자신을 이해할 수 없게 됨은 물론 다른 사람을 이해하는 것도 힘들어진다.

자신을 깊이 이해할수록 다른 사람도 깊이 이해할 수 있다. 다른 사람을 이해할 수 없다는 것은 곧 자신에 대한 인지가 경직돼 있음을 의미한다. 자신에게 더 많은 호기심을 가져야 다른 사람을 이해하는 데 바탕이 될 경험을 더 많이 얻을 수 있다.

────── **치유 노트** ──────

1. 이해하는 것은 좋고 나쁨, 옳고 그름을 평가하는 것이 아니라 상대방이 표현하고자 하는 기분과 감정을 입장 바꿔 생각해보는 것이다.
2. 이해와 공감의 차이는, 모든 사람을 이해할 수는 있지만 모든 사람에게 공감할 수는 없다는 데 있다.
3. 자신을 이해하는 만큼 다른 사람을 이해할 수 있다.

5.

내 안에 공간을 남겨두어야
이해가 가능해진다

인지력이 편협하면 자신을 이해할 수 있는 공간이 제한적이고, 다른 사람에 대한 이해 역시 한계에 부딪힌다. 이런 인지의 경직화 현상은 관계에 심각한 영향을 미친다. 나아가 이런 패턴이 굳어지고 지속될수록 인지력을 발전시키기가 어려워진다.

예를 들어 관심이 가는 사람이 있어서 물 한 잔을 건네고 싶다고 하자. 하지만 잔에 여러 군데 금이 가 있다는 걸 미처 몰랐다. 몇 번이나 물을 부었지만 다 새버리고 채워지지가 않았다. 시간이 지나면 당신은 매우 무기력해지고, 물을 가득 채우지 못하는 자신을 탓하게 된다. 잔을 채우게 도와주는 사람이 한 명도 없다며 원망도 하게 될 것이다.

이것은 분명히 물의 문제도 아니고 노력의 문제도 아니다. 잔에 많은 금이 가서 아무리 노력해도 가득 채울 수 없는 것뿐이다.

인지력 역시 마찬가지다. 편협이라는 금이 많으면 많을수록 인생 경험을 통해 새로운 인지를 얻기가 쉽지 않다. 이해를 증진할 수 있었던 기회를 소홀히 하면 기존의 인지 속에서 경직될 수밖에 없다. 아무리 노력해도 괴롭고 막막할 뿐이다.

인지력이 편협한 사람이 더 나은 관계를 만들고 싶거나 고통에서 벗어나고 싶으면, 인지력을 새롭게 발전시켜야 한다. 그렇다면 구체적으로 어떻게 해야 할까?

 01 **호기심을 유지하고 인지력의 발전을 위한 공간을 남겨둔다**

인지력이 편협한 사람들은 성미가 급해서 종종 무엇을 알게 되면 곧장 말과 행동으로 옮기려 한다. 대부분은 직감적인 반응에 따른 것으로, 사고와 의식의 검증을 거치지 않은 것들이다. 그 모습을 보고 누군가가 "그렇게 서두르지 않는 게 좋지 않을까요?"라고 말하면 그들은 "너무 애가 타서 그렇게 하지 않고는 견딜 수가 없어요"라고 대답할 것이다. 하지만 이런 패턴이 지속되면 인지력을 발전시킬 기회를 잃게 된다.

그들이 자신과 타인에게서 얻은 느낌을 통해 받아들인 정보를 자기에 맞게 끊임없이 가다듬는 이유는 무엇일까?

정보량이 많아질수록 그들은 더 큰 불확실성을 느끼고, 불확실성이 커질수록 더 많은 불안을 느낀다. 그래서 현실에 존재하는 불확실성을 회피하고 자신이 마련한 절대적인 확실성으로 대체하려고 노력한다. 이때 인지력이 편협한 사람들이 관계 안에 존재하는 수많은 가능성 중에서 하나의 가능성과 하나의 과정만을 확신하는 모습을 발견할 수 있다. 이런 단순화를 통해 그들은 현실에 맞설 자신감을 얻는 것이다.

앞의 사례에서처럼 '애인이 나에게 냉담한 모습을 보이는 것은 나를 사랑하지 않는 것'이라고 결론 내리는 건 매우 극단적으로 보이지만, 그들은 이런 단순한 사고방식을 통해 안정감을 얻는다. 곧장 이별을 생각하거나 다시는 상대하지 않는 것으로 현실의 고통에 맞설 힘이 생겼다고 생각한다.

정상적인 인지력을 갖춘 사람들은 상대방이 왜 그런 반응을 보이는지 잘 모르겠으면 먼저 다양한 의문을 품고 상대방과 소통하려고 노력하면서 좀 더 관찰해보려 한다. 더 많이 이해하기 전까지는 사실상 아무것도 할 수 없다고 여기는 것이다. 반면 인지가 편협한 사람들은 이런 불확실성을 감당하지 못하고 정상적인 인지력을 갖춘 사람들과 반대 방향으로 치닫는다. 불확실성을 발견해도 확실성으로 덮어버리기 때문에 이들의 정보 수용 능력은 매우 제한적이다.

많은 사람은 현실에서 발생한 일 중에서 자기 눈에 띄지 않는 것들은 실제로 존재하지 않아서 보이지 않는 게 아니라 무시하기로 스스로 선택했기 때문에 보이지 않는다는 점을 잘 안다. 결국 그것이 문제를 더욱 심각하게 만든다는 점도 잘 안다. 인생이라는 숙제에서 특정 문제를 회피하여 일시적인 안정감을 얻으려고 할 때마다 우리를 기다리고 있는 것은 더욱 무섭고 절망적인 심연이다. 마음이 다급할수록 호기심을 가지고 먼저 자신과 대화해야 한다.

예를 들어 시도 때도 없이 무언가 평가하지 않고는 배길 수 없을 때면 자신에게 이렇게 물어보자.

'지금 내가 꼭 그렇게 해야 하는 걸까?'

이해하지 못하는 정보를 대량으로 받아들이고 그에 대해 주관적인 억측을 내릴 때면 자신에게 이렇게 물어보자.

'정말 내가 생각한 가능성만 존재하는 걸까? 내가 염두에 두지 않아서 간과했을지 모르는 무언가가 또 있지 않을까?'

불확실성을 느꼈을 때는 자신에게 이렇게 물어보자.

'지금 내가 느끼는 불확실성을 받아들이는 게 어떨까? 서두르지 않아도 괜찮지 않을까?'

인지력을 발전시킬 때, 전제는 호기심을 갖고 자신에게 질문을 던지는 것이다. 자신에게 질문을 던진 후에도 여전히 아무것도 할 수 없고 기존의 행동을 되풀이하게 된다면, 호기심을 통해 기존의 확신에 한 줄기 틈을 만들어내자. 그 틈새로 새로운 빛이 들어올 것이다.

02 한계를 받아들여야 더 많은 것을 얻을 수 있다

어떤 사람들은 호기심을 유지하는 것을 매우 괴롭게 여긴다. 그것이 자신을 무능한 사람처럼 느껴지게 하고 현실을 즉시 통제하지 못하게 하기 때문이다. 하지만 이런 좌절감은 정상적인 것으로, 반드시 거쳐야 할 과정이기도 하다.

자신의 한계를 마주하고 받아들여야만 더 많은 것을 이해하고 얻을 수 있다. 잔이 가득 차면 더는 담을 수 없다. 자신이 지금 가지고 있는 것을 차례차례 줄여나가야 한다. 이런 작은 실천이 새로운 가능성을 가져올 수 있다.

한계를 받아들이는 것은 자기 잘못을 깨닫게 해주는 동시에 새로 태어나는 출발점이 되기도 한다. 자신이 더는 무소불능의 존재가 아니라는 생각이 들면 실망할 수도 있겠지만, 마음의 긴장이 한결 완화되고 자신의 진심에 한층 더 가까워지면서 자신을 더 많이 지지할 수 있게 될 것이다.

남편과의 관계가 좋지 않은 여성 내담자의 사례다. 그녀는 남편이 하는 일 대부분이 눈에 거슬려서 잔소리를 하지 않을 수가 없다고 했다. 남편이 벌인 여러 가지 일 때문에 늘 화가 머리끝까지 나 있었다.

나는 그녀와 함께 부부의 문제를 자세히 들여다봤다. 그녀는 무슨 일이든 항상 자신의 생각이 옳다고 여겼고 자신의 문제 해결 방법이 가장 완벽하다고 확신했다. 객관적으로도 확실히 그녀는 뛰어난 문제 해결 방법을 많이 가지고 있었지만, 그 방법만이 유일한 답은 아니었다. 남편의 문제 해결 방법에도 타당성이 있었다. 문제의 핵심은 남편은 자신의 방식으로 문제를 해결할 때 더 수월하게 해낼 수 있다는 것이었다. 남편은 그녀의 방식을 무조건 따라야 한다고 생각하면 너무 고통스러웠고, 막상 따르려고 해도 영 내키지 않았다. 그래서 남편은 그녀를 만족시키기가 어려웠다.

이후 남편의 성장 과정에 대해 그녀와 이야기를 나누었다. 이를 통해 그녀가 이해하지 못하는 부분이 매우 많다는 사실을 발견할 수 있었다. 그녀는 삶에서 확실성을 중요하게 여겼고, 자신과 다른 경험을 가진 남편에게도 나름의 문제 해결 방식이 있다는 것은 생각지도 못했다. 이런 한계를 깨닫자 그녀는 순식간에 마음이 가벼워졌다고 말했다.

"전 남편이 저와 똑같아야 한다고 생각했어요. 그런데 그 사람은 어쨌든 제가 아니잖아요. 제가 공감할 수 없는 부분이 있더라도 그 사람에게 어떤 타당성이 있다면 지켜봐 주는 게 좋을 것 같네요."

반년 후 다시 만난 그녀는 남편도 나름대로 여러 가지 생각을 하는 것 같아서 더는 예전처럼 밉지 않고 관계가 많이 좋아졌다고 말했다.

관계는 때때로 정말 신기하다. 진정으로 관계에 영향을 미치는 것은 고칠 수 없는 문제가 아니라 관계를 바라보는 우리의 편협한 인지다. 그러므로 자신에게 존재하는 한계를 받아들이면 좀 더 자유롭게 살 수 있다.

 03 **이해하지 못하더라도
이해할 공간을 남겨두어야 한다**

누군가는 이렇게 생각할 것이다.

'호기심을 유지하고 자신의 한계를 받아들여야 한다는데

나는 아직도 머릿속에 안개가 꽉 찬 듯 뭐가 뭔지 전혀 모르겠어. 어떡하지? 아직 이해하지 못했는데 어떡하느냐고!'

흔히 발생할 수 있는 상황이니 조급해할 것 없다. 다만, 많은 느낌이 곧바로 떠오르지 않더라도 떠오를 때를 위하여 공간을 남겨두어야 한다는 것만 명심하면 된다.

이해하지 못하는 것에서 이해하는 것으로 인지력을 발전시키는 것은 단시간에 완성할 수 있는 과정이 아니다. 충분한 인내심이 필요하다. 먼저 그 일이 자신에게 매우 중요하다는 점이 확인되어야 꿋꿋하게 공간을 마련하고 기다릴 수 있다.

심리 상담을 진행할 때, 일주일 내내 어떤 일에 대해 이야기를 나누고 있으면 정신이 멍해지면서 완전히 이해하기가 어려워지기도 한다. 하지만 내가 내담자와 함께 그 일에 계속 관심을 유지하면 바로 그것이 내담자에게 커다란 영향을 미친다. 내담자는 마침내 그 안에 중요한 사실이 숨어 있다는 것을 깨닫게 된다.

나는 내담자에게 느낌이 떠오를 때까지 대개 일주일의 시간을 준다. 그다음 주에 다시 만나 그 일에 대해 다시 이야기를 꺼내면 새로운 느낌이 떠오르는 것을 자주 발견할 수 있다.

인지력을 발전시키는 과정도 이와 같다. 단번에 이해하지 못한다고 해서 다시는 이해하려 하지 않겠다고 생각해선 안 된다. 이해하길 원하고 충분한 인내심을 유지할 수만 있다면, 점점 더 많은 것을 내면에서 발견하게 되고 더욱 깊이 이해하게 될 것이다.

1. 어느 정도의 불확실성을 받아들이고 자신에게 공간을 남겨두어야 이 해가 이루어질 수 있다.
2. 자신의 한계를 받아들여야만 공감을 느끼면서 타인을 이해할 수 있다.
3. 인지력을 발전시키기 위해서는 자신의 느낌이 자연스레 떠오를 때까 지 충분한 인내심을 가지고 기다려야 한다.

4장

마음 성장 2단계: 감수성

내 감정을 인식하고

받아들인다

1.

억눌린 감정을 덜어내고
새로운 공간을 확보한다

몇 년 전부터 '끊고(斷) 버리고(捨) 벗어나기(離)'라는 개념이 유행이다. 처음에는 외형을 가진 물건이나 방 정리에 관한 용어였는데 시간이 갈수록 삶의 자세에 관한 것으로 의미가 확대됐다.

'끊고 버리고 벗어나기'가 필요한 이유는 우리가 가진 공간이 현실의 가시적인 공간이든 내재된 심리적 공간이든 모두 유한하기 때문이다. 우리의 현실적인 공간이 중요하지도 않고 필요하지도 않은 것들로 점령되면, 좋아하는 것을 보관할 공간을 더 많이 확보하지 못한 채 계속 과거의 제약 속에서 살아가야 한다. 마찬가지로 우리의 심리적 공간이 고통스러운 느낌에 점령되면, 새로 얻은 느낌을 보관할 공간을 더 많이 확보하지 못해 안에서 생성된 느낌이 고인 물처럼 정체될 수밖에 없다.

01 유한한 나를
과거에 전부 남겨두지 마라

한 내담자의 사례. 그녀는 남자친구와 이미 7년 전에 헤어졌다고 말했다. 그녀는 이성에 대해 심각한 선입견을 가지고 있어서 연애를 하고 싶어 하지도 않았을뿐더러 이성과 이야기를 나누는 일도 거의 없었다.

그녀는 입버릇처럼 말했다. "믿을 만한 남자가 하나도 없어요. 절 보세요. 남자가 없어도 잘 살고 있지 않나요?"

그녀는 다른 사람과 과거의 일에 대해 이야기하는 것을 싫어했다. 물론 다른 사람이 전 남자친구에 대해 말을 꺼내는 것도 허락하지 않았다. 상담을 진행하면서 과거 이야기를 꺼낼 때마다 그녀는 재빨리 말을 끊었다.

"다 지나간 일이에요. 말해봤자 아무 소용도 없잖아요. 더는 말하지 않겠어요."

사실 그녀가 나를 찾아온 진짜 이유는 과거의 감정에 대한 문제 때문이 아니라 업무와 관련한 것이었다. 이전의 부서에서 그녀가 거듭 목표를 달성하지 못하자 윗선에서 업무 부담이 적은 부서로 그녀를 이동시켰다. 하지만 그녀는 여전히 최소한의 목표에도 다가가지 못하고 있었다.

상사가 그녀를 찾아와 이런 상태가 계속되면 더는 지켜줄 수가 없다고 통보했다. 그녀는 일을 잃고 싶지 않았기에 열심히 해보려 했지만, 근무 시간이면 멍하니 앉아 있기 일쑤였다. 일에 집중하지 못하니 당연히 업무 효율이 떨어질 수밖에 없었다.

자신을 바꾸고 싶었지만 전혀 힘을 낼 수가 없었다.

몇 차례 상담을 진행하면서 그녀에게 과거에 대해 물어보려 했지만 계속 거부당했다. 나는 그녀가 지금 이렇게 무기력해진 원인이 과거에 겪었던 감정과 관련이 있으리라고 생각했다. 내 의견을 말하자 그녀가 어렵게 입을 뗐다.

"이게 무엇과 관련이 있는지 잘 알아요. 하지만 그 기억을 다시 건드리고 싶진 않아요."

그것으로 상담은 중단됐다.

그녀의 인생이 통째로 과거에 점령당한 모습을 지켜보며 나는 매우 안타까웠지만 어쩔 수가 없었다. 그녀의 마음속에서 먼지에 뒤덮인 채 쌓여 있는 오래된 과거의 기억이 그녀에게 더 나은 삶을 살도록 공간을 내주지 않았고, 그녀의 현재와 미래까지 점거하고 있었다.

잘 처리되지 못한 정서와 감정이 내부에 남아 있으면, 상처를 입은 정도가 심할수록 회피의 정도도 심해지고 자신의 공간도 철저하게 점령되어 현재의 삶에 공간을 남겨주지 못한다.

02 억압된 것들이 모두 심리적 공간을 차지한다

그녀도 원래는 이렇게 엉망으로 살고 싶지 않았을 것이다. 남자가 없어도 잘 살 수 있다는 것을 증명해 보이려고 끊임없이 노력했으리라. 어떤 허상을 좇으려고 할 때는 많은 느낌을 제거해야 한다. 예를 들면 자신에게 이렇게 말하는 것이다.

"과거의 일은 생각하지 말자. 생각해봤자 소용없어."

그녀도 이와 마찬가지였다. 중요한 감정에 관한 느낌을, 미처 정리되기도 전에 전부 억눌러버린 것이다.

감정이 억압되면 동시에 많은 느낌이 억눌리게 돼 있다. 그녀는 전혀 신경 쓰지 않는 척했지만 실제로는 다른 사람에게 하소연하지도 못하고 스스로 정리하지도 못해서 억눌린 것들이 계속 쌓여만 갔다. 어떤 경험, 느낌, 감정을 항상 회피하는 사람들은 상처를 봉인하여 영원히 낫지 못할 상처를 끌어안고 살아간다.

때때로 사람들은 자신이 똑똑하다고 여겨서 고통에 직면했을 때 자신을 통제할 수 있고 자신의 느낌을 속일 수 있다고 생각한다. 하지만 실제로 괴로운 경험에 직면하면 그렇게 할 수 없다. 오직 직접 경험하고 느껴야 지난 일을 고이 내려놓을 수 있다. 그러지 않으면 지나간 일이라고 여겼던 것들이 계속 영향력을 발휘하며 따라다닌다.

 03 **현재와 마주하는 것부터 시작하여
먼지 덮인 과거의 나를 하나씩 정리한다**

누군가가 물었다.

"제 심리적 공간이 이미 과거에 점령당했다는 생각이 들면 과거의 문제는 어떻게 해결해야 할까요?"

사실 우리가 어디에 갇혀 있든 정리의 입구는 항상 현재여야 한다. 과거는 이미 일어난 일이고 현재는 계속 발생하고 있으므로, 우선 눈앞의 문제와 마주하는 것부터 시작한다. 이 출발점의 힘을 빌리면 과거를 이해할 맥락을 찾아낼 수 있다.

처음부터 과거에 겪었던 것들을 전부 꺼내서 어디에 문제가 있는지 자세히 뒤질 필요는 없다. 자신을 억압하는 데 익숙한 사람이라면 느낌 대부분이 이미 기억나지 않거나 느껴지지 않을 수도 있기 때문이다. 현재의 우리는 오늘의 문제가 계속 쌓이지 않게 함으로써 자신에게 새로운 부담을 주지 않아야 한다. 현재 직면하는 것을 정리함으로써 공간을 조금 얻어내면 과거를 들여다볼 힘이 조금은 생겨날 것이다.

내담자들 중에는 자신의 공간을 심하게 점령당한 사람들도 있다. 그들은 매우 커다란 고통을 느끼고 있었지만 자신을 위해 매주 한 시간을 내는 것도 어려워했다. 이런 사람들을 볼 때마다 나는 자신에게 공간을 남겨두어야 한다고 말해줬다. 예를 들어 매주 한 시간씩 짬을 내서 상담을 받거나, 무슨 일이 있어도 매일 자신을 위한 시간을 가지라고 주문했다.

그렇게 해야 하는 이유는 무엇일까?

자신을 위해 시간을 내려면 다른 시간을 쥐어짜서 일정한 공간을 마련해야 한다. 그렇게 했을 때 현재 자신의 느낌과 의식적으로 마주할 수 있고, 자신이 무엇을 경험하고 있는지 감지할 수 있다. 현재를 위한 공간을 갖게 된 것이다.

현재의 자신과 마주함으로써 수많은 느낌에 닿을 수 있고 더 많은 경험을 쌓을 수 있다. 그러면 과거의 자신을 단계적으로 정리할 기회를 갖게 되고, 미래를 위해 더욱 크고 넓은 공간을 남겨놓을 수 있다.

반드시 해야 할 일은 자신이 느끼고 경험한 것을 무시하고 억압하는 게 아니라 직면하고 정리하는 것이다. 당신이 남겨놓은 과업은 계속 그곳에 남아 모두 달성될 그날을 기다리고 있을 것이다.

치유 노트

1. 과거의 고통을 회피하려 할수록 자신의 공간은 고통에 더 많이 점령된다.
2. 과거의 괴로움과 진지하게 마주해야 자신을 발전시킬 새로운 공간을 마련할 수 있다.

2.

●
마
음
치
유

문제의 흐름을 막지 않아야
문제에 갇히지 않는다

곤경에 처한 사람을 위로할 때 사람들은 종종 이런 말을 한다.

"다 잘될 테니 걱정 마. 시간이 모두 해결해줄 거야!"

그런데 정말로 문제를 시간에 맡겨 해결할 수 있을까? 만약 이 말을 믿지 못하고 의심하면 어떻게 될까? 아마도 속도를 올려서 빨리 해결하도록 자신을 다그칠 것이다. 하지만 그럴수록 또 다른 곤경에 빠지게 된다. 문제를 빨리 해결하고 싶을수록 성급하게 자신을 바꾸려 하고 빨리 성장하려 한다. 그러다 보니 자포자기하기 쉽고, 제자리걸음만 하게 될 수도 있다.

문제를 빨리 해결하려고 서두르는 것은 일종의 회피다. 원래부터 가지고 있는 자가치유의 과정을 스스로 방해함으로써 문제에 가로막히기 쉬워지고, 노력할수록 더욱 무기력해진다.

01 서둘러 봉합하지 않는 한, 문제는 우리를 앞으로 나아가게 해준다

스물여섯 살의 여성 내담자 사례다. 그녀는 대학을 졸업하고 부모님이 사는 동네로 돌아왔다. 자식이라곤 자기 하나밖에 없으니 부모님을 안심시켜야 한다고 생각했기 때문이다.

하지만 부모님 집과 가까운 곳에 살면서도 정작 부모님과는 소원하게 지냈다. 주말에는 집에 가 부모님과 시간을 함께 보낼 수도 있었지만 가는 것이 내키지 않았다. 매번 이런 생각이 들 때마다 자신이 몹쓸 인간처럼 여겨졌다. 부모님이 자기를 위해 많은 것을 희생한 덕분에 대학에도 다니고 취직도 하고 집도 얻을 수 있었다. 부모님은 정말 온 마음을 다해 그녀에게 헌신한 것이다. 하지만 그녀는 부모님에게 조금도 관심이 가지 않았다.

한번은 어머니가 병이 났는데도 그녀는 집에 가보지 않았다. 아버지가 서운해하며 말했다.

"엄마가 아프다는데 보러 오지도 않니?"

죄책감을 느꼈지만 그녀를 움직일 만한 힘이 작용하지 않았다. 부모님이 하루하루 나이가 드시는 것을 바라보면 그녀도 마음이 조급해졌다. 언젠가 부모님이 곁을 떠나면 그들을 제대로 사랑하지 못했던 것을 후회할까 봐 걱정이 됐다. 그녀의 마음속에는 뚜렷한 모순이 자리하고 있었다. 부모님을 많이 사랑해야 한다고 생각하면서도 결코 사랑할 수 없었던 것이다.

내가 물었다.

"아이가 부모에게 갖는 감정 중에서 사랑 이외에 다른 무엇이 있을 수 있다고 생각하세요?"

그녀는 감사, 보답, 믿음과 같은 단어들을 나열했다. 그런데 부정적인 감정은 전혀 언급하지 않았다. 나는 그녀에게 과거의 성장 과정에서 가져서는 안 될 느낌을 가져본 적이 있었는지 물어봤다. 그녀가 대답했다.

"네, 전 언제나 부모님을 원망했고 증오하기까지 했어요. 하지만 그래서는 안 된다고 생각했어요."

이런 느낌은 그녀가 중학생일 때부터 생겨났다. 자신이 이런 생각을 가지고 있다는 것을 깨달았을 때, 그녀는 좀 더 성숙한 사람이 되기 위해 노력했다. 그녀는 자신을 다잡으며 속으로 외쳤다.

'부모님이 무얼 하든 그건 다 너를 위한 거야! 넌 부모님을 아끼고 사랑해야 해!'

그녀는 부모님과 갈등이 생기거나 부모님에게 불만이 생길 때마다 자신의 느낌을 억누르고 부모님을 사랑해야 한다고 스스로 타일렀다. 하지만 이런 생각은 시간이 지날수록 옅어졌고 부모님이 무얼 해도 화조차 나지 않는 지경에 이르렀다. 그녀와 부모 사이는 높은 벽으로 가로막힌 듯 가까워지기 어려웠다.

이는 그녀가 너무 빨리 철이 들려고 애쓰면서 자신의 진실한 느낌인 '증오'가 밖으로 떠오르는 것을 억눌렀기 때문이다. 설령 부모에게 애정을 가지고 있었더라도 그 애정에 대한 느낌까지 함께 차단된 것이다. 이것은 몸에 난 상처가 곪아서 고름이 생겼을 때 자칫 죽을까 봐 두려운 나머지 서둘러서 상처를 봉합해버린 것과 다름없다. 그러면 고름이 몸 안에 남아 있으므로 새살이 돋는 과정이 방해를 받을 것이다. 하지만 반대로 고름을 피하지 않고 마주하여 그것을 모두 깨끗이 제거하면 상처도 전부 회복될 것이다.

심리적으로 겪는 문제도 마찬가지다. 서둘러 문제를 해결하려 들면 성급하게 일을 해치우게 되고, 문제의 자연스러운 발전 흐름을 방해할 수 있다. 그러면 오히려 우리는 문제 안에 갇히고 만다.

02 문제는 내재적 변화와 외재적 변화를 불러온다

문제의 자연스러운 발전 흐름을 방해하지 않으면 어떤 일이 일어날까?

문제는 항상 두 가지의 변화, 즉 내재적 변화와 외재적 변화를 불러온다. 내재적 변화는 우리의 느낌·정서·감정의 변화이고, 외재적 변화는 관계와 현실 상황의 변화다.

사례의 여성은 중학생일 때 매우 예민했고 교우 관계가 원만하지 못했다. 집에 돌아와 이런 상황을 이야기하면 부모님은 항상 비수 같은 말들을 쏟아냈다.

"그 애가 기분 나쁘게 대하는데도 넌 비굴하게 또 그 애를 찾아? 정신이 있는 거야, 없는 거야!"

"너한테 문제가 많은 거야. 다른 집 ○○○ 좀 봐라! 성적도 좋고, 너랑 다르게 아무 문제도 없잖아!"

"우리가 널 위해 이렇게 고생하는데 이것도 점수라고 받아와? 우릴 볼 낯이 있니?"

부모님이 이런 말을 할 때마다 그녀는 정말 서러웠다. 그들이 반대편에 서서 자신을 비난할 때마다 어떻게 부모가 자식에게 이럴 수 있나 싶어 화가 치밀었다. 정말 이해받고 싶었지만, 그들은 단 한 번도 그녀를 인정하거나 지지해주지 않았다. 섭섭한 마음을 떨칠 수가 없었다.

이런 분노와 섭섭함을 계속 마음에 품고 있다는 사실은 오직 그녀 혼자만의 비밀이었다. 부모님이 꾸짖고 비난하고 훈계할 때마다 그녀는 묵묵히 듣기만 했고 아무런 대꾸도 하지 않았다. 정 괴로워서 견딜 수 없게 되면 아무도 없는 곳으로 가서 소리 없이 눈물을 흘렸다.

한번은 아버지가 별것도 아닌 일로 그녀의 뺨을 때린 적이 있다. 뺨이 너무나 아렸다. 그녀는 속으로 생각했다.

'이렇게 막무가내인 부모는 나한테 없어. 다시는 아버지와 말하지 않을 거야.'

이런 생각이 갑자기 툭 튀어나왔을 때 그녀 자신도 깜짝 놀랐다. 자신이 정말로 그렇게 한다면 아버지가 많이 속상해할 것 같았다. 그것은 분명히 불효였다. 그녀는 재빨리 자신을 다독였다.

'아버지가 날 때렸지만 아마도 아버지 나름의 고충이 있을 거야. 분명히 내가 잘되라고 그러셨겠지. 아버지와 싸우지 않는 게 좋아.'

그러다가 차츰 아버지가 뭐라 하든, 무얼 하든 상관하지 않게 됐다.

이들 사이의 갈등이 그녀의 마음속에 느낌과 정서, 감정의 변화를 불러일으켰다. 이것이 바로 문제가 불러오는 내재적 변화다. 그녀가 이런 내재적 변화를 받아들인다면 부모에 대한 불만으로 반항심이 생겼을 것이고, 부모에 대한 실망으로 자신의 공간을 발전시키고 독립을 향해 나아갔을 것이다. 이것이 바로 문제가 불러오는 외재적 변화다.

하지만 이 여성은 그렇게 하지 않았다. 그녀는 문제가 불러오는 내재적 변화를 억압했고 문제가 가져오는 외재적 변화를 받아들이지 못했다. 그녀는 부모님과의 관계에 갇혀 그들로부터 독립할 수도 없었고 가까워질 수도 없었다. 벗어나고 싶으면서도 그들에 대한 미련을 내려놓을 수 없었고, 그들과 가까워지고 싶으면서도 더는 다가갈 수 없는 모순된 상태에 빠져 있었다.

문제가 생기면 우리는 반드시 내재적 변화와 외재적 변화를 마주하게 된다. 내적인 느낌을 억압하지 않고 그 변화를 거부하지 않으면 문제를 통해 자신을 새로운 통합의 세계로 이끌 수 있다. 그곳에서 우리는 문제를 해결하고 자가치유를 이룰 수 있다. 하지만 이런 변화를 거부하고 문제가 불러오는 내적 느낌을 계속 품고 있으면, 영원히 그 상태에 머물러 새로운 느낌을 얻을 수도 없고 문제에서 더 많은 것을 경험할 수도 없다.

03 문제를 따라 앞으로 나아가다 보면 마침내 치유될 수 있다

이 여성이 자신의 느낌을 억압하고 회피하는 이유는 무엇일까?

낯선 문제에 부딪히거나 마음속에서 낯선 정서와 느낌이 일어나면, 기분이 나빠지고 마음의 평형을 완전히 잃을까 봐 걱정되기 마련이다. 부모님에게 화를 내서는 안 되는데 화를 낸다면 자신은 불효자가 된다고 생각하는 것이 대표적인 사례. 실제로 이런 느낌은 지속되지 않는다. 문제가 스스로 나아가도록 내버려 둔다면, 그것이 우리를 어딘가에 붙잡아두지 않고 더 좋은 느낌을 찾아갈 수 있도록 인도해줄 것이다.

영화 〈먹고 기도하고 사랑하라〉의 여주인공 리즈는 남들이 동경하는 이상적인 생활을 하고 있었다. 삶은 매우 안정적이고 완벽했다. 하지만 그녀는 막막함을 느꼈고 지칠 대로 지친 결혼 생활을 끝내게 됐다. 이후 그녀는 자기 탐색을 위한 여행길에 올랐다. 처음에는 모든 것이 너무나도 어색했다. 그런 리즈에게 한 미용사가 말했다.

"아무것도 하지 않는 행복, 이탈리아 사람들은 그것의 고수예요. 당신들은 행복이 무엇인지 모르죠? 우리의 행복은 다른 사람이 일깨워줄 필요가 없어요."

이 말을 듣고 그녀는 지금까지 자신이 내면의 솔직한 느낌을 따르지 못하고 살아온 것 같다는 생각이 들었다. 그녀는 큰 길에서 사람들에게 과장된 손짓까지 더하며 큰 소리로 말하기 시작했다. 자신이 좋아하는 롱스커트를 사기 위해 왔던 길을 용감하게 되돌아가기도 했고, 파스타를 먹는 데 심취해보기도 했다. 살찔까 봐 걱정하는 여성에게 "침대에서 당신 배의 튜브를 보자마자 끄지라고 하는 남자가 있었어요? 아니잖아요"라고 말할 수 있게 됐다.

그녀가 아우구스투스 영묘를 바라볼 때였다. 옆에 있던 사람이 이 유적의 휘황찬란했던 시절과 쓸쓸한 쇠락의 시절에 대한 이야기를 들려줬다. 그녀는 아련한 미소를 띠며 말했다.

"이곳은 곳곳의 상처마다 잊을 수 없는 고통이 스며 있는 것 같아요. 변화를 바라지만 그 변화가 걷잡을 수 없는 결과를 불러올까 봐 두려워하고 있는 것 같기도 하고요. 우여곡절로 가득한 파란만장한 세월을 두루 겪고 불길 속에 모든 것이 스러진 줄 알았지만 여전히 우뚝 서서 건재하고 있는 모습을 보니 그래도 마음이 놓이네요."

그녀의 말에서 우리에게 흔히 나타나는 모습을 발견할 수 있다.

'변화하기를 바라면서도 변화가 두렵다.'

살아가면서 많은 문제가 출현할 때마다 우리는 마음의 평형이 깨지는 느낌을 받는다. 하지만 사실 문제는 우리가 새로운 균형을 찾을 수 있도록 도와주는 역할을 한다. 모든 문제는 커다란 힘의 원천이어서 우리보다 항상 더 예지롭다. 문제를 거부하지 않는 한, 우리는 문제의 힘을 빌려 더 나은 삶을 살아갈 수 있다.

1. 문제는 말하고 걸을 수 있는 존재다. 가는 길을 가로막지 않는다면, 문제는 우리와 함께 치유를 향해 걸어 나갈 것이다.

2. 문제는 두 가지 변화, 내재적 변화와 외재적 변화를 불러일으킨다. 두 가지 변화는 모두 우리가 성장할 기회가 된다.

3. 마음의 평형을 잃는 것은 새로운 균형을 찾는 과정이다.

내 느낌에 가까이 다가설 때
진정한 나를 되찾는다

이런 질문도 자주 받는다.

"어떻게 해야 자기다워지고 자기답게 살아갈 수 있을까요?"

가만히 생각해보면 자기답게 살아가는 것은 정말 간단하다. 자기가 무엇을 좋아하고 무엇을 원하고 무엇을 추구하는지 알고, 사회에서 받아들여질 수 있는 선에서 자신이 생각한 대로 행동하면 된다.

하지만 사람들은 이내 또 다른 질문을 던진다.

"제가 좋아하는 게 무엇인지 모르면 어떡하죠?"

나는 많이 경험해보려고 하면 알 수 있다고 대답해준다. 그러면 또다시 질문한다.

"무엇을 경험해보라는 거죠?"

"자신의 느낌을 따르면 분명히 알 수 있을 거예요."

"제 느낌이 무엇인지 잘 모르면요?"

자기 생각대로 살아갈 수 있는 사람들은 이 질문을 이해할 수 없을 것이다. 사람이 어떻게 자신의 느낌을 모를 수가 있느냐고 말이다. 하지만 실제로 어떤 사람들은 정말로 자신이 무엇을 느끼는지도 모르고, 무엇을 좋아하는지도 모르고, 무엇을 하고 싶은지도 모른다. 오직 훌륭하고 마땅하고 일리가 있고 옳은 기준 아래에서 살아가야만 안전하다고 느낀다. 그들은 타인의 의견과 조언에 지나치게 관심을 기울이고, 경직된 기준을 바탕으로 판단하는 것을 좋아한다. 유감스럽게도 그들은 살아가고는 있지만 자신을 위해 살아본 적은 없다.

 01 **나의 느낌을 멀리하는 것은
비행기가 레이더를 잃어버린 것과 같다**

항상 쉽게 초조해져서 아무 일도 할 수 없고 약물에 의존해서만 정서적으로 안정을 유지할 수 있는 여성이 내담했다. 그녀와 여러 차례 대화를 나누면서 한 가지 사실을 발견했다. 그녀가 다른 사람과 불쾌한 상호 작용을 경험했을 때 쉽게 초조해진다는 점이었다. 나는 그녀를 초조하게 하는 것이 무엇인지 더욱 자세히 알아봤다.

그녀는 이전에 남편과 대화한 적이 있었는데 그 이후로 급격히 초조해지고 짜증이 나게 됐다고 말했다. 더 이전의 기억을 떠올려보게 했다. 아이가 울며 보채는데, 남편은 그녀가 버릇을 잘못 들여서 아이가 툭하면 우는 거라며 화를 내고 비난을 퍼부었다.

나는 당시 어떤 느낌을 받았는지 물었다. 그녀는 굉장히 기분이 언짢았다고 대답했다. 나는 그녀에게 구체적으로 어떻게 기분이 언짢았느냐고 다시 물었다. 그녀는 화가 나고 서러웠다고 대답했다. 화가 난 이유는 남편이 아이를 돌보는 것을 도와주기는커녕 소리까지 지르면서 자신을 비난했기 때문이다. 서러운 것은 남편의 말처럼 아이를 오냐오냐 기른 게 사실이어서 아이를 돌보는 일이 힘들어도 남편의 말에 반박할 수 없었기 때문이다.

남편에게 불쾌한 감정을 지닌 채 자신이 아이를 제대로 기르지 못한 것을 자책하면서 그녀는 자신의 느낌을 억누르기 시작했다. 원래 그녀는 자신의 불쾌한 감정은 남편 때문에 발생한 것이라고 분명하게 말할 수 있었다. 하지만 느낌을 억누른 이후에는 불쾌한 감정의 근원을 지목하지 못하게 됐다. 극도의 초조함이 밀려왔고 병이 다시 도질 것만 같았다.

초조함은 그녀가 당장 어떤 행동을 취해야 한다고 계속 다그쳤지만, 그녀는 아무것도 할 수 없었다. 무얼 해도 재미가 없고 힘이 나지 않았다. 매일 무감각한 일상을 보냈으며 조금도 즐겁지 않았다.

현실에는 이런 유형의 사람들이 적지 않다. 그들은 자신이 무엇을 좋아하는지, 무엇을 원하는지 모른다. 기계적으로 출근하고 아이를 돌보고 집안일을 하는 것 외에 무엇을 해야 자신이 즐거워질지 잘 모른다. 오랫동안 내재적 느낌을 멀리한 결과다.

이런 상태가 지속되면 자신이 가진 힘을 잃고 남이 하는 대로 줏대 없이 따라 하며 인생에서 더 큰 목표를 추구하지 못하게 된다. 삶의 활력과 열정을 잃고 일과 생활에서 형성된 타인과의 관계에도 영향을 미치게 된다.

 ## 02 느낌은 옳고 그름을 가리지 않고
내 안에서 느낀 것을 말해줄 뿐이다

"느낌이 좋지 않고 생각이 극단적으로 흘러가면 전 그걸 억누를 수밖에 없어요. 그렇지 않으면 통제 불능이 될 거예요"라고 말하는 사람이 있다.

고등학교 시절이 우울했다는 여성 내담자의 사례다. 원인은 어머니와의 사이에서 발생한 격렬한 갈등이었다. 그녀는 어머니에게 깊은 분노를 느꼈다. 어머니가 고기를 다지면서 부엌칼로 도마를 내리치는 소리가 들릴 때 그녀는 온몸이 부들부들 떨렸다. 자신이 참지 못하고 어머니를 그 칼로 찌를까 봐 겁이 났기 때문이다.

이후 그녀에게 우울감이 밀려왔다. 머릿속에서 어머니를 찌르고 싶다는 생각이 떠오르면 그녀는 스스로 통제력을 잃을까 봐 너무나 두려웠다. 그래서 무의식적으로 우울감을 통해 어머니에 대한 분노를 억눌렀다. 그렇게 하면 그녀는 온종일 의기소침해지고 기분이 가라앉아 힘을 낼 수 없었다. 어쩔 수 없이 약물에 의존해 학교생활을 이어갔다.

여러 해가 지나도 어머니와 여전히 관계가 소원했다. 그녀는 나쁜 느낌이 한꺼번에 쏟아져 나와 어머니를 해칠까 봐 계속 두려웠다.

또 다른 내담자 역시 어머니에게 불만이 많았다. 하지만 이 내담자는 어머니에게도 나름의 한계와 어려움이 있으리라 믿고 자신이 어머니를 용서해야 한다고 생각했다. 좋지 않은 감정이 발생해도 언제나 웃으며 넘겼다. 그녀는 진짜로 어머니에게 화를 내고 어머니를 미워하면 자신은 불효자식이 될 테고 그런 모습은 최악이라고 생각했다. 하지만 어머니와의 관계는 가까워지지 못했고 그들 사이를 무언가가 가로막고 있다는 느낌이 들었다.

사람들은 대부분 자신이 남들 눈에 좋은 사람으로 비치길 바라기 때문에 나쁜 느낌을 피하려고 한다. 그래서 그런 느낌이 이미 생겨났다면 막거나 숨기기 위해 그 느낌을 일부러 희미하게 만들어버린다. 그런 일이 오랫동안 이어지면 느낌에 무관심해지고 둔감해진다. 이는 곧 감수성이 떨어진다는 것을 의미한다. 즐겁고 아름답고 행복한 수많은 경험에 대해서도 감수성을 잃는 것이다. 그 결과 인생이 계속 어딘가에 갇혀서 앞으로 나아갈 수 없다는 느낌이 들고, 오히려 피하고 싶었던 나쁜 느낌을 반복해서 경험하기 쉽다.

느낌 자체는 잘잘못과 무관한 우리 내면의 자연스러운 반응이다. 우리는 어떤 것을 느끼고 어떤 것을 느끼지 않을지 선택할 수 없고, 그저 받아들일 수밖에 없다. 어떤 느낌이 반드시 존재해야 하는 것도 아니다. 자신의 경험에서 발생한 이상 그것이 존재하는 나름의 이유가 분명 있을 것이다. 우리가 할 일은 그것을 억누르는 게 아니라 자연스럽게 떠오르도록 내버려 두고 이해하기 위해 노력하는 것이다.

 ### 03 느낌이 자연스럽게 떠오르도록 내버려 둔다

앞에서 인지력을 발전시키려면 우선 자신에게 공간을 남겨두어야 한다고 이야기했다. 바로 자신의 느낌을 위해 공간을 남겨두는 것이다. 자신의 느낌이 자연스럽게 떠오르도록 내버려 두고 그것의 존재를 받아들이면, 그 느낌을 통해 자신을 이해할 수 있다. 하지만 실제로 문제에 직면한 대부분 사람은 정반대의 길을 선택한다.

앞서 소개한 쉽게 초조해지는 내담자의 사례가 그중 하나다. 그녀는 남편에게 비난받았을 때 화가 머리끝까지 났지만 자신이 확실히 잘못했기 때문에 화를 내서는 안 된다고 생각했다. 자신을 바꾸고 싶었기 때문에 분노를 억누르는 선택을 한 것이다. 얼핏 그녀가 분노를 누르는 데 성공한 것처럼 보였지만, 그 분노의 에너지는 초조함이라는 형식으로 분출됐다. 이때 주의 깊게 살피지 않으면 분노가 변신하여 나타난 모습이 초조함이란 사실을 알아차리기 어렵다.

반대로, 그녀가 남편에 대해 분노를 느끼고 자신이 화를 내서는 안 된다고 느끼는 것은 이전과 마찬가지이더라도 자신에게 공간을 남겨둘 수 있다면 자신에게 이렇게 물어볼 수 있다.

'그게 내 탓일 수 있다는 걸 알면서도 나는 왜 이렇게 계속 화가 나는 걸까?'

그녀는 아이를 키우는 과정에서 온갖 괴로움을 느꼈고 아이를 돌봐주지 않는 남편을 원망했다. 이처럼 자신을 살펴봄으로써 그녀는 자신의 어려움을 더 많이 이해할 수 있게 됐고, 자신이 잘하지 못하더라도 남편이 질책이 아니라 지지를 해주어야 마땅하다고 생각하게 됐다. 아이를 키우는 것이 그녀 혼자만의 책임은 아니기 때문이다.

자신에 대해 이런 깨달음과 이해를 얻으면 더는 그렇게 화가 나지 않을 것이다. 그녀는 어쩌면 남편에게 이렇게 말할 수도 있다.

"내가 다 잘하지는 못했지만 당신이 날 이렇게 대하면 너무 속상해요. 당신이 그러면 내가 아이를 혼자 키우는 것 같다고요. 무엇이든 나 자신에게 의지하게 된단 말이에요. 이때껏 당신은 막막해하는 나를 보고도 뒤에 서서 비아냥거리기만 할 뿐 직접 손을 내밀어 도와준 적은 없잖아요."

자신을 이해하는 입장에 서서 이런 말을 하고 나면 분노가 다소 해소될 것이다. 동시에 남편도 그녀가 왜 그런 반응을 보이는지 이해할 수 있을 것이다. 이렇게 자신의 느낌을 통해 자신을 이해하게 되면 상대방과의 관계를 해치지 않을 뿐만 아니라 관계를 지속적으로 개선하는 데 도움이 된다.

항상 문제의 바깥에서부터 변화하려고 하면 자신의 느낌

을 억누르게 되고 외재하는 문제와 내재하는 느낌에 점점 무감각해질 수 있다. 반대로, 자신의 느낌을 따르고 내면에서 자신을 감지하며 느낌이 떠오르도록 내버려 두면 자신을 더 잘 이해할 수 있다. 자신이 어디로 가고 싶은지, 어디로 나아가게 될 것인지도 분명히 알 수 있다.

우리는 완전히 다른 방향의 두 길을 만들 수 있다. 하나는 바깥의 더 넓은 세계를 얻을 수 있는 길이고, 다른 하나는 내면의 생명력을 차단하고 점점 자신을 옭아매는 길이다. 지금 어디에 있든 스스로 의식할 수 있으면, 우리는 모두 각자의 다음 방향을 고를 수 있다. 자기다운 인생을 살고 싶다면 전자의 길을 선택해야 한다. 그래야 바깥세상으로 뻗어나가는 광활한 인생을 살 수 있다. 다만 전제 조건으로 먼저 자신의 내부를 자세히 살피고, 자신의 느낌을 새롭게 받아들이며 그것을 중시해야 한다. 그렇게 했을 때 무한한 역량을 기를 수 있다. 이런 과정을 통해 자신의 여러 가지 느낌과 정서, 감정을 충분히 깨달을 수 있다.

<hr>

치유 노트

1. 느낌은 옳고 그름을 가리지 않고 우리가 지금 마음속으로 겪고 있는 게 무엇인지 말해줄 뿐이다.
2. 느낌을 억누르면 마음이 가리키는 방향을 알아낼 수 없다.
3. 무엇을 느끼든 자연스럽게 떠오르도록 내버려 두어야지 강제로 억눌러선 안 된다.

4.

내려놓을 수 없는 감정은
모두 진지하게 대한다

실연을 당한 한 친구의 이야기다. 남자친구가 더 좋은 사람을 찾았다며 그녀에게 이별을 통보했다고 한다. 마른하늘에 날벼락 같은 소식에 그녀의 마음은 산산이 부서졌다. 아직 마음을 추스르지 못한 그녀가 내게 물었다.

"어떻게 해야 이 고통에서 하루빨리 벗어날 수 있을까? 어떻게 해야 그 사람 생각을 더는 안 할 수 있을까?"

내가 답했다.

"넌 벗어날 수 있어. 다만 약간의 시간이 필요할 뿐이야."

그녀가 말했다.

"그 사람은 이미 날 사랑하지 않고 다른 사람을 사랑해. 그런데도 계속 그 사람을 생각한다면 난 정말 자존심도 없는 인간이지."

내가 물었다.

"너는 네가 어떻게 하는 게 좋을 것 같아?"

그녀는 냉정하고 결단력 있는 여성이 부럽다고 했다. 상대방이 사랑하지 않는다고 말했을 때 바로 쿨하게 떠날 수 있었다면 최후의 자존심을 지킬 수 있었을 것이라고 말했다. 하지만 그렇게 할 수 없었다. 그녀는 흘러내리는 눈물을 참지 못했다.

우리는 사랑이 존재하느냐 아니냐를 이성적인 측면에서 평가하기 쉽고, 자신이 당연히 사랑의 진퇴를 자유롭게 통제해야 한다고 생각한다. 그런데 만약 누군가에게 깊은 사랑을 쏟아부었는데 그 감정이 갑자기 무너진다면, 어떻게 해야 빨리 헤어날 수 있을까?

쉽게 내려놓을 수 없는 감정은 모두 자신과 깊은 관련이 있다. 서둘러 벗어나려 하지 말고 자기 내면의 가장 소중한 부분과 연결된 감정들을 부드럽게 대해야 한다.

 ### 01 사랑에서 중요한 것은
상대방이 아니라 나 자신이다

이렇게 말하는 사람들이 종종 있다.

"내가 뭣 때문에 그렇게 해야 하는데! 그 사람에게 나란 존재는 더 이상 중요하지 않잖아. 그러니까 나한테도 그 사람은 더 이상 중요한 존재일 수 없어."

마음이 심하게 균형을 잃었다는 건 알겠지만, 안타깝게도 우리는 이런 선택을 할 수 없고 이런 결정을 내릴 수도 없다. 상대방이 나에게 중요한지 아닌지는 이성으로 결정하는 게 아니라 나의 느낌 안에서 이미 답이 정해져 있기 때문이다.

상대방이 왜 이렇게 나의 사랑을 짓밟는 것인지에 화가 날 수도 있고, 내가 왜 상대방을 무시할 수 없는 것인지에 화가 날 수도 있다. 우리는 여러 가지 강렬한 감정 반응을 보일 수 있고, 사실 그런 것들은 다 괜찮다. 자신의 느낌을 조금도 억누를 필요가 없다. 화를 낼 수도 있고 원망할 수도 있고 분노를 터뜨릴 수도 있으며 미워할 수도 있다. 이런 느낌의 존재를 완전히 받아들여야 앞으로 나아갈 수 있다.

감정을 받아들이는 것은 매우 중요한 일이다. 이를 위해서 우리는 일정한 시간을 들여야 한다. 상대방이 지금 나에게 여전히 중요한 존재여서가 아니라 내가 나에게 중요한 존재이기 때문이다. 잃어버린 사랑을 애도할 시간을 자신에게 충분히 주어야 한다.

이런 과정에서 누군가가 이성적으로 냉정하게 판단해야 한다고 말하더라도 그 말에 크게 신경 쓸 필요 없다. 우리는 계속해서 나아질 것이고, 지금 관계에서 발생하는 복잡한 느낌을 완전히 받아들이는 것보다 더 중요한 것은 없기 때문이다.

사람들은 잃어버린 사랑을 애도하는 일련의 과정을 대부분 경험한다. 부정하고 분노하다가 타협하고, 다시 의기소침해졌다가 결국에는 받아들인다. 처음에는 자신이 맞닥뜨린 상황을 믿지 못한 채 분명히 무슨 오해가 있으리라고 생각한다. 상대방의 말이 사실이 아닐 거라며, 그가 곧 돌아올 거라며 자신을 속인다. 이런 상태라면 지금 '부정'의 단계를 지나고 있는 것이고, 잃어버린 사랑을 애도하는 과정이 이미 시작된 것이다.

그런 다음에는 진실이 자기가 생각했던 것과 다르다는 것을 알게 되고, 두렵지만 점차 실체에 가까이 다가서고 있는 자신을 발견하게 될 것이다. 실제로 진실에 다가서면 화가 치밀고 달갑지 않을 것이다. '뭘 믿고 저러는 거지?'라는 생각이 계속 머릿속에 맴돌 것이다. 그리고 마음속에서는 동원할 수 있는 모든 수단으로 그에게 맞서고, 욕하고, 저주하고 싶다는 격렬한 반응이 일어날 것이다.

하지만 다음 단계에서는 마음이 조금 누그러질 수도 있다. 그가 돌아오면 과연 용서할 수 있을지를 상상해본다. 아직 기회가 있다는 희망을 품고 그와 대화를 나눠보려고 할지도 모른다. 허상에 빠진 채 그가 이렇게 하면 자신이 어떻게 해야 하고, 그가 저렇게 하면 자신이 어떻게 해야 할지 고민하게 된다. 이제 '타협'의 단계에 들어선 것이다.

그다음에는 무엇을 해도 아무 소용이 없고 모든 기대가 물거품이 되었음을 느낀다. 인생에 아무런 희망도 남아 있지 않은 것처럼 매우 무기력해진다. 앞으로 이보다 더 좋은 사람은 만나지 못하리라는 생각이 밀려온다. 이 모든 것이 절대 사실이 아니지만 당시에는 그렇게 생각하게 된다. 이것이 '의기소침'해지는 단계다.

그리고 결국에는 받아들이게 된다. 사랑을 잃었음을 받아들이고 솟아오르는 어떤 느낌을 받아들이면, 인생이 생각보다 절망적이지는 않다고 여겨지면서 좀 더 힘을 내서 살아갈 수 있다. 이것은 잃어버린 사랑을 애도하는 과정의 완성 단계다. 큰 병에 걸렸다가 회복된 지 얼마 되지 않은 사람처럼 다소 쇠약한 모습을 보일 수 있지만, 결국 잘 버텨냈음을 의미한다.

사람마다 이 과정을 모두 다른 양상으로 겪는다. 어떤 사람은 길게 겪고 어떤 사람은 짧게 겪는다. 어떤 사람은 치열하게 싸우고 어떤 사람은 차분하게 지난다. 어쨌든 우리는 자신에게 나타나는 애도의 양상과 과정을 받아들여야 한다.

 02 **감정을 피하지 않는 것이
나를 소중하게 대하는 가장 좋은 방법이다**

여러 번 이혼을 경험한 여성이 자신의 깨달음에 대해 글을 올린 적이 있다.

'당신의 마음을 가지고 노는 쓰레기 같은 남자를 만났더라도 마음 깊은 곳에서 사랑에 대한 꿈을 버려서는 안 된다.'

그녀는 나쁜 사람을 만났다고 해서 사랑을 영원히 포기하는 것만큼 미련하고 무가치한 선택도 없다고 말했다. 한동안 의기소침할 수도 있고 얼마간 새로운 사랑에 발을 들여놓고 싶지 않을 수도 있다. 하지만 잃어버린 사랑을 애도하는 과정이 모두 완성되면, 다시 앞으로 나아갈 수 있다.

사랑은 이기적인 것이다. 사랑은 상대방의 장단점 또는 책임감이 있느냐 없느냐 따위와는 상관이 없다. 우리에게 내재하는 어떤 필요의 느낌과 관계있을 뿐이다. 과거가 자신에게 중요한 것이라면 과거에 순순히 시간을 내주는데, 이는 자신을 아끼는 방법이다. 마찬가지로 미래가 중요한 것이라면 자신을 위해 미래에 공간을 내줄 수도 있지 않겠는가.

나는 배우자의 외도, 실연, 이혼을 겪은 이후 영원히 사랑을 회피하게 된 여성들을 보고 매우 안타까운 마음이 들었다. 그들은 잃어버린 사랑을 애도하는 과정을 내면에서 완성하지 못하고 회피를 택함으로써 자신의 감정과 결별했다. 얼핏 당당하고 강인해 보이지만, 실제로는 자신에게 가장 큰 상처를 주는 방법이다. 이런 부류에 속하는 사람이라면, 언젠가 자신의 결핍된 감정과 다시 마주하는 게 좋다. 그러지 않으면 스스로 입힌 상처가 끝없이 깊어질 것이다.

부모가 아이를 기를 때도 마찬가지다. 과도한 훈육 탓에 지나치게 순종적인 아이가 되면 자주성과 창조성이 발전하지 못하고 계속 억눌릴 것이다. 아이들은 말을 잘 들어서 부모에게 부정당하고 징벌을 받는 상황에서 벗어나려 한다. 이런 자기 제한은 스스로 감지하지 못하면 영원한 금기와 상처를 만들고, 아이는 어른이 되어서도 홀로 설 힘을 기르지 못한다. 사랑을 잃어버린 후에 영원히 감정을 피하게 된 여성들도 비슷하다. 애도하는 과정을 거치지 않은 채 자신의 감정을 아픈 상처에 영원히 머물게 함으로써 스스로 회복할 기회를 상실한 것이다.

내려놓기 어려운 감정일수록 세심하고 부드럽게 대해야 한다. 우리 모두는 스스로 소중히 대해야 하는 가치 있는 존재이기 때문이다.

03 사랑의 의미는
내가 결정한다

살아가면서 쉽게 내려놓을 수 없는 감정이라면, 그 감정이 분명히 우리 깊은 곳에 있던 느낌을 불러일으켰기 때문이다. 이런 느낌이 우리의 잠재의식 속에 숨어 있기 때문에 그동안 감지하지 못했던 것이다. 하지만 이런 느낌은 우리가 일정한 감정을 겪을 때 되살아나고, 이는 새로운 기회이자 자신을 치유하는 출발점이 된다. 감정과 자신의 깊은 연관성을 밝혀내면 우리는 그 감정에 더 가까이 다가갈 수 있다. 이것은 관계의 확인이나 결혼의 실체보다 더욱 깊고 분명한 의미를 갖는다. 그리고 그 의미는 마음속 깊은 곳, 삶을 지탱하는 곳에 깊숙이 파고든다. 그리고 마침내 우리는 감정을 통해 자신을 잘 파악할 수 있게 된다.

사랑을 하는 사람들은 처음에 진실한 사랑을 확인할 수 있어야 마음을 놓는다. 그러다가 상대방이 떠나면 더는 사랑이 존재하지 않는다고 생각하는데, 관계가 자신에게 주는 의미를 발견하지 못했기 때문이다. 관계가 주는 의미를 발견하고 이런 의미를 통해 자신을 확인할 수 있으면, 두 사람이 함께하든 아니든 그들은 이 관계의 의미를 가슴속에 지니고 앞으로 나아갈 수 있다. 이것이 바로 사랑의 감정이 우리에게 가져다줄 수 있는 영적 차원의 가장 큰 보답일 것이다.

따라서 감정이 내면의 느낌을 불러일으켰다면 반드시 그것을 부드럽게 대해야 한다. 이런 기회는 매우 소중한 것이다.

자신에게 충분한 공간을 제공하고, 내려놓고, 받아들이고, 승화하면 사랑은 힘이 되어 삶에 활력을 불어넣을 것이다. 반대로 그렇게 하기를 거부하면, 사방이 벽으로 가로막힌 곳에서 삶을 헛되이 소모할 것이다.

모든 관계는 아픔 아니면 기쁨이다. 관계가 우리에게 어떤 의미를 갖는지는 우리가 어떤 방식으로 대하는지에 달렸다. 더 인내심을 가지고 자신에게 일어난 감정을 따뜻하고 너그럽게 대하면 분명히 인생에서 더 많은 보답이 이루어질 것이다. 그러면 관계를 초월하고 사랑이라고 부르는 것까지 초월하여 삶에서 자기만의 여유와 만족을 느끼게 될 것이다.

치유 노트

1. 자신의 감정을 회피하지 않는 것이 자신을 아끼는 최고의 방법이다.
2. 사랑은 주관적인 것으로, 자기 마음속의 어떤 느낌과 관련돼 있다.
3. 관계가 우리에게 주는 의미는 우리가 그것을 어떻게 대하느냐에 달렸다.

5.

올 것은 오게 두고
갈 것은 가게 둔다

친구가 최근 실내 정리 전문가에게 의뢰하여 자기 물건에 대해
철저한 '끊고 버리고 벗어나기'를 진행했다. 내가 예전에 그녀에
게 중요한 정리 기술을 알려달라고 했을 때는 다양한 책을 많이
찾아 읽었는데 특별히 기억에 남는 게 없다고 했다. 그녀는 원래
정리란 이성적인 관점으로 물건의 실용성을 평가하는 것에 불
과하다고 여겼다. 하지만 정리 전문가는 그녀에게 정리해야 할
물건을 하나하나 충분히 만져보고 떠오르는 느낌에 몰입하며
자신에게 이런 질문을 던져보라고 했다.

'이 물건이 나에게 기쁨을 가져다준 적이 있는가?'

그러고는 이렇게 말했다.

"당신이 만진 물건이 당신을 '설레게' 한다면 그것은 당신이 좋

아하는 물건이란 뜻이므로 남겨둬야 합니다. 반대로 당신이 기쁨을 느끼지 못한다면 쓸모없는 것입니다."

이런 과정에서 그녀는 특정 물건과 관련한 많은 기억이 떠올랐다. 그녀가 이런 느낌을 다시 체득해야만 물건을 버릴지 남길지 결정을 내릴 수 있었다. 그녀는 이 경험이 정리에 대한 자신의 인식을 뒤엎었다고 말했다. 이전에는 정리란 버리고 또 버리는 거라고 생각했는데, 핵심은 버리는 것이 아니라 버리기 전에 무엇을 하는지에 달렸음을 알게 됐다는 것이다.

'끊고 버리고 벗어나기'의 목적은 더 나은 삶을 사는 것이다. 하지만 더 나은 삶을 사는 방법은 사실 '끊고 버리고 벗어나기'를 실천하기 전에 이미 확정되어 있다. 어떤 행동을 하기 전에 완전히 집중하여 자신의 느낌 속으로 깊이 들어가면, 모든 선택이 자신에게 더 큰 의미로 다가오고 더 나은 삶을 영위할 수 있다.

 01 **'끊고 버리고 벗어나기' 전에 나의 느낌이 충분히 머무르도록 내버려 두자**

정리를 할 때 자신에게 충분한 공간을 남겨두면 여러 생각이 한꺼번에 떠오르면서 어느 정도 갈등과 불안을 느낄 수 있다. 과거에 쓸모 있다고 여겼지만 다시 마주할 때까지 오랫동안 어딘가에 방치됐던 물건들이 있다. 지금 와서 다시 자세히 살펴보니 원래 생각했던 것만큼 중요한 것이 아니었다. 지금 당장은 쓸모가 없지만 앞으로 쓸모가 있을지도 모른다고 생각되는 물건들도 있다. 계속 남겨두고 싶지만 어떻게 남겨두어야 할지를 알 수 없어서 이 선택이 정말 옳은 것인지 생각해보게 된다. 또 평소에 전혀 관심도 없었고 아무렇게나 돼도 상관없다고 생각했던 물건들도 있다. 그런데 버리려는 순간 뜻밖에도 그렇게 할 수 없다는 것을 발견하게 된다. 선택의 시간이 다가오면 종종 이런 복잡한 느낌이 강렬하게 떠오르면서 자신의 마음에 다시금 가까이 다가갈 수 있다.

물건에 대한 '끊고 버리고 벗어나기'도 쉬운 일은 아니지만, 정신적인 '끊고 버리고 벗어나기'는 더 큰 시련을 안겨준다. 자신의 정서와 감정을 마주한 사람들은 어떻게 손을 대야 할지 막막하다는 이야기를 흔히 한다. 물건 정리와 마찬가지로 심리적으로 결정을 내리고 싶을 때 자기 느낌을 충분히 체득하는 것보다 더 중요한 것은 없다. 충분히 체득해야만 자기 내면이 가리키는 방향을 찾을 수 있고 미래를 위하여 더 나은 생활 방식을 선택할 수 있다.

이혼한 여성 내담자의 이야기다. 그녀는 이혼과 관련된 모든 일을 마음에 두지 않기로 하고, 더는 괴로워하거나 떠올리려고 하지 않았다. 하지만 실제로는 자기의 모든 느낌을 충분히 체득하고 애도하는 과정을 거쳤을 때 새로운 삶으로 나아갈 수 있었다. 괴로움과 자기 내면의 느낌을 회피하면, 자신의 마음에서 계속 멀어질 수밖에 없다.

배 속의 아이를 잃은 엄마 이야기도 있다. 그녀는 이 모든 일을 잊고 다시는 아이와 관련된 어떤 일도 떠올리지 않으려고 했다. 하지만 마음속의 슬픔과 아픔을 온전히 느꼈을 때 아이에게 확실히 작별 인사를 하고 다시 자기 삶으로 돌아올 수 있었다. 그러지 않았다면 그 일은 그녀에게 영원히 건드릴 수 없는 상처가 되었을 것이다.

'끊고 버리고 벗어나기'는 자기 인생에 책임을 지는 행위로, 그 전에 우리는 자신의 느낌이 충분히 머물 수 있도록 내버려 두어야 한다. 그래야만 중요하면서도 돌이킬 수 없는 것들에 관한 느낌이 우리 앞길을 가로막는 방해물이 되지 않는다.

느낌의 기복은 인생의 자연스러운 발전 과정을 형성한다

만조와 간조는 밀물과 썰물을 형성한다. 마찬가지로 인생에서 우리가 갖는 느낌의 고조와 저조는 삶의 자연스러운 발전 과정을 형성한다.

누구나 과거를 돌이켜보면 당시에는 굉장히 큰일이어서 평생 괴로움으로 남을 것만 같던 어린 시절의 어떤 경험이 있기 마련이다. 하지만 지금 다시 생각해보면 당시의 느낌은 이미 희미해졌고 이제 더는 대소롭지 않은 일이 됐다는 사실을 발견할 수 있다.

이와 마찬가지로, 많은 사람이 충분히 느낄 때까지 자신을 내버려 두지 못하는 것은 자신이 영원히 정서적 슬럼프에 빠질까 봐 두려워하기 때문이다. 이런 걱정은 쓸데없는 것이다. 어떤 느낌을 충분히 경험하고 나면 그 느낌은 뒤로 한발 물러나고, 우리 인생에는 새로운 공간이 마련된다. 반대로 느낌을 충분히 경험하지 못하면, 우리는 제자리에서 옴짝달싹하지 못한다.

내 머리를 손질해주는 헤어디자이너는 새로 염색을 한 손님이 색이 마음에 들지 않아 다시 염색하고 싶다고 말하면 이렇게 약속한다고 했다.

"일주일만 기다려보세요. 그래도 마음에 안 드신다면 돈을 받지 않고 다시 염색해드리겠습니다."

솜씨가 워낙 뛰어나고 오랫동안 프로로서 지켜온 자신감이 드러나서였는지 정말로 일주일 뒤에 다시 찾아온 손님은 지금까지 한 명도 없었다고 한다.

나는 그에게 그런 약속을 하는 이유를 물었다.

"새로운 헤어스타일로 바꿨을 때 처음엔 얼마나 어색한 느낌이 들지 충분히 이해해요. 하지만 저와 손님이 함께 신중하게 고민하고 내린 결정이었잖아요. 그래서 전 손님이 적어도 일주일은 진심으로 그 헤어스타일과 마주하면서 충분히 느끼고 함께한 후에 다시 결정을 내려주길 바란 거예요."

정말 멋진 생각 아닌가. 어떤 물건이나 감정을 가지고 있지만 진심으로 느껴본 적은 없는 사람이 많을 것이다. 그러면 진정으로 가지고 있다고 볼 수 없다. 진정으로 가져본 적이 없기 때문에 삶이 달라지지 않는다. 문제는 대부분 사람이 자신은 이미 진정으로 가졌다고 여긴다는 것이다.

한 여성은 남편이 자신을 버리고 다른 여자를 찾아 떠날까 봐 계속 걱정했다. 이런 걱정은 부부 사이가 아주 좋을 때도 이어졌다. 그녀는 매일 긴장과 두려움 속에서 지냈지만 이런 감정을 진정으로 가져본 적은 없었다. 그녀의 마음은 불안감에 휩싸여 경계가 심해졌다. 관계가 가깝고 좋다는 걸 충분히 느낄 수 있을 때조차 그녀는 마음속으로 계속 더 많은 사랑을 갈망했고, 살얼음 위를 걷듯이 조심 또 조심하며 탐색을 계속했다.

감정과 더 가까워지고 싶든, 감정을 되돌리고 싶든, 감정에서 벗어나고 싶든 간에 가장 먼저 해야 할 일은 이런 감정을 충분히 느끼고 관계에서 오는 진실한 느낌을 찬찬히 받아들이는 것이다. 이 느낌의 흐름을 따라가야 지금의 원하지 않는 위치에서 벗어날 기회를 붙잡을 수 있다. 가지고 있는 것을 진정으로 체득해야만 버릴 수도 있게 된다. 이미 가지고 있는 것을 충분히 느끼면 상대방과 더욱 가까워질 수 있다.

살아가면서 무슨 일에 부딪히든 자신의 느낌에 충분히 다가가야 인생이 더 나은 방향으로 발전할 수 있다. 이혼하고 싶어 하던 사람이 결국 헤어지지 않기로 하더라도, 사랑을 온전히 느낄 수 있다면 다시 새롭게 사랑을 정의할 수 있다. 이혼을 해야 할지 말아야 할지 고민하던 사람이 결국 헤어지기로 하더라도, 사랑을 진정으로 느꼈다면 진심으로 마음을 내려놓을 수 있다. 사랑을 되돌리고 싶어 하던 사람이 끝까지 명확한 결론을 내리지 못하더라도, 자신이 왜 그러는지 알아차리면 더는 억울하다고 생각하지 않게 된다. 사랑을 되돌리고 싶어 하던 사람이 결국 헤어지더라도, 자신과 관계의 한계를 다시 새롭게 받아들이면 새로운 희망을 볼 수 있다.

항상 피하려고만 하면 느낌을 온전히 체득하지 못한다. '끊고 버리고 벗어나기'는 느낌을 진하고 풍부하게 끌어올려 주는 하나의 훌륭한 계기가 된다. 바로 이런 변화를 통해 삶의 특별하고도 필수적인 발전 과정을 이룰 수 있다. 느낌을 온전히 체득했을 때 우리는 내적으로 자신을 정리하는 과정을 완성할 수 있다. 또한 과거를 회피하는 데 매몰되지 않고 현재와 미래를 더 잘 살아갈 수 있다.

 ### 03 정신적인 '끊고 버리고 벗어나기'는 자기완성의 과정이다

정신적인 '끊고 버리고 벗어나기'를 짧게 정의한다면 다음의 문장이 매우 적절하다고 생각한다.

'끊고 버리고 벗어나기는 올 것은 오게 두고 갈 것은 가게 두며, 나의 느낌이 나를 위해서 다시 행복을 선택하게 한다.'

이는 꽃이 피었다가 지고, 열매가 익으면 저절로 떨어지는 것과 같다. 우리도 하나의 줄기가 되어 시시각각 피어나고 지는 모든 가능성을 온전히 받아들여야 한다. 때로는 행복과 아름다움을 느끼고 때로는 실망과 슬픔을 느끼면서 우리 삶은 자연스럽게 성장해나갈 것이다.

우리는 양육되는 과정에서 종종 어떻게 해야 옳은지에 대해서 너무 성급하게 교육받는다. 이런 교육은 우리가 사회 규율에 순응하는 데는 도움이 되지만 자신에 대한 부드러움을 잃게 한다. 결국 우리는 아주 이른 시기부터 유용해 보이는 많은 규칙을 따르고 항상 표준적인 인간상으로 살아가도록 자신을 몰아세우게 된다. 동시에 자신의 느낌을 중요한 위치에 놓아두는 법을 배우기는 어려워진다. 그러다가 어느 날 고통스러운 일에 부딪혀서 자기 삶을 다시 돌아볼 수밖에 없을 때, 억눌렸던 느낌이 모두 되살아날 것이다. 이때 '끊고 버리고 벗어나기'를 실천하고 싶으면 자신의 느낌에 가까이 다가가서 나란히 서 있을 수 있어야 한다.

이 과정에서 반드시 이뤄야 하는 것이 자기완성이다. 우리는 자신에게 더 많은 관용을 베풀어야 한다. 자신의 느낌이 충분히 머무르게 두고, 자신의 감정이 떠오르게 두어야 한다. 또한 뒤로 물러나는 것과 앞으로 나아가는 것을 자신에게 모두 허락해야 한다.

'끊고 버리고 벗어나기'를 하는 데 도움을 요청한 친구가 있다. 친구는 나를 찾아와 말했다.

"돈을 꽤 들였는데도 별로 효과가 없네. 두 시간 동안 옷장하나밖에 정리를 못 했어. 그런데도 끝이 안 보여."

내가 말했다.

"근데 아주 마음에 드는 눈치네?"

잘 정리하고 훌륭히 성장하는 일은 서두를 필요가 전혀 없다. 너무 느린 게 아닐까 걱정할 필요도 없다. 자신의 느낌에 따라 천천히 나아갈 수 있는 길이 가장 믿음직하고 견실한 길이될 것이다. 늘 서둘러 길을 가려는 사람들에게는 이런 견실한 느낌이 꼭 필요하다.

1. 어떤 선택을 해야 할 때면 여러 가지 복잡한 느낌이 떠올라 우리가 마음에 귀 기울일 수 있도록 도와준다.
2. 많은 사람이 자신은 이미 무언가를 가졌다고 생각하는데 사실 그들은 한 번도 가져본 적이 없다. 그 무언가를 온전히 느껴본 적이 없기 때문이다.
3. 온전히 느낄 수 있어야만 마음에 가장 가까이 다가가는 선택을 할 수 있다.

5장

마음 성장 3단계: 감지력

내 감정의 원인을

탐색하고 이해한다

아무래도 상관없다는
태도를 버리자

누군가가 "나는 아무래도 상관없어"라고 말할 때마다 내가 아이를 낳고 나서 보낸 2~3년 동안의 일이 머릿속에서 떠오른다.

'아무래도 상관없다'는 느낌은 우울증만큼 침체되거나 의기소침해지는 않지만 대부분의 것에 대해 '무감각'해지는 것이다. 무슨 일이 있어도 즐겁지 않고 그다지 괴롭지도 않다. 물건을 소유해도 기쁘지 않고 소유하지 못해도 아쉽지 않다. 그처럼 아무 상관 없다는 느낌 속에서 정신이 멍해진다. 마치 일어난 많은 일이 자신에겐 아무런 영향을 주지 않는 것처럼. 밥을 먹든 안 먹든, 밥이 맛이 있든 없든 아무래도 상관없다. 옷을 잘 차려입든 아니든, 옷이 편하든 아니든 별로 상관없다. 자기 모습이 어떤지, 어떤 모습으로 변하고 싶은지 그런 것들은 아무래도 상관없다. 자신의 상황에 만족하든 만족하지 않든 아무래도 좋다. 지금 돌이켜보면 출산 후 2~3년 동안 내 주변에는 암담한 기운만 흘렀다.

한번은 남성 상사가 완전히 색이 바랜 헐렁한 옷을 입고 있는 나를 보고는 도저히 봐줄 수가 없었는지 이렇게 물었다.

"혹시 임신했을 때 입었던 옷이에요?"

나는 순간 멍해졌다. 그리고 이내 정신이 번쩍 들면서 꿈에서 깨어나는 듯했다. 집으로 돌아와 거울 속의 내 모습을 바라봤다. 극심한 좌절감에 휩싸인 나는 자신에게 물었다.

'너 지금 뭐 하고 있는 거니? 대체 어쩌다가 이 지경이 된 거야?'

나는 처음으로 눈을 똑바로 뜨고 자기 모습을 바라보는 느낌이었다. 오랫동안 자신을 전혀 돌보지 않고 자기 상태를 알아차리지 못한 채 살아왔다는 것을 깨달았다.

현실 세계에서든 내면세계에서든, 아무래도 상관없다는 태도로 자신에 대해 대충대충 넘어가는 것은 누군가에게 자랑할 만한 초연한 상태가 아니라 자신의 상황에 대한 느낌과 감지력을 잃은 상태에 불과하다.

01 아무래도 상관없다는 태도는 느낌과 감지력을 잃은 상태임을 드러낸다

이전에 '잔병이나 작은 아픔도 겪어본 적이 없다면 당신은 전쟁터에서 가장 먼저 사라지는 희생양과 마찬가지다'라는 제목의 글을 읽은 적이 있다. 이 글에서 저자가 뇌졸중 환자를 예로 든 부분이 있었는데, 뇌졸중 환자는 근육을 꼬집어도 아픔을 느끼지 못한다고 했다. 어느 날 그가 다시 아픔을 느끼게 된다면 호전의 조짐이라는 것이었다.

그는 잔병이나 작은 아픔이 있다는 것은 몸에 감각이 살아 있어서 질병에 반응할 수 있는 것이라고 말했다. 반대로 아무 반응도 없다면 이미 무감각한 상태에 들어간 것이라고 했다. 심각한 문제가 발생한 후에 후회해봤자 이미 늦은 것이다.

이 글은 나에게 많은 생각을 하게 했다. 나는 결혼 상담을 자주 받는데 상담실을 찾아온 많은 부부가 이런 말을 하곤 했다.

"우리는 오랫동안 싸우지 않고 평화롭게 지냈어요. 사소한 말다툼조차 없었죠. 그런데 처음 생긴 이 문제 때문에 이혼까지 생각해야 한다니, 이게 대체 무슨 일일까요?"

짐작할 수 있는 원인은 두 가지다. 오랫동안 두 사람이 함께 살면서 다툰 적이 없었다면 양쪽 또는 한쪽이 매우 높은 경지에 올라 있었을 것이다. 잘 참으면서 모든 것을 내려놓은 것이다. 그게 아니라면 겉으로는 화목해 보이지만 속내는 사실 그렇지 않았을 것이다. 다툼을 피하려고 자신의 느낌을 최대한 무시해왔을 가능성이 크다. 두 가지 경우 모두 사람을 인내의 극한으로 몰아가기 쉬워 결국엔 완전히 폭발하게 한다.

삶과 감정에 대한 무관심은 일시적인 평온함을 줄 수 있지만, 곳곳에 위기가 도사리고 있다. 마치 눈을 가린 채 길을 나선 사람이 어떤 예측이나 판단도 없이, 스스로 선택하는 순간도 없이 무작정 전진하는 것과 같다. 이런 상태에서 앞에 장애물이나 낭떠러지가 없다는 것을 어떻게 알아차릴 수 있을까?

누군가는 과거와 미래가 없는 인생이 가장 절망적이라고 말한다. 하지만 가장 절망적인 건 눈을 감은 채 아무런 느낌도 없이 살아가면서도 자각하지 못하는 인생이다. 살아는 있지만 삶을 느끼지 못한다면, 사랑하고는 있지만 애정을 느끼지 못한다면, 풍부한 정서적 체득을 얻었지만 자신을 전혀 감지하지 못한다면 충만할 수 있었던 인생이 무미건조한 삶으로 전락하게 된다. 그러면 네발짐승과 다를 바가 없어진다.

사람인 우리가 동물과 구별되는 가장 큰 차이점은 자신의 상태를 느끼고 감지할 수 있다는 것이다. 우리는 내적 추진력과 자주성, 선택을 바탕으로 삶의 의미를 재창조할 수 있다. 이런 삶을 살기 위해서는 아무래도 상관없다는 무관심한 태도를 버리고 자신의 느낌을 감지하여 세세하게 판별하고 구별해야 한다. 그래야만 우리는 자신의 마음과 다시 이어지며 인생을 열정적으로 살아나갈 수 있다.

02 **마음속에 꿈이 있으면
무한한 느낌의 공간이 많아진다**

아무래도 상관없다는 태도는 생활이나 인생에 무감각함을 드러낸다. 이런 느낌은 사람을 산송장처럼 만들어 지금 이 순간 살아 있기는 하지만 다음 순간에 어떻게 될지 신경 쓰지 않게 한다. 그 사람의 삶은 멍해지고 무력감으로 가득 차게 된다.

도로에서 운전을 하고 있다고 가정해보자. 어디로 가야 할지 생각해본 적이 없고 분명한 목적지가 없다면, 선뜻 액셀을 밟으려 하지 않을 것이다. 그런 행동이 무의미해 보이기 때문이다. 인생도 마찬가지다. 우리의 마음이 기대와 꿈으로 충만하지 않으면 지금 하는 일에 열정을 쏟지 못한다. 자신의 느낌도 바람 빠진 풍선처럼 쪼그라들어 다시 부푼 상태로 돌아가기 어려울 것이다. 마음속에 꿈과 희망을 품고 있어야 무미건조한 현실 세계에 다채로운 색이 입혀지고, 앞을 향해 나아갈 수 있으며 인생도 다르게 펼쳐질 수 있다.

누구도 자기 인생을 예측할 수 없다. 하지만 미래를 동경하다 보면 우리 눈앞에 무언가가 펼쳐져 보이는 것만 같다. 그것이 바로 우리 마음속의 꿈이다. 이 꿈을 향해 나아갈 때 인생도 꿈을 따라 펼쳐진다. 마침내 도달하는 곳이 자신의 꿈과 일치하는 곳이냐 아니냐는 크게 중요하지 않다. 꿈이 우리에게 주는 의미 자체가 중요한 것이다. 꿈은 우리가 첫걸음을 내디딜 수 있는 원동력이 된다.

내담자 중에 어려서부터 부모에게 무엇이든 현실적으로 따져봐야 한다고 배워온 사람이 있었다. 어른이 된 후에 그녀는 이성적인 사람으로 살아갔다. 하지만 시간이 흐르면서 자신이 무엇을 원하는지 전혀 알 수 없는 마음의 부재를 느꼈다. 자기 삶에 불만이 많았던 그녀는 그런 상황에서 벗어나고 싶었다. 하지만 벗어난 이후에 과연 무얼 할 수 있을지 생각하니 앞이 막막해졌다.

그녀는 재능이 뛰어난 사람으로 여러 방면에서 천부적 소질을 지니고 있었다. 하지만 자신이 특정 분야에서 더 높은 경지에 이를 수 있기를 한 번도 꿈꿔본 적이 없었다. 머릿속에서 '어쩌면 넌 △△를 할 수 있을지도 몰라!'라는 목소리가 들릴 때마다 다른 목소리가 튀어나와 '네가 그런 생각을 하는 게 가당키나 해?'라며 따져 물었다. 그녀는 잠시 고민해보다가 현실적인 관점에서 자기 뜻을 접곤 했다.

살아가면서 그녀는 늘 답답함을 느꼈고 새장에 갇힌 듯한 삶에서 벗어나고 싶었지만 출구를 찾지 못했다.

내가 물었다.

"우리 함께 상상해볼까요? 다른 것에 대해서는 신경 쓰지 않는다면, 당신이 바라는 미래는 어떤 모습인가요?"

우리는 현실 세계에 살고 있지만 우리 눈은 보이지 않는 미래를 내다볼 수 있다. 마치 우리가 땅 위에서 숨을 쉬고 살아가지만 눈은 우주를 바라볼 수 있는 것과 같다. 그런 광활한 느낌은 우리가 더욱 자유롭고 활기차게 살아가도록 힘을 준다.

마음속에 비전을 세우는 것은 우리의 본능이다. 어린 시절에는 괴로운 일을 겪을 때마다 앞으로 더 자라면 괜찮아질 거라고 생각한다. 사춘기 시절에는 이미 많이 자랐는데도 여전히 제약받는 것을 느낄 때마다 어른이 되면 괜찮아질 거라고 생각한다. 어른이 되어서는 여러 가지 난관에 부딪힐 때마다 인생 경험이 풍부해지면 괜찮아질 거라고 생각한다. 생의 끝자락에 서서는 또 다른 세계가 나를 맞이할 거라고 상상한다… 이런 본능은 어떤 어려움에 부딪히더라도 자신에게 공간을 남겨두게 한다. 이 공간 안에 존재하는 것은 우리의 느낌과 현재까지 깨달은 삶의 의미다.

현실 생활이 삶의 골격이라면 이런 비전은 삶의 피와 살을 이룬다. 그리고 이것이 우리 인생을 충만하게 해준다.

03 절망은 나를 막다른 길로 내모는 것이 아니라 현실 세계에서 거듭나게 한다

많은 사람이 이렇게 말한다.

"전 희망을 품고 싶지 않아요. 좌절 이후에 다가올 절망을 견뎌낼 수 없으니까요. 희망이 없으면 절망도 없겠죠."

정신분석가 피터 로웬버그(Peter Loewenberg)는 정신분석학회에서 이런 말을 했다.

"우리는 모두 현실 안에 직접 던져져 있습니다. 당신은 언제, 어디서, 어떻게 이 세계로 들어올지 선택할 수 없습니다. 나아가 부모와 가족, 민족, 나라, DNA도 선택할 수 없습니다. 그럼에도 우리는 내재된 잠재력을 책임지고 발전시키며 자신의 역사를 새로 만들어야 합니다. 자신이 이 세상에서 고독하고 무력한 상태로 분리되어 있다는 것을 깨닫고, 자기 운명을 다시 창조하여 새롭게 마주해야 합니다."

이 멋진 말은 사람들이 살면서 겪게 되는 파란만장한 일들에 대한 이야기다. 인생이 어디 뜻대로 되겠는가. 길을 오랫동안 걷다 보면 반드시 좌절, 실망, 절망과 만나게 된다. 그때 대부분의 사람은 인생이 끝났다고 생각한다. 하지만 산과 물에 가로막혀 더는 길이 없을 것처럼 보여도, 갑자기 새로운 길이 열리며 버드나무가 우거지고 꽃이 만발한 마을이 눈앞에 나타나는 법이다. 절망을 지나면 삶에는 생기가 다시 찾아오기 마련이다. 이제 더는 처음 실망을 느꼈을 때처럼 최악의 순간으로 떨어지지는 않을 것이다.

이를 통해 우리는 살아가면서 항상 좌절과 절망을 피할 수 없다는 것을 깨닫게 된다. 피하는 데 모든 에너지를 쏟아붓고 앞날에 대한 환상을 싹둑 잘라내도 그것이 전부 헛수고란 사실을 알게 된다. 그리고 결국 자신이 원하는 대로만 살 순 없다는 사실을 깨닫게 된다.

반대로 인생에서 원하는 바를 이루고 싶다면, 존재할지도 모르는 위험과 뜻대로 되지 않는 상황을 전부 받아들여야 한다. 이때 무언가를 얻을 수도 있고 잃을 수도 있다. 하지만 총체적으로 따져봤을 때 양심적으로 부끄럽지 않은 삶을 살아왔다면 얻는 게 더 많을 것이다.

나는 우여곡절이 모든 사람의 삶에 고유한 색채를 만들어낸다고 생각한다. 또한 모든 절망이 우리 앞길을 가로막고 우리를 궁지에 빠뜨린다고 생각하지 않는다. 절망은 우리가 더 많은 현실과 마주하고 더 많은 잠재력을 발굴하며 제한된 공간에서 스스로 만족할 만한 세계를 구축할 수 있도록 도와준다.

살아가면서 모든 일이 순서대로 착착 진행될 것이라는 착각에서 깨어나길 바란다. 대신 영원히 행복을 꿈꾸고 삶을 온전히 느낄 수 있었으면 좋겠다. 뜨거운 눈물로 가슴을 적시고 자신의 마음과 더 깊이 연결됐으면 좋겠다. 아무래도 상관없다는 무관심한 태도를 버리고 뜨거운 인생을 살아갔으면 좋겠다.

치유 노트

1. 아무래도 상관없다는 태도로 자신에 대해 대충대충 넘어가는 것은 자신이 상황에 대한 느낌과 감지력을 잃었음을 드러낸다.
2. 마음속에 품고 있는 꿈은 실제로 이뤄낸 꿈보다 더 중요하다. 그 꿈이 우리가 나아갈 방향과 자세를 결정한다.
3. 절망은 우리를 막다른 길로 내모는 것이 아니라 현실 세계에서 거듭나게 한다.

2.

과거, 현재, 미래를
동시에 바라보자

어떤 사람이 나에게 물었다.

"자기 성장을 이루기 위해 심리 상담을 선택했을 때 얻을 수 있는 가장 큰 효과는 무엇인가요?"

나는 심리 상담의 장점이 자신을 더 많은 관점에서 들여다볼 수 있는 거라고 생각한다. 자신을 들여다보는 게 대체 무엇이기에 이토록 어려운 걸까? 이와 관련하여 유명한 말이 있다.

'남의 흠 보기는 쉬워도 제 흠 보기는 어렵다.'

일반적으로 자신을 들여다보는 사람은 매우 드물다. 우리는 문제가 발생했을 때 이미 발생한 일에 국한되기 쉽다. 성장을 위해 앞으로 나아가고자 할 때는 항상 현재 또는 미래만 바라본다. 다시 말하면 많은 사람이 자신의 느낌을 위해 남겨두는 공간이 부족하고, 의식적으로 자신을 감지하는 과정은 더더욱 부족하다. 하지만 무의식을 의식으로 전환하는 과정은 우리의 성장에서 절대 빠뜨릴 수 없다. 이 과정은 자신에 대한 지속적인 감지와 불가분의 관계에 있다.

느낌을 충분히 판별하고 체득하는 방법과 이런 느낌을 자신에 대한 감지로 전환하는 방법을 알아보는 것이 심리 상담에서 무수히 반복되는 일이다. 그렇다면 성장하고 싶은 사람, 심리 상담을 받아본 적이 없는 사람에게 감지와 성장의 연관성을 어떻게 이해시켜야 할까?

01 성장의 발걸음: 한쪽 발이 아직 과거에 걸쳐 있을 때 다른 발은 미래를 향해 내디뎌야 한다

우리 인생은 매일 앞을 향해 나아간다. 이는 눈앞에 존재하는 매일이 빠르게 과거가 된다는 의미다. 우리의 성장 과정은 세차게 흘러가는 강물에서 발을 내딛는 것과 같다. 발걸음을 내딛는 순간 앞으로 내민 발은 미래를 향해 나아가는 것이 틀림없지만 뒤에 남아 있는 발은 이미 과거가 됐다. 이때 우리 몸은 두 발 사이에 머물러 있다. 앞에서부터 흘러오는 물은 끊임없이 몸 뒤쪽으로 흘러간다. 많은 사람이 이런 법칙을 무시한 채 원대한 목표를 세우고 즉시 환골탈태하여 과거에서 멀어지라고 요구하는데, 이것은 하늘의 별 따기만큼이나 어려운 일이다.

자신의 힘으로 나아가고자 할 때 두 발이 동시에 미래에 닿을 수는 없다. 한 발을 먼저 떼고 나머지 한 발은 움직이지 않아야 내민 발과 몸이 안정적으로 지탱된다. 따라서 성장은 앞으로 나아가는 것이지만, 항상 과거에서 원동력을 찾아야 한다.

한 내담자는 과거에 여러 가지 일로 자책하는 일이 많았다고 했다. 굳은 다짐으로 목표를 세우고 첫걸음을 내디뎠지만 그럴 때마다 현실이 그녀를 내동댕이쳤다. 그녀가 말했다.

"전 이제 자신을 포기하고 싶어요. 무얼 해도 끈기가 없으니 이렇게 고생하는 게 마땅하다고 생각해요."

나는 그녀와 함께 그녀의 성장 과정을 깊이 살펴봤다. 자세히 들여다보니 그녀에게 굳은 의지가 없는 것이 아니라 자신에 대한 요구가 지나쳐 성장의 법칙에 맞지 않았던 것이다. 그녀는 사고방식을 바꾸기로 했다. 한꺼번에 모든 것이 변하기를 더는 기대하지 않고 우선 조금씩 바꿔나가기로 했다. 아직 변하지 못한 것들이 더 많이 변할 수 있도록 노력하기로 했다.

이렇게 하여 그녀는 마침내 첫걸음을 뗄 수 있게 됐다. 잠에서 깨어나 보니 완전히 다른 사람이 되어 있었다는 꿈과 같은 이야기는 펼쳐지지 않았다. 하지만 그녀는 과거의 패배적인 패턴에서 벗어나 자기 성장의 경험을 조금씩 쌓아나가며 한 걸음씩 나아갈 수 있도록 자신을 지지할 수 있게 됐다.

진정으로 성장을 시작할 때는 한 걸음씩 나아가야 한다. 성장이 너무 느리고 문제를 한꺼번에 해결하지 못할 것 같다는 생각이 들더라도 자신을 지나치게 책망하지 말아야 한다. 우리에겐 아무 잘못이 없다. 이것은 성장의 자연법칙에 부합하는 것이다.

02 모든 사람은 과거의 영향을 크게 받으면서 그보다 미래인 지금 이 순간을 살아가고 있다

성장의 걸음에는 앞발과 뒷발이 존재하고 그 모든 걸음을 연결했을 때 지속적인 성장이 이루어진다. 우리는 항상 앞발과 뒷발의 사이에 위치하면서 끊임없이 변화하고 있다.

하루는 산책을 하는데 나뭇가지 위에서 벌레 한 마리가 기어가고 있었다. 벌레는 익숙한 지점을 벗어나 새로운 곳으로 나아갈 때 먼저 머리를 들어 올려 목표물에 최대한 가까이 갖다 댔다. 몸의 뒷부분으로는 원래의 나뭇가지를 꽉 붙잡아 안전을 확보했다. 머리가 새로운 지점에 닿으면 그곳에 머리를 꼭 붙인 후에 몸의 중간 부분을 아치처럼 말아 올렸다. 이제 몸의 앞부분이 새로운 나뭇가지를 꽉 붙잡고 있으면 뒤쪽에 힘을 주어 몸을 앞으로 끌어당겼다. 몇 차례 시도해봐도 머리가 새로운 목표 지점에 닿을 수 없다면 벌레는 머리가 닿을 수 있는 다른 새로운 지점을 찾을 때까지 이전 과정을 수없이 반복했다. 나는 넋을 잃고 벌레가 기어가는 모습을 지켜봤다. 점점 그 모습에 빠져들었고 매우 흥미롭다는 생각이 들었다.

얼마 후 나는 문득 커다란 깨달음을 얻었다. 그 벌레가 이동하는 과정이 우리의 성장 과정과 너무나도 비슷했던 것이다. 하지만 우리는 당연하게 받아들이는 데 익숙해져서 자신의 성장 과정에 대한 느낌을 잃어버렸다. 성장의 첫발을 내디디려 할 때 뒷발이 단단히 고정되어 있는지 확인하는 것을 잊어버렸다. 한쪽 발을 들어 올렸을 때 뒷발의 힘으로 지탱해야 한다는 것을 잊어버렸다. 몸이 실제로 이동했을 때 앞발이 목표 지점에 꽉 붙어 있는지 확인하는 것도 잊어버렸다. 성장하는 데 이런 섬세한 과정을 따르지 않으면, 계속 조급하게 걸음을 옮기는 데만 급급해져서 제대로 된 한 걸음을 내딛지 못할 것이다.

모든 사람의 잠재의식에는 과거의 영향이 남아 있다. 우리는 과거보다 미래인 지금 이 순간을 살아가고 있다. 다시 말하면 우리의 현재는 과거와 미래의 연결 지점이다. 우리는 유동적인 맥락 안에 존재한다. 과거와 미래에서 끊임없이 변화가 발생하더라도 과거를 통해 안정을 얻고 미래를 통해 흔들리는 자신을 붙들어 매야 한 걸음씩 앞으로 나아갈 수 있다.

'같은 강물에 발을 두 번 담글 수 없다'는 말이 있다. 때때로 정체되고 좌절하고 무력하다는 느낌을 받겠지만 현재의 나는 그때와는 다른 사람이다. 현재를 바탕으로 발생한 느낌은 그때의 느낌과 다른 것이기 때문이다. 성장은 우리에게 단지 한 걸음 더 나아가기를 요구하는 게 아니라 무의식적인 전진을 의식적인 감지의 과정으로 전환하여 더 멀리 나아가기를 요구한다.

03 성장하고 싶으면 과거, 현재, 미래를 동시에 바라봐야 한다

앞서 설명한 바와 같이 많은 경험에 대해 호기심이 생기고 마음속에 의문이 들면 자신의 느낌이 충분히 떠오르도록 내버려 두어야 한다. 그렇게 하면 과거, 현재, 미래와 직면했을 때 자신의 느낌을 더 많이 체득할 수 있고 더 많은 인지력과 감수성을 갖출 수 있다. 느낌이 떠오르면 그것과 진지하게 마주하는 시간을 꼭 가져야 한다.

두 눈을 똑바로 뜨고 자신과 마주하여 자신이 무엇을 하고 있고 어떻게 하고 있는지 이해하기 시작하면, 벌레가 자신이 어떻게 이동했는지 알 수 있는 것처럼 우리 스스로 나아간 한 걸음 한 걸음을 분명하게 기억하고 다음 향할 곳을 정하여 발걸음을 조정할 수 있다. 이를 '감지'라고 한다.

이 과정은 말로 하면 간단해 보이지만 막상 실천하려고 하면 매우 어렵게 느껴진다. 사람들은 보통 아주 나쁜 느낌이 발생할 때만 호기심을 가지고 감지를 시작한다. 시간이 지나면서 별로 괴로운 마음이 들지 않으면 다시 자신에게 관심을 기울이지 않고 섬세하게 체득하려 하지 않는다.

한편 자신의 느낌을 체득할 때 그 느낌 속으로 빠져들어 계속 헤어나지 못하는 경우도 종종 있다. 예를 들어 누군가가 죽을 만큼 밉다는 생각이 들면 그 느낌에 너무 몰입한 나머지 직접적인 수단을 동원하여 문제를 해결하려 한다.

'얄미운 자식! 뭔가 해야겠어. 치명타를 입힐 좋은 방법이 없을까?'

잘못된 감지의 첫 번째 유형은 감지가 불연속적이어서 자신의 과거, 현재, 미래에 대해 완전한 성찰을 얻지 못하는 것이다. 잘못된 감지의 두 번째 유형은 바로 행동을 취하는 방식을 써서 자신을 감지할 기회를 차단하는 것이다.

이 두 가지 잘못된 유형이 무의식적으로 앞으로 나아가던 것을 의식적이고 연속된 감지로 전환하지 못하도록 막는다. 성장 과정에서 자신이 항상 도중에 멈춰 서는 것 같다는 생각이 들면 전문적인 상담가를 찾아가 연속적인 감지를 이룰 방법을 구하는 것이 좋다.

동시에 자신에 대한 기록과 정리를 시작해보는 것도 좋다. 다음 순서에 따라 한번 실천해보자.

- 좋아하는 다이어리를 준비한다. 다이어리는 어느 정도 두꺼운 것으로, 휴대하기 쉽고 기록하기 편리한 것으로 마련하자.
- 매일, 매주, 매달과 같은 일정한 간격을 두고 기록하고 정리한다. 나는 주 단위로 기록할 것을 권장한다. 시간 간격이 너무 벌어지지도 않고 시간을 너무 많이 할애하지도 않는 방식에 따라 일정한 공간에서 기록하면 불확실성을 줄일 수 있다.
- 다이어리를 펼쳐 중간에 가로선을 하나 긋는다. 그런 다음 이 가로선을 삼등분하는 세로선을 그어 왼쪽 맨 위에 '과거', 오른쪽 맨 위에 '미래', 가운데의 맨 위에 '현재'라고 적는다.
- 자신의 정서에 가장 큰 영향을 미친다고 여겨지는 일을 찾아서 과거, 현재, 미래 중 어디에 두는 게 적당할지 위치를 잡아본다. 그 일에 대한 사항과 그 자리에서 그 순간 떠오르는 느낌을 가로선 위쪽에 적는다. 다음

으로 가로선 위쪽의 나머지 두 곳에는 각 위치에 해당
하는 느낌을 차례대로 적는다.
- 마지막으로 그 느낌에 대한 이해 및 이해의 과정을 가
로선 아래쪽에 각각 적는다.

예를 들어 어제 남편과 싸워서 기분이 좋지 않다고 해보자.
그러면 '과거' 부분에 '남편과 싸웠다'라고 쓰고 지금 드는 자신
의 느낌을 체득한다. 이후 '현재' 부분에 '그 사람이 나를 조금
도 신경 쓰지 않는 것 같아 화가 난다'라고 쓴다. 이어서 자신에
게 '넌 어떻게 하고 싶어?'라고 질문해본다. 그런 다음 질문에
대한 답으로 '미래' 부분에 '이혼하고 싶다'라고 쓸 수 있다.

다 적은 후에는 자신이 쓴 내용을 보고 다음과 같이 정리하
는 과정을 시작한다.

'남편과 싸웠다. 구체적으로 어떠어떠한 일 때문에 나는 아
직도 화가 나 있다. 그 사람은 나를 조금도 신경 쓰지 않는다. 이
혼하고 싶다.'

그런 다음에는 자기 생각이 떠올랐던 과정을 다시 한번 살
펴본다.

'다투고 나서 매우 좌절한 나는 남편에게 이해받지 못한다
고 느끼고 괴로워졌다. 그 사람은 당연히 나를 이해해줘야 한다
고 생각했다. 따라서 이해받지 못했을 때 그가 나를 전혀 안중
에 두고 있지 않다는 생각이 들었다. 이내 그가 나를 무시한다
는 생각에 이르렀고 이혼까지 생각하게 됐다.'

이렇게 자신의 감정을 들여다볼 때 내면의 분노와 이혼의 충동을 이해할 수 있을 것이다. 스스로 이해하면 화가 잦아들어 '현재' 부분에 '난 남편과 싸운 이번 일에 대해서 더는 화가 나지 않는다'라고 쓸 수도 있을 것이다. 결과적으로, 분노란 두렵거나 상처를 주는 무언가가 아니라 이해해야 할 대상이라는 깨달음을 얻게 된다.

이렇게 분노에 대한 정리를 통해 과거 · 현재 · 미래를 훌륭하게 연결할 수 있고, 단계마다 무슨 일이 일어난 것인지 분명하게 파악할 수 있다. 그러면 분노 안에 더는 머물지 않게 되고 화가 난 것 때문에 정말 이혼하는 일은 일어나지 않을 것이다.

성장하고 싶다면 과거와 현재, 미래를 동시에 바라볼 수 있어야 한다. 이런 연속적인 감지력이 부족한 사람은 이 절차를 연습함으로써 자신을 발전시키기를 권한다.

치유 노트

1. 성장은 우리에게 단지 한 걸음 더 나아가기를 요구하는 게 아니라 무의식적인 전진을 의식적인 감지의 과정으로 전환하여 더 멀리 나아가기를 요구한다.
2. 성장을 위해 한 걸음을 내디딜 때마다 과거를 통해 안정을 얻고 미래를 통해 흔들리는 자신을 붙들어 매야 한다. 우리의 한 걸음 한 걸음이 어떻게 나아가는지 분명히 파악하는 것을 '감지'라고 한다.

나를 인정하는 것보다
더 중요한 것은 없다

샤오리(小李)는 최근에 한 가지 문제에 봉착했다. 상사가 그녀에게 동료들과 함께 어떤 일을 진행하라고 지시했는데 그녀는 그 일이 내키지 않았다. 그래서 주변 사람들에게 조언을 구해보기도 했지만 결국 일은 그대로 진행됐다.

결과는 참담했다. 이 일은 원래 그녀가 잘 아는 분야가 아니어서 만족스러운 결과를 낼 수 없었다. 게다가 심각한 실수까지 저지를 뻔해서 상사가 그녀를 호되게 나무랐다.

그녀는 마음이 와르르 무너져 내렸다. 비참할 정도로 괴로웠고 머릿속이 뒤죽박죽이 됐다. 그녀는 이전에 도움을 청했던 사람들에게 다시 조언을 구했다. 하지만 사람들의 반응은 제각각이었다.

"네가 할 수 없는 일이라고 진작 말했어야지. 거절했어야 하는 걸 이제 와서 후회하면 뭐 해!"

"그런 이상한 상사가 어디 있어! 정말 어이가 없네! 나 같으면 회사 그만뒀을 거야!"

"네가 제대로 못 했으니까 상사가 뭐라고 하는 것도 당연하지! 다음에 잘하면 되는 거 아니겠어?"

그녀는 모두의 말이 일리가 있다고 생각했다. 이 사람의 말도 맞고 저 사람의 말도 맞는 것 같았다. 그러다가 결국 여러 가지 목소리가 그녀의 머릿속에서 싸우기 시작했고 어떻게 해야 좋을지 도저히 알 수 없게 됐다.

샤오리의 문제에 당신이 깊이 공감할 수 있으리라고 생각한다. 어떤 문제든 감정을 통제하지 못하고 성급하게 다른 사람에게 도움을 청하는 사람들이 있다. 하지만 도움을 받고 나면 새로운 문제가 다시 나타나게 된다. 그러면 다른 사람들이 내놓는 다양한 조언 때문에 다시 갈팡질팡하는 상황에 빠지게 된다.

그들의 정서적 문제는 흔히 다음의 두 가지 방면에서 기인한다.

첫째, 자신의 경험이 가져다준 정서적 변화를 스스로 식별하고 처리할 수 없다.

둘째, 혼자서 대처하지 못하고 다른 사람의 조언에 따르다 보면 그것이 초래한 내적 선택이 갈등을 일으킨다.

이 두 가지는 서로 영향을 미친다. 자신을 감지하지 못할수록 문제에 맞닥뜨렸을 때 다른 사람에게 의지하게 된다. 하지만 다른 사람에게 의지하면 반드시 내적 갈등이 심화된다.

이것은 감지력이 없는 사람이 어떤 문제에 부딪혔을 때 상황 자체가 불러오는 정서적 변화를 감당해야 할 뿐만 아니라 다른 사람의 조언이 초래하는 정서적 변화도 감당해야 한다는 것을 의미한다. 이런 이중적인 압력을 받는 동안 밑바탕이 튼튼하지 않으면 현실에 쫓겨서 앞으로 떠밀리게 되고 자신을 감지하는 능력을 발전시키기 어려워진다. 어떤 일에 맞닥뜨렸을 때 다른 사람이 자신을 위해 문제를 분석하고 조언하고 해결해주기를 바라는 것은 자신을 이런 이중적인 압력 아래에 두는 것이므로 절대 안정된 자아를 얻을 수 없다.

그러면 어떻게 해야 안정된 자아를 찾을 수 있을까?

 ### 자기 감지력은
우리의 내적 안정 시스템이다

자기 감지력이 부족한 사람은 어떤 상황에 직면할 때마다 남이 해결해주기만을 바란다. 심지어 다른 사람의 평가에 심하게 영향을 받기까지 한다. 자기 감지력은 우리의 내적 안정 시스템이다. 뛰어난 자기 감지력을 지니고 있다면 아무리 큰 어려움을 만나더라도 안정된 자아를 잃지 않을 것이다. 반면 자기 감지력이 부족하다면 살아가면서 겪는 지극히 사소한 일에도 반복적으로 감정의 기복을 느낄 수 있다.

샤오리가 겪은 문제를 다시 떠올려보자. 상사가 그녀에게 본래 업무 외의 일을 시킨 탓에 그녀의 마음속에 해야 할지 말아야 할지 갈등이 생겨났다. 그녀는 결정을 내리지 못했다. 마음속의 갈등에서 벗어나고 싶었던 그녀는 모두가 더 낫다고 하는 의견에 따라 결정을 내리려고 했고, 결국 다른 사람에게 도움을 구하는 길을 선택했다.

많은 이들이 이성적인 측면에서 그녀에게 조언했다.

"상사의 업무 지시에 따르는 게 당연한 거지!"

이 말에 그녀는 마음이 편치 않았고 다시 다른 사람의 의견을 구했다. 이를테면 "네 업무가 아니니 안 해도 되잖아!"와 같은 말이 듣고 싶어서다. 하지만 결국 더 강력한 목소리에 굴복하고 말았다.

"이게 뭐 대단한 일이라고 그래? 네가 못 하겠다고 하면 옹졸해 보이지 않을까?"

마침내 그녀는 모든 느낌을 억누르고 무리하게 일을 진행하게 됐다. 그러나 일을 하면서도 내키지 않았고 때로는 정신이 완전히 딴 데 팔려 있기도 했다. 마음속에서 솟아오르는 솔직한 느낌을 억압해야만 겨우 일을 계속해나갈 수 있었다.

이런 고통스러운 과정이 업무상의 실수를 불렀다. 게다가 상사에게는 그녀가 최선을 다하지 않았다는 인상까지 심어주게 됐다. 그녀는 초과 근무도 불사했지만 칭찬을 받기는커녕 오히려 부정적인 평가를 받게 됐다. 그래서 주위 사람들에게 계속 도움을 구할 수밖에 없었다. 하지만 주위 사람들의 조언을 모두 듣고 나서도 그녀는 마음이 조금도 개운해지지 않았고 오히려 더 헷갈리기만 했다.

'내가 처음에 선택을 잘못했던 걸까? 아니면 내 감정을 잘 통제하지 못했던 걸까? 어쨌든 다 나한테 문제가 있는 것 같아.'

결국 편안해지고 싶다면 자신의 감지 기능을 활성화해야 한다. 문제에 직면했을 때 다른 사람들이 조언해줄 수는 있지만 어느 것을 선택할지는 스스로 판단해야 한다.

사방에서 쏟아져 들어오는 여러 정보를 처리하려면 더욱 강력한 자기 감지력이 필요하다. 그렇지 않으면 다양한 갈등 상황에 빠져 혼란스러워질 것이다. 현실 세계에서 자기 감지력이 부족한 사람들은 지나치게 쓸데없는 조언까지 전부 고려한다. 소화불량에 걸린 사람이 보통 사람이 먹는 양보다 더 많이 먹는 것과 비슷하다. 당연하게도, 병세가 악화되고 소화 기능이 더 심하게 망가진다.

모든 성인에게 자기 감지력은 매우 중요한 능력이다. 자기 감지력은 삶이 내미는 도전장에 홀로 맞설 수 있는지, 자신을 지지하고 조절하며 자기답게 살아갈 수 있는지를 결정하는 잣대가 된다.

 **어떤 사람에게
자기 감지력이 부족할까**

어려서는 여러 가지 일에 부딪히면 당황하기 쉽다. 이럴 때 부모에게 도움을 요청했다면 그들이 문제를 어떻게 처리하는지가 매우 중요하다.

일부 부모는 아이의 감정을 받아들이고 아이를 위로하면

서 사태의 자초지종을 듣고 아이의 마음속에 어떤 느낌이 자리하고 있는지 분명히 알아낸다. 어떻게 대처해야 할지도 충분히 생각한다. 정말 이렇게 할 수 있다면 상당히 수준 높은 부모일 것이다. 이런 부모들은 내면에 뛰어난 감지력과 안정된 자아를 갖추고 있다. 아이도 점차 부모의 방식을 따라 배우고 문제에 맞닥뜨렸을 때 자신을 위로할 줄 알며 자신을 잘 감지해낼 수 있다. 양육자가 자신을 확인하는 방식에 따라 우리도 자신을 확인하는 법을 배운다. 이것이 사람이 처음으로 자기 감지력을 형성하는 과정이다.

하지만 성장하면서 우리에게 반드시 이런 행운이 따른다는 보장은 없다. 절대다수의 사람에게는 이런 부모가 없다. 자녀가 문제에 직면했을 때 대부분의 부모는 자신이 더 당황하기도 한다. 아니면 아이를 나무람으로써 마음속의 복잡한 감정에서 벗어나려 한다. 감정에 크게 좌우되는 부모는 내면의 안정을 유지해주는 감지력이 부족하다고 볼 수 있다. 그들은 아이가 안정을 찾고 감지력을 기르도록 도울 수 없다.

상담 일을 하면서 만난 수많은 어른이 일정한 상황에 부딪히면 매우 당황하곤 했다. 자신에게 많은 감정이 존재한다는 것을 분명히 알고는 있지만 표현하기를 어려워했고, 다양한 감정이 한꺼번에 폭발하기도 했다. 나는 그들의 과거에 대해 물었다. 어려서 그들이 어떤 문제에 부딪혔을 때 부모님이 쉽게 감정적으로 변해서 자신을 거칠게 대했다고 했다. 그들은 이미 어른이 됐지만 다른 사람의 감정과 마주하든 자신의 감정과 마주하든 언제나 극심한 두려움을 느꼈다. 감지력도 가장 처음 상처를 받았던 시기에 계속 멈춰 있었다.

　양육자가 충분한 자기 감지력을 갖추지 못했다면, 아이는 자신을 확인하지 못하고 결국 자신의 감정을 이해하지 못한다. 또한 감정을 통해 자신을 이해할 수 없기에 자신의 마음에 충실한 선택을 할 수 없게 된다.

03 자기 확인의 성취도에 따라 성장의 정도가 결정된다

　자기 감지력이 부족한 것은 주로 양육자가 빚어낸 문제다. 그렇다고 부모가 다시 성장을 이뤄 우리를 훌륭하게 대해주길 기대할 수도 없는 노릇이다. 이제 우리는 자기 성장을 바탕으로 부족한 능력을 스스로 발전시켜야만 한다. 이를 위해서는 끊임없는 자기 확인이 필요하다.

　자기 확인의 과정은 크게 2단계로 나눌 수 있다. 먼저 첫 번째 단계를 완성한 다음 두 번째 단계로 나아가면 된다.

　첫 번째 단계는 외재적 확인이다. 다른 사람의 도움을 받아 자신의 감정을 안정시키고 의식적으로 자신을 감지한다.

　두 번째 단계는 내재적 확인이다. 외재적 확인이 충분히 이루어지면 감정이 발생했을 때 더는 외부에 도움을 요청하지 않고 스스로 자신의 감정을 규명하고 자기 감지의 길을 열어나간다.

　자기 자신에게 의지하는 법을 가르치면 자기 감지력이 저절로 자라나리라고 생각하는 사람도 있을 것이다. 하지만 실제로는 그렇지 않다. 자기 감지력은 비교적 안정된 상태에서만 발전할 수 있다. 감정에 쉽게 좌우되는 데다 감정을 식별하고 처리하는 능력도 갖추지 못한 사람이 있다고 해보자. 그런 사람은 충동적으로 반응하고, 자꾸 짜증을 내고, 쉽게 욱하며, 말보다는 행동으로 표현하는 게 더 쉬워서 자기를 감지할 수 없다.

이럴 때는 그를 깊이 이해하는 사람이 그가 자신의 감정을 이해할 수 있도록 곁에서 도와주어야 한다. 자신의 감정을 꿰뚫고 나면 전체 과정을 되돌아보며 자신이 어디에 있었는지, 무엇을 했는지, 어떤 결과가 발생했는지 알 수 있다. 이런 경험을 통해 새로운 것을 발견할 수 있고, 일정한 경험을 습득할 수 있으며, 필요한 조절을 할 수 있다.

이미 성인이 됐더라도 자기 감지력을 구축하는 과정은 어린아이가 겪는 것과 동일하다. 자기 감지력을 충분히 갖춘 사람이 낯섦, 좌절감, 무력감과 마주한 사람을 뒤에서 안정적으로 받쳐주며 천천히 앞으로 이끌고 나아가야 한다.

이것은 부모가 아이를 양육하는 것과 비슷하다. 많은 사람이 심리 상담을 선택하는 것도 주변의 확고한 지지와 도움이 부족해서 심리 상담을 통해 자신을 더 분명히 확인하고 싶어서다. 감지력이 없고 자주 정서적 혼란 상태에 빠지는 사람은 성급하게 주위 사람들에게 의견을 구하기보다는 자신에게 맞는 상담가를 찾아가 자신의 속도에 맞춰 감지력을 충분히 발전시키는 것이 좋다.

자신을 조금씩 확인할 때마다 조금씩 더 앞으로 나아갈 수 있다. 끊임없는 도전을 통해 자기 감지력은 더욱 튼튼해지고 자기 확인을 더욱 분명하게 완성할 수 있을 것이다. 이것이 바로 긍정적인 순환이다.

계속 성장하는 우리는 자라는 새싹과 같아서 보호와 지지가 부족하면 거센 비바람에 휩쓸려 타협하고 포기하기 쉽다. 반대로 자신을 끊임없이 지지해주면 이전에 갖추지 못했던 능력을 기를 수 있고 더 멀리 나아갈 수 있다.

치유 노트
---

1. 진정한 안정을 얻는 방법은 자기 감지력을 바탕으로 자기 확인을 이루는 것이다.
2. 자기 확인은 두 가지 단계를 거쳐야 한다. 타인의 도움을 통해 얻은 외재적 확인과 스스로 발전해나가는 내재적 확인이다.

4.

경험을 회상하고 이해하고,
자기를 확인한다

처음 심리학을 배울 때였다. 첫 수업 시간에 선생님이 우리에게 던진 심오한 질문이 아직도 기억난다.

"당신은 누구입니까?"

나는 순간 얼떨떨해졌다. 의표를 찌르는 질문이었다. 대부분 수강생이 지금까지 살아오면서 이에 대해 진지하게 생각해본 적이 없었을 것이다.

선생님은 심오한 질문 두 가지를 더 던지셨다.

"당신은 어디에서 왔습니까?"

"당신은 어디로 가야 합니까?"

이후 심리 상담 일을 시작하면서 모든 심리 상담이 결국 이 세 가지 문제를 풀어내는 과정에 불과하다는 사실을 알게 됐다.

자신이 누구인지 모르고, 어디에서 온 것인지 모르고, 어디로 가야 할지 모르기 때문에 사람은 막막함을 느낀다. 그래서 많은 사람이 자주 곤경에 빠지는 것이다. 먼저 자신이 누구인지 다시 확인하고 자신이 어디에서 왔고 어디로 가야 할지를 깨달으면, 우리는 과거·현재·미래가 연결된 흐름 속에서 자신이 처한 위치를 파악하고 계속해서 앞으로 나아갈 수 있다. 이런 작업은 무의식을 끊임없이 의식에 포함하는 과정에서 형성되는 자기 감지력에 주로 의지한다.

만약 지금 이런 막막한 상황에 처했다면 어떻게 해야 감지력을 끌어올릴 수 있을까?

01 **1단계:**
나의 경험을 회상한다

가족치료를 공부할 무렵 나의 스승이신 리웨이룽(李維榕) 선생님은 하나의 사례 연구를 끝낼 때마다 우리에게 자신이 기억하는 게 무엇인지, 자신이 중요하게 생각하는 게 무엇인지 다 함께 떠올려보자고 하셨다.

우리 초보자들은 보고 들은 것을 이미 거의 다 잊어버렸지만 리 선생님은 모든 것을 매우 또렷하게 기억하고 계셨다. 선생님은 하나의 사례를 전부 기억할 뿐만 아니라 며칠 전, 몇 년전, 심지어 10여 년 전에 진행했던 사례까지 모두 훤히 꿰뚫고 계셨다. 정말 놀라웠다. 이렇게 회상하는 방법은 선생님이 초보 상담가를 훈련하는 필수 코스였다. 선생님도 과거에 이렇게 훈련을 받았다고 말씀하셨다.

선생님은 우리에게 '내적 역량을 꾸준히 쌓은' 대단한 제자 이야기를 들려주셨다. 그 제자는 반년 이상 매일 세끼의 식사 시간을 제외하고는 항상 상담 녹화 영상 CD를 보며 전체 과정을 끊임없이 곱씹었다. 단순해 보이는 훈련이지만 그것이 그 제자의 능력을 비약적으로 끌어올려 줬다. 지금 그 제자와 상담 약속을 잡으려면 반년 넘게 기다려야 한다고 한다.

곱씹는 과정에 커다란 비법이 숨어 있는 게 분명하다. 그 방법을 통해 우리는 경험에 대한 인상을 심화하고, 어떤 느낌이 떠오르든 대비할 수 있다. 그뿐만이 아니라 빠뜨린 부분을 찾아 내 자신의 의식적 영역에서 경험을 더 완전하고 입체적인 것으로 바꿀 수 있다.

많은 사람이 '감지'라고 하면 문제를 어떻게 분석하고 정확한 기준과 경로를 어떻게 찾는지에 관한 것이라고 생각하는데 이것은 너무 성급한 판단이다. 경험을 돌이켜보는 것이 감지의 첫걸음이다. 일정 기간에 가장 인상 깊었던 경험을 돌이켜볼 수도 있고 특별한 한 가지 경험을 돌이켜볼 수도 있다.

이미 일어난 일을 돌이켜볼 때 다음 사항이 포함되면 좋다.

- 일이 일어나기 전에 어떤 징조가 있었는가?
- 무엇 때문에 이런 일이 발생했는가?
- 당시의 상황은 어떠했고, 이후 어떤 변화가 일어났으며, 최종 결과는 어떠했는가?

회상하는 방법은 머릿속에 영화를 틀어놓은 것처럼 상세할수록 좋다. 다른 사람이 충분히 이해할 수 있을 정도로 명확하게 자신이나 상담가에게 들려주면 좋다.

사람은 어떤 일을 회상할 때면 침착하고 냉정해진다. 또 어떤 일을 온전히 회상하면 감정도 대부분 가라앉는다. 회상이 매우 중요한데도 이를 소홀히 하거나 건너뛰는 사람이 많은데, 나는 심리 상담을 진행할 때 일정한 주기를 정해서 회상을 실시한다. 경험을 회상하고 이야기함으로써 감지력을 키울 기회를 충분히 가질 수 있고, 특정 상태에 계속 빠져 있지 않을 수 있다.

02 2단계: 경험 속의 나에게 다가가 나를 이해한다

이 단계에서는 자신에게 다음과 같은 질문을 던져볼 수 있다.

- 나는 어쩌다가 이런 일에 휘말렸는가?
- 당시 나의 기대와 생각은 무엇이었고, 어떤 감정적 변화를 겪었는가?
- 내가 충분히 표현하지 못하는 감정은 무엇이고, 이해받지 못한다고 느껴지는 부분은 무엇인가?

1단계 회상 과정에서는 발생한 사건에 초점을 두고 마치 영화를 보듯 전체적인 경험을 돌이켜봤다. 2단계에서는 자신에게 초점을 맞춰 자신의 현재 위치에서 과거 자신에게 무슨 일이 일어났는지 살펴본다. 아무런 잣대도 들이밀지 말고 호기심 어린 눈빛으로 자기 동기, 생각, 느낌, 정서, 감정을 순수하게 이해하기만 하면 된다. 아울러 그 과정에서 무엇 때문에 자신에게 변화가 생겼는지 살펴보기만 하면 된다.

자신을 경험 안에 두고 바라보면 자신이 이해되는 것처럼 느껴지는 동시에 자신을 지지한다는 느낌도 얻을 수 있다. 또한 감정이 자기 내부에서 이미 대부분 소화됐음을 느낄 수 있다.

문제에 부딪혀 감정적 혼란에 빠진 사람들은 남들에게서 확인받는 것을 가장 중요하게 여긴다. 하지만 사실상 복잡하게 뒤얽힌 감정의 응어리와 마주하게 된 그들에게 가장 필요한 것은 자신의 감정을 분명히 밝히는 것이다. 그러려면 자신을 명확하게 이해해야만 한다. 그 반대라면, 자신의 감정에 의심을 품게 되어 자신을 분명히 표현하기가 어려워지고 다른 사람의 오해를 사기 쉽다.

3단계: 자기 확인을 시도한다

사람들이 자신 있게 자기 확인을 진행하지 못하는 이유는 확인하면 할수록 자신이 엉망이라고 느껴지기 때문이다. 이는 자신의 경험을 회상하고 경험 속의 자신을 이해하는 앞의 두 단계를 건너뛰기에 발생하는 문제다.

자기 확인은 튼튼한 기반 위에서 시작해야 한다. 이전 단계에서 기초를 튼튼히 세우지 않으면, 섬세하지 못한 접근 방식으로 확인하면 할수록 자신을 부정하고 공격하기 쉬워진다.

그렇다면 어떤 방식으로 자기 확인을 진행해야 할까? 자신에게 이렇게 질문해본다.

- 경험 속의 내 모습을 바라봤을 때 어떤 느낌이 드는가? 내가 바라던 모습인가?
- 나 자신을 분명하게 표현해본 적이 있는가? 내가 했던 시도를 자랑스럽게 여기는가? 나는 이번 시도를 통해 무엇을 배웠는가?
- 나는 지금 어떤 위치에 머물러 있고, 내겐 어떤 어려움이 남아 있는가? 내가 바라는 곳에 이르려면 얼마나 더 가야 하는가?

이 질문들이 모두 느낌에 기반한 것들임을 유의해야 한다. 이런 질문을 통해 도출해낸 자기 생각을 자기 모습과 대조하고 확인하는 과정을 반복하면 된다.

많은 사람이 자기 확인을 하려고 시도하지만 처음에는 변질된 방식으로 이루어진다. 예를 들면 자신에게 이렇게 묻는 것이다.

- 넌 이렇게밖에 할 수 없는 거야?
- 넌 왜 더 잘할 수 없는 거야?

- 넌 왜 항상 이런 실수를 저지르는 거야?

앞에서 제시한 자기 확인을 위한 질문과 어떤 차이가 있는지 살펴보자. 자기 확인을 위한 질문은 자신의 느낌을 기준으로 삼아 자신에게 확인하는 것이다. 반면 이런 가혹한 질문은 외재적인 수많은 '마땅함'과 도리를 기준으로 삼으면서 그 기준들을 달성하지 못하는 이유를 자신에게 따져 묻고 질책한다. 이런 질문과 맞닥뜨리면 누구라도 피하고 싶어질 것이고, 감지하는 과정을 회피하게 될 것이다. 하지만 이런 이유로 자신을 감지하지 않는 것을 정당화할 수는 없다. 자신에게 더 가까이 다가가서 감지해야만 자신을 지지하고 성장을 이룰 수 있기 때문이다.

사람은 자기 확인을 완성했을 때 정서적 안정을 얻을 뿐만 아니라 커다란 성장을 이룰 수 있다. 우리는 자신의 성장을 감독하는 코치가 되어 성장을 위한 연습도 함께하고, 발전도 인정해주며, 과거에 이루지 못했던 목표를 실현할 수 있도록 지속적으로 자신을 지지해줘야 한다.

자기 감지의 성취도에 따라 성장의 정도도 달라질 수 있다. 어떤 일 때문에 겪게 되는 당황스러움과 혼란에서 빠져나와 경험 전체를 회상하기 시작하면, 히스테릭한 감정 상태에서 벗어날 수 있다. 자신의 지난 일을 회상할 수 있고 경험 속에서 자신을 이해할 수 있을 때, 자기감정을 소화할 수 있고 자신을 분명하게 표현하는 능력을 갖추게 된다. 회상하고 이해하는 능력뿐만 아니라 자기 확인의 능력도 갖출 수 있다면, 경험했던 모든 일에서 얻은 깨달음을 바탕으로 자신의 성장을 뒷받침할 수 있고 경험에서 우러나오는 힘을 바탕으로 자신을 강하게 만들 수 있다.

감지력이 뛰어난 사람은 이 모든 것을 쉽게 해낼 수 있을지도 모른다. 하지만 과거에 감지력을 기를 기회가 많지 않았던 사람은 이 일들을 점진적으로 이루어나가야 한다. 중요한 것은 한꺼번에 최대한 해내는 것이 아니라, 한 걸음씩 나아가면서 습득한 감지력을 통해 더 많은 것을 얻어나가는 것이다.

치유 노트

1. 감지력을 끌어올리는 3단계: 경험 회상하기, 경험 속의 나에게 다가가고 이해하기, 자기 확인 시도하기.
2. 억지로 감지의 성취도를 끌어올릴 필요는 없다. 각각의 성취 정도에 따라 그에 상응하는 안정과 성장을 이룰 수 있다.

의식적인 의미 부여는
마음과 현실을 가깝게 이어준다

남편은 현실적인 사람이어서 기념일을 챙기거나 때때로 선물을 주고받는 일을 전혀 실속이 없고 무의미한 것이라고만 생각했다. 원래는 나도 그와 마찬가지로 기념일들에 크게 신경 쓰지 않는 사람이었고 의례를 갖춰야 한다는 마음이 많이 부족했다. 현실에서 대부분 사람이 이와 비슷한 모습으로 살아간다. 삶에 대해서든 자신에 대해서든 의례를 갖추려는 마음이 부족하다. 속으로 알면 됐지 굳이 행동으로 보여주거나 말로 할 필요가 있느냐고 생각하는 것이다.

하지만 실제로 의례를 갖추려는 마음이 있느냐 아니냐에 따라 우리 자신과 삶에 커다란 차이가 발생한다. 의례를 갖추려는 마음을 가진 사람은 아주 가까운 곳에서 삶의 열정을 느낄 수 있다. 반대로 의례를 중요하게 여기지 않는 사람은 자신의 느낌에서 멀리 떨어져 있기 때문에 삶에 몰입하지 못하고 매일이 똑같은 날의 반복인 것처럼 느껴진다.

 01 의례를 중요하게 여기지 않는 삶은 다 타버린 재와 같다

　　　한때 아주 절친한 정도는 아니었지만 같이 놀던 친구가 있었다. 처음에는 함께 만나서 노는 것을 좋아했지만, 얼마 지나지 않아 그 친구는 무엇을 하자고 해도 모두 재미없다는 반응이었다. 예를 들어 내가 "쇼핑하러 가자!"라고 말하면 친구는 "인터넷으로 사는 게 편리하고 더 좋아!"라고 대답했다. "밥 먹으러 나가자!"라고 말하면 "특별히 먹고 싶은 것도 없는데 집에서 대충 때우는 게 좋지 않아? 돈도 아끼고!"라고 대답했다. "시간 괜찮으면 어디로 놀러 가자!"라고 하면 "그래봤자 사람이랑 경치 구경인데 다니다가 지치기밖에 더 하겠어? 집에 있는 게 편하고 더 좋아!"라고 대답했다.

　　　이런 일이 몇 번 있고 난 뒤 나도 흥미가 떨어져서 그 친구와 만나서 놀고 싶지 않게 됐다. 나는 친구가 자신에게 강요하지 않고 마음이 시키는 대로 살기로 마음먹었다고만 생각했다.

　　　얼마 후 그 친구와 길에서 우연히 마주쳤다. 그녀는 어깨가 축 처져서 기운이 없어 보였다.

　　　"무슨 일이야? 분위기가 너무 달라졌는데?"

　　　"나도 모르겠어. 처음에는 해도 그만 안 해도 그만인 일들이 많아서 그냥 하지 않기로 했거든. 그러다가 조금씩 어떤 것에도 의미를 느끼지 못하고 아무것도 하기 싫어졌어…. 그리고 결국 그런 느낌이 나를 점점 무너뜨린 거야."

삶에서 별다른 의미를 느끼지 못한다고 진짜 아무것도 하지 않으면 삶이 무의미하다는 사실을 스스로 증명하는 셈이다. 이런 일이 반복되면 인생의 의미가 사라지면서 행동 의지를 더욱 상실하게 된다. 반대로 처음에는 무의미하다고 느껴지는 일이었지만 자꾸 시도하다 보면 색다른 느낌을 발견할 수 있고 조금이나마 그 의미를 찾을 수 있다.

의례를 갖추려는 마음은 삶의 표지(標識)에 해당한다. 때로는 무의미하다고 느껴지는 것도 해보려고 시도하면 더 많은 것을 체득할 수 있다. 아무 일도 일어나지 않는 순간보다는 분명히 더 유의미할 것이다. 이런 시도를 통해 우리는 삶에 더 많은 열정을 불어넣을 수 있다.

의례를 가벼이 여김으로써 스스로 무너지는 경험을 했던 내 친구와 마찬가지로, 모든 것을 무의미하다고 생각하고 마다하면 삶은 더 재미없어지고 무의미해질 것이다. 그러니 의례를 중요하게 생각하는 마음을 가져야 우리 삶도 소중하게 여겨지고 부정적인 감정에도 빠지지 않게 된다.

 **의례를 중요하게 여기는 것은
가시적인 자기 확인이다**

한 남성이 과거에 자신은 중요한 명절이나 기념일이

돌아올 때마다 아내에게 선물을 주는 등 의례를 중시하는 사람이었다고 말했다. 하지만 아내는 돈을 낭비하면 안 된다면서 항상 그를 타박했다. 그의 아내는 같이 산 지 오래된 노부부도 아니면서 남편이 선물을 주든 안 주든 크게 신경 쓰지 않았다. 그저 마음으로 가정에 충실하기만 하면 괜찮다고 생각했다. 남성도 자신이 지나치게 겉치레에만 치중했다는 생각이 들어 아내의 말에 따라 선물을 주는 횟수를 점차 줄였다. 그런데 그와 동시에 아내에게 애정을 표현하는 횟수도 줄어들었다.

몇 년 후 이들 부부는 어떤 기념일도 전혀 특별하게 여기지 않게 됐다. 그래도 일상생활은 원만하게 흘러갔고 아무런 문제도 나타나지 않았다. 그러던 중 남성이 업무 관계로 만난 젊은 여성에게 특별한 감정을 갖게 됐다. 그는 틈만 나면 그녀에게 선물을 보냈다. 그는 드디어 진정한 사랑을 만났고 이미 아내에 대해서는 아무런 느낌도 들지 않는다고 생각하기에 이르렀다.

과거에 그가 아내에게 특별히 공을 들이고 선물 공세를 하던 때의 기억을 끄집어내자 그는 이렇게 말했다.

"시간은 정말 모든 것을 희석해버리네요."

사실 그들의 감정을 희석한 것은 시간이 아니라 서로에 대한 무관심이다. 사람들은 종종 감정의 지속성을 과대평가한다. 진정한 사랑이라면 평생 마음속에 간직한 채 아무 말도, 아무것도 하지 않아도 변하지 않으리라고 착각한다. 하지만 현실에서 우리가 실제로 볼 수 있는 다정한 부부들은 항상 가까이 다가가서 감정을 세심하게 확인한다. 이를 위해서는 의례를 중요하게 여기는 마음과 그것을 담은 수많은 표지가 필요하다.

그로부터 얼마 뒤 그가 관계에 대한 아주 중요한 말을 했다.

"당신이 누군가를 정말 사랑한다면 언제나 그 사람에게 무언가를 해주고 싶어서 참을 수가 없을 것입니다. 이것은 상대방에게 환심을 사려는 것뿐만이 아니라 그 사람을 사랑하는 마음을 스스로 확인하는 것이기도 하죠."

의례를 중시하는 태도는 마음과 현실을 가까이 이어준다. 우리 마음속에 사랑이 존재하고 현실에서 말과 행동으로 그것을 표현할 수 있다면, 우리는 현실에서 자신의 사랑을 확인할 수 있다.

의례를 고집하든 아니든, 살아가는 모습은 얼핏 비슷해 보일 것이다. 심지어 의례를 고집하지 않고 살아가는 사람이 덜 힘들고 더 편안해 보일 수도 있다. 하지만 시간이 흐를수록 삶의 모습에서 뚜렷한 차이가 드러날 것이다.

의례를 중시하는 사람은 끊임없이 자신을 확인할 수 있어서 삶이 현실에 점점 가까워지는 느낌을 얻을 수 있다. 이런 느낌은 종종 우리가 자신을 더 많이 감지하고 확인할 수 있게 해주고, 원하는 방향으로 삶이 발전할 수 있도록 이끌어준다.

인생에서 의례를 갖추려는 마음이 부족하다는 것은 자신의 느낌을 멀리하고 허상의 세계를 더 중시하며 현실 세계에서 거의 살지 않는다는 것을 의미한다. 우리에겐 자신의 감수성과 감지력을 끌어올려 마음과 현실을 아주 가깝게 연결하려는 노력이 필요하다.

03 의례를 중요하게 여기면 원하는 인생을 살 수 있다

심리적인 원동력이 발전하는 과정에 따르면, 마음속에 간절한 바람을 가지고 있는 사람은 현실에서 아무것도 하지 않고 있을 수가 없다. 자신에게 더 높은 요구를 하면, 삶에서 의례를 중시하게 되며 자기를 지속적으로 확인하게 된다. 누군가를 사랑하면, 삶에서 의례를 중시하게 되며 사랑을 끊임없이 확인하게 된다. 자기 삶을 매우 사랑한다면, 의례를 중요하게 여기는 마음을 통해서 그 뜨거운 애정을 확인하게 된다. 자기 몸을 소중히 여긴다면, 의례를 중요하게 여기는 마음을 통해 자신의 몸이 소중하다는 것을 확인할 수 있다.

의례를 중요하게 여기는 자세를 보고 그 사람의 마음이 얼마나 풍요로운지 알 수 있다. 우리 마음이 간절한 목마름으로 가득 차 있다면 의례를 중시하는 마음을 통해 현실 속으로 스며들려 할 것이다. 이것은 필연적인 과정이다.

한편으로 이런 관찰도 가능해진다. 현실에서 의례에 대한 자세가 달라졌다면 이를 통해 그 사람이 어느 방향으로 나아가고 있는지 명확하게 알 수 있다. 모든 사람에게 의례가 필요한 것은 맞지만 모두 가고 싶은 방향이 다르기 때문에 필요한 의례가 다를 수 있다. 예를 들어 내가 아는 한 젊은 부부는 자신들의 경제적 상황을 종합적으로 고려한 후에 결혼식을 올리지 않고 그 대신 로맨틱한 신혼여행을 다녀왔다. 결혼식은 남들이 생각하기에는 매우 중요한 의례이지만 그들 부부에게는 전혀 그렇지 않았다. 그들은 자신이 좋아하는 스타일을 선택했다. 이처럼 의례는 경직된 관념이 아니라 강렬한 자기 색깔을 띤다.

당시의 여행 경험은 그 부부에게 평생 잊지 못할 추억이 됐다. 이 기억이 그들에게 매우 소중한 것임은 의심할 여지가 없다. 나는 앞으로 그들이 기나긴 인생 여정을 함께 헤쳐나가면서 의례를 소중히 여길 일이 더 많아지리라고 믿는다.

우리는 어떤 생각을 의례화할 때마다 자기 확인을 할 수 있다. 매번 거듭되는 자기 확인을 통해서 현실 세계의 길이 발밑에서 조금씩 뻗어나가게 될 것이다. 그 길 위에서 한 걸음씩 나아갈 때마다 자신이 지금 어디로 가고 있는지 확인하면서 다음 목적지로 발걸음을 옮길 수 있다.

의례를 중요하게 여기는 것은 결국 우리가 삶에 쏟는 열정이고, 향상심으로 충만한 인생 자세다. 이것은 더욱 심오한 삶을 경험하게 해준다. 간절한 바람과 목마름을 가지고 있다면 더더욱 의례화에 신경 써야 한다.

치유 노트

1. 의례를 중시하지 않는 삶은 우리를 점점 더 무기력하게 한다.
2. 의례화의 핵심 목표는 자기를 확인하고 현실과 연결되는 것이다.
3. 의례를 중시하는 것과 중시하지 않은 것은 단기적으로 보면 별 차이가 없지만 장기적으로는 큰 차이가 있다. 이것은 자신을 위해 사는 것과 그렇지 않은 것의 차이와 같다.

6장

마음 성장 4단계: 수용력

나와 화해하고

나를 인정한다

1.

자기 자신을 받아들이는 데서
모든 것이 시작된다

먼저 분명하게 짚고 넘어가야 할 점이 있다. '수용'은 전부 받아들이는 것이나 무얼 해도 괜찮다는 것을 의미하지 않는다. 맹목적인 인정 또는 잘잘못을 따지지 않고 무조건 옳다고 보는 것은 더더욱 아니다. 수용은 우리가 감지를 통해서 자신과 주변에서 일어나는 일들을 이해하고 깨닫는 과정을 먼저 거쳐야 한다.

한 친구가 나에게 이렇게 물어본 적이 있다.

"남편의 마음이 변했어. 어떻게 해야 그 사람을 붙잡을 수 있을까?"

만일 누군가가 그녀에게 "당신은 정말로 모든 것을 바쳐서 남편을 붙잡을 건가요? 결국에는 실망할지라도?"라고 묻는다면 그녀는 아마도 이렇게 대답할 것이다.

"그럼요. 저는 할 수 있는 건 전부 할 거예요. 그래야 나중에 후회하지 않죠."

하지만 나라면 다르게 물어볼 것 같다.

"지금 남편의 마음을 붙잡는 것으로 넌 성장할 수 있는 가장 좋은 기회를 놓치는 거야. 이렇게 애쓰다가 결국에는 오히려 사랑을 잃을 수도 있어. 그런데도 그렇게 밀고 나가겠다는 거야?"

이런 말을 들으면 대부분 사람이 순간적으로 흠칫한다.

문제에 부딪힐 때마다 상황을 어떻게 빨리 바꿀 수 있는지만 생각하다 보면 충분히 수용하지 못하게 된다. 예를 들어 관계를 빨리 회복하고 싶어 하는 사람이 있다고 하자. 그 사람은 배우자의 변심을 받아들이지 못하고 어떤 방법을 동원해서든 빨리 상황을 뒤집으려고 한다. 사실 이런 노력의 배후에는 자신의 공황에 대한 회피의 감정이 숨어 있다. 상대방의 마음이 나와 같지 않으면 나란 존재는 사랑받지 못하는 것이고 사랑받을 가치도 없다고 느끼는 것이다.

이런 공황이 발생하면 대부분 사람은 자신이 사랑받을 만하다는 것을 증명하기 위해서 계속 자신의 공간을 축소하고 상대가 좋아하는 모습으로 자신을 만들어내서 그의 눈에 들려고 한다. 하지만 이런 노력은 공허할 수밖에 없다. 노력하면 할수록 자신에게서 한 가지 사실을 확인하게 될 뿐이다. 가장 진실한 자신은 사랑받을 자격이 없어서 무수하게 많은 가면으로 그 모습을 완벽히 가리고 있었기에, 가면을 쓰지 않은 자신을 점점 거부하게 된다는 것이다.

관계에 문제가 생겼을 때 받아들이려고 노력하면 상황은 달라질 수 있다. 우선 관계에 문제가 발생했음을 발견하게 된다. 그것은 엄연한 사실이다. 이 사실과 직면하면서 많은 정서적 반응을 보일 수 있는데 우리는 그것을 받아들여야 한다. 그 다음에는 자신의 감지력을 작동시키고 관계가 왜 이렇게 변했는지, 자신이 어떻게 현재의 위치에 이르게 됐는지 깨달을 수 있으면 문제를 받아들이는 과정을 통과한 것이다.

수용은 비관적이고 무력한 것이 아니라 이해의 과정을 밟는 것이다. 사건과 문제를 표면적으로만 이해하지 않도록 배후에 감춰진 맥락을 스스로 깊이 이해하고 그것을 재정립할 기회를 새롭게 얻어야 한다. 받아들이고 난 이후에는 무거운 짐을 어느 정도 내려놓을 수 있게 되고, 자신의 역량을 다시 통합하고 조정할 수 있다. 그러면 새롭게 시작할 수 있다.

반면 받아들일 수 없는 사람은 현실과 끊임없이 싸우며 자신을 괴롭히는 방식으로 표면적인 화합을 유지한다. 하지만 진정으로 문제를 받아들일 수 있는 위치까지 성장하는 데 어려움을 겪는다.

01 자신을 받아들이지 못하는 사람일수록 소중한 대우를 받지 못한다

한 여성 내담자는 남자의 훤칠하고 멋진 외모에 완전히 반해서 그와 사귀었다. 하지만 그의 수려한 외모는 수많은 여성들의 연모를 불러일으켰다. 그들이 연애를 시작했을 무렵에도 스캔들이 끊이지 않았다. 그는 다른 여자와 몰래 메시지를 주고받았고 상대방에게 값비싼 선물을 보냈다. 양다리를 걸치는 일도 허다했다. 그녀는 어이가 없어서 몇 번이나 헤어질 생각도 했지만, 매번 남자가 화를 풀어주곤 했다. 이후 남자의 주변 여자들은 그의 바람기를 견디지 못하고 속속 떠나갔다. 남아 있던 몇 안 되는 여자들도 모두 진지한 만남을 갖지는 않았다. 오직 그녀만 일편단심으로 그의 곁을 지켰다.

어느덧 남자도 결혼할 나이가 됐다. 그는 부모님이 결혼을 재촉하는 데다 아이도 갖고 싶어진 참이라 늘 곁에 있어 준 그녀가 결혼 상대로 가장 적당한 사람이라는 생각이 들었다. 마침내 두 사람은 결혼을 했다.

그녀는 결혼만 하면 모든 걱정이 끝나고 평온한 일상을 보낼 수 있으리라고 생각했다. 실제로 한동안은 잠잠한 생활을 했다. 하지만 아이가 태어나고 그녀가 산후조리를 하면서 아이 때문에 정신없이 바쁜 나날을 보내고 있을 때, 남편은 도와주기는커녕 친하게 지내는 여자와 사방으로 놀러 다니기에 바빴다. 남편은 그 여자와 실질적으로 아무런 사이도 아니라며 심각하게 생각할 필요가 없다고 변명했다.

참다못한 그녀는 남편과 한바탕 싸우고 결혼 생활을 끝내려 했다. 이때 남편은 무의식적으로 다른 여자가 얼마나 대단한지 주저리주저리 늘어놓았다. 거기에는 그녀를 향한 다음과 같은 속내가 숨어 있었다.

'나에겐 앞으로 더 좋은 기회가 많이 있지만 당신은 그렇지 않아. 헤어져도 당신은 나보다 더 나은 남자를 찾지 못할 테니 나한테 잘 보이려고 노력하는 게 좋을 거야.'

그로부터 수년간 그녀는 가정에 더 많은 정성을 기울였고 계속해서 자신을 바꿔가며 남편에게 맞추려고 노력했다. 하지만 남편은 갈수록 더 제멋대로 굴었다. 사랑을 위해 타협을 택했던 몇 년 사이 그녀는 점점 자신감이 사라졌다. 처음에는 헤어지려는 생각도 했지만, 지금은 헤어지는 것이 가장 두려웠다. 남편이 그녀를 안중에도 두지 않고 쓸모없는 사람인 것처럼 부정하면 할수록 그녀는 물에 빠진 사람이 지푸라기라도 잡는 심정으로 남편이라는 생명줄을 더욱 꽉 붙잡았다. 매일같이 이런 생활과 마주하면서 매우 고통스러웠지만, 가엽게도 그녀는 남편이 다시 인정해주기를 바라며 인내심을 갖고 그의 마음을 되돌리려고 애썼다. 물론 그것은 헛된 기대였다.

 02 성장한 사람과 성장하지 못한 사람에게는 완전히 다른 인생이 펼쳐진다

또 다른 여성 내담자는 결혼할 무렵 독립적인 성격에 주관이 뚜렷한 사람이었다. 결혼 후 그녀는 많은 기회를 스스로 포기했지만, 남편은 그녀를 더욱 아끼기는커녕 사사건건 트집을 잡기만 했다. 예컨대 이전에 그녀는 오직 공부와 일만 해봤지 요리를 해본 적이 없었다. 그런데 남편이 싫은 기색을 내비치자 하는 수 없이 요리를 배우러 갔다. 하지만 요리를 배워도

실력이 늘지 않았고, 남편은 많은 사람 앞에서 그녀가 만든 요리가 맛이 없다며 대놓고 흥을 봤다.

예전 같으면 그녀는 분명히 참고 넘겼을 것이다. 하지만 자기 확인과 성장의 시간을 거치면서 그녀의 자아는 더욱 단단해진 상태였다. 그녀는 화를 내며 말했다.

"내가 이렇게 고생하고 있는 게 당신한테 매일 꼬투리나 잡히려고 그러는 줄 알아? 먹고 싶으면 먹고, 먹기 싫으면 직접 만들어 먹어!"

이후 남편은 그녀가 만든 요리를 군말 없이 먹었다.

이때의 경험은 그녀를 깜짝 놀라게 했다. 자신의 느낌을 바탕으로 자신을 지지할 수 있어야 상대방도 참고 양보한다는 사실을 알게 됐다. 과거에는 의식하지 못했던 부분이다. 그녀는 성장을 통해 여러 가지 경험을 했고, 이런 서로 다른 경험에서 얻은 것들이 계속해서 다음 단계로 나아갈 수 있도록 그녀를 지지해줬다.

시집살이에 시달리는 또 다른 여성이 나를 찾아왔다. 이미 아이를 셋이나 낳았지만 시댁에서는 아들을 더 원했다. 하지만 부부의 경제 상황은 넉넉하지가 않았다. 남편은 안정적인 직업이 없었고 시댁의 상황도 겨우 먹고살 만한 정도였으니, 아이를 또 낳으면 아이를 돌보고 기르는 데 들어가는 힘과 돈이 모두 그녀의 책임이 될 것이 뻔했다. 그럼에도 그녀는 순종을 택했다.

그녀는 소중한 대우를 받지 못하는 것뿐만 아니라 자신이 출산의 도구로까지 여겨졌다. 하지만 이런 무거운 짐을 짊어지는 사람은 오직 그녀 한 사람이었다. 시댁에서 앞으로 또 어떤 요구가 들어올지 모르는 터에 도와주는 사람 하나 없이 혼자서 아이 넷을 길러야 하는 처지는 정말 막막하기만 했다. 다른 사람들에게는 이런 미래가 그야말로 상상조차 할 수 없는 일이겠지만, 그녀는 자신의 처지가 어떤지 거의 의식하지 못했다.

그녀가 성장하지 못한다면 고통스러운 운명에 빠질 것이 틀림없다. 처한 환경이 어떻든, 얼마나 비정상적인 관념 속에서 성장하든 그런 것은 관계없다. 자아의식을 가지고 성장을 통해 더 나은 삶을 추구하기만 한다면 미래는 분명히 어둡지 않을 것이다. 하지만 자아의식이 부족하면 현실에 기만당하는 자신을 속수무책으로 지켜볼 수밖에 없고, 결국 고통을 감수해야 하는 사람은 오직 자신뿐일 것이다.

 **행복은 하늘에서 떨어지는 게 아니라
마음속에서 자라나는 것이다**

앞에서 언급한 바람둥이 남편은 연애 시절부터 상대방이 전혀 마음에 걸리거나 두렵지 않았다. 이것은 지금 아내의 위치와 남편의 위치가 대등하지 않다는 걸 보여준다. 부부 사이에서 남편은 극단적으로 행동해왔고, 아내가 인정을 얻으려고 노력하면 할수록 아껴주기는커녕 오히려 싫은 기색을 내비쳤다.

이처럼 불평등한 위치에서 형성된 관계는 그녀가 아무리 희생하고 노력해도 상대방과 평등한 대우를 받기 어렵게 한다. 차라리 그녀가 자신을 발전시키는 게 여러모로 훨씬 나은 방법이다. 그녀가 자신을 받아들이고 상대방의 억압에도 자신을 부정하지 않을 수 있어야만 제대로 된 선택을 할 수 있고 소중한 대우를 받을 수 있다.

관계 안에서 자신을 억압하는 사람들은 항상 도덕적인 고지에 올라서서 자신을 피해자로 몰아세우려고 한다. 그렇게 하면 언젠가는 정의가 자신의 편을 들어주어 역전할 수 있다고 생각한다. 현실에서 우리는 이런 끔찍한 시나리오가 펼쳐지는 장면을 매일 목격할 수 있다. 일단 막이 오르면, 더는 자각하지도 못하고 감지하지도 못하면서 고통스러운 삶에서 끝없이 허덕이는 모습 말이다.

다행히도 많은 사람이 배우자가 변화하기를 희미하게 기대하면서 각성하고 깨닫게 되는 점이 있다. 관계가 어떻게 달라질지 결정하는 최종 보스는 다른 사람이 아니라 바로 자신이라는 것이다. 우리는 먼저 자신에게 충분한 기회를 주어 자존감이 낮은 자신을 새롭게 발전시키고 받아들이고 성장시켜야 한다. 그래야 관계 안에서 새로운 단계에 올라설 수 있고, 다시는 과거처럼 상대방에게 절절매며 비굴하게 애원하지 않을 수 있다.

언론인이자 방송인인 양란(楊瀾)은 이렇게 말했다.

"행복은 하늘에서 떨어지는 게 아니라 자기 마음속에서 자라나는 것입니다."

하늘에서 행복이 떨어지기를 바라고, 누군가에게 동정받기를 바라고, 변심한 사람이 마음을 돌리길 바라지만 모두 이루어질 수 없는 일이다. 기대하고만 있으면 누적된 불만에 금세 파묻힐 것이다. 하지만 어떤 어려움을 만나도 자신을 포기하지 않고 용감하게 성장해나가는 사람들은 매일 자신의 역량을 차곡차곡 쌓을 수 있다. 그리고 마침내 시간의 기대를 저버리지 않고 귀하고 소중한 대우를 받으며 살아갈 수 있을 것이다.

치유 노트

1. 수용은 운명으로 여기고 단념하는 것이 아니다. 표면적인 저항을 포기하는 대신 배후의 맥락을 깊이 이해하고 인생을 재정립할 기회를 얻는 것이다.

2. 다른 사람이 자신을 받아들이기를 바란다면 먼저 자신을 받아들이는 것부터 배워야 한다. 그럴 때 상대방 앞에서 자기 모습을 완전히 드러낼 용기가 생긴다.

2.

대등한 관계는
자기 수용이 이뤄질 때만 가능하다

일반인의 관점에서 이렇게 괴롭고 억압된 삶을 살고 있는 사람을 본다면 왜 아직도 성장 의식을 갖추지 못하는 것인지 매우 의아할 것이다. 사실은 그 사람도 자기 삶에서 출구를 찾으려고 애쓰는 중일 것이다. 다만 현실을 받아들이지 못하고, 효율적인 감지를 통해 곤경에서 벗어나지 못해 아무것도 할 수 없는 무력감에 빠져드는 것이다.

동시에 그런 사람은 자신을 학대하는 방식도 마다하지 않고 현실과 타협하며 자신이 베푼 배려에 대한 보답을 기대한다. 하지만 결과는 언제나 실망스럽고 불평만 가득 쌓이게 된다. 그는 자신에게 상처를 입히는 것에 특별한 느낌을 받지 않는다. 자신을 받아들이지 못하는 데다 중요하게 여겨본 적도 없기 때문이다. 인정을 받지 못하면 모든 힘과 노력을 기울여서 다른 사람을 만족시키려 하고, 다른 사람에게 소중히 여겨지기를 바랄 뿐이다.

자신을 받아들일 수 있는 사람은 현실에서 어려움에 부딪혀도 자신을 심하게 비난하지 않고 현실을 받아들일 줄 안다. 반대로 자신을 받아들일 수 없는 사람은 현실의 어려움에 부딪히면 자책밖에 하지 않는다. 그리고 자책의 괴로움과 상처에서 벗어나기 위해 자기 타협적인 방식을 선택하여 현실을 바꿔보려고 한다.

혹시 이런 말을 들어본 적이 있는가?

"친애하는 그대여, 이 세상에 다른 사람은 없어요. 오직 당신과 당신 자신만 있을 뿐이에요."

나와 나 자신의 관계는 나와 현실의 모습, 나와 관계의 양상을 결정한다.

 01 **자신을 받아들이지 못할수록
다른 사람에게 더욱 인정받기를 갈망한다**

푸단대학교의 교수 천궈(陳果)가 이런 말을 했다.

"자신감은 다른 사람이 당신을 믿든 믿지 않든 당신이 자신을 믿는 것입니다. 다른 사람이 당신을 좋다고 말해줘야 자신을 좋아할 수 있는 것은 자신감이라고 할 수 없고, 다른 사람에 의해 자신을 믿게 되는 것이죠."

자신을 받아들이지 못하면 내적 갈등이 발생하여 자신과

대립하기 쉽다. 에너지를 모두 내적 갈등에 소모하면 결국 다른 사람의 지지와 인정을 통해서만 힘을 얻을 수밖에 없다. 그래서 자신을 받아들이지 못할수록 자신을 받아줄 수 있는 사람을 찾으려고 한다. 이렇게 받아들여지는 것이 겉으로는 수용이 이루어진 것처럼 보이지만, 실제로 여기에는 타인의 긍정과 인정이 요구된다.

정상적인 관계에서도 인정받지 못하는 순간이 발생하기 마련이다. 이때 자신을 받아들일 수 있는 사람은 특별히 신경 쓰지 않지만 자신을 받아들일 수 없는 사람은 다른 사람이 자신에 대해 갖는 생각을 바꾸어보려고 최선을 다한다.

어떤 아내가 남편에게 "정말 이기적이군. 돈밖에 보이는 게 없지? 당신은 그저 자신밖에 몰라"라는 말을 들었다. 아내는 실제로 전혀 그런 사람이 아니었고 이전에 그런 것에 대해 생각해본 적도 없었다. 하지만 일단 남편에게 부정당하자 바로 변화가 일어났다. 경제적인 부분에서는 남편에게 더 이상 따지지 않았고, 그의 말처럼 자신이 이기적인 사람이 아니라는 것을 증명하려고 노력했다. 남편이 아내를 인정하지 않으면 그녀의 노력과 희생은 멈추지 않을 것이다. 인정을 받기 위해 자신을 완전히 포기하면서 극한까지 몰아붙일 것이다.

그럼 그녀처럼 하는 것으로 모든 일이 순조롭게 해결될까? 절대 불가능하다. 이것은 시작에 불과하다. 상대방이 아무리 나를 깎아내리고 부정해도 내가 최선을 다해 잘해준다면 상대방은 무의식적으로 내가 한계에 다다를 때까지 더욱 맹렬히 공격한다. 상대방은 내가 무엇 하나 제대로 하는 게 없고 갈수록 사태만 악화시키는 존재라고 스스로 업신여기게 한다. 결국 내 자신감은 완전히 무너지고, 자신은 조금도 쓸모가 없는 존재라 상대방이 정해주고 시키는 대로 따를 수밖에 없다는 생각을 갖게 된다. 이것은 내가 원래 바라던 것과는 완전히 배치되는 삶이다.

나를 받아주는 사람을 찾으려 할수록 관계 안에서 내 삶은 소중한 대우를 받지 못하는 양상으로 변하기 쉽다. 자신을 받아들이지 못할수록 관계 안에서 나를 받아들이지 못하는 사람을 만나게 된다. 우리는 다른 사람을 바꿀 수 없다. 게다가 다른 사람에게 내가 받아들여질 만한 가치가 있다는 것을 증명할 수도 없다. 자기를 감지하고 자신을 받아들이는 법을 습득했을 때만 관계 안에서 소중히 여겨질 수 있다.

 ## 02 자신을 받아들일 수 있는지 아닌지는 친밀한 관계에서의 갈등을 통해 알 수 있다

화웨이가 미국의 제재를 받은 이후에 CEO 런정페이 (任正非)가 인터뷰에서 '스페어타이어 전략'을 언급한 적이 있다. 아주 흥미로운 내용이었다.

런정페이는 수년 전부터 독자적인 칩 연구에 돌입했는데, 궁지에 몰렸을 때 사용하기 위한 비장의 카드였다. 그는 이것을 상대방의 자리를 빼앗기 위해 쓰지 않고 상대방과 사이좋게 지내는 데 쓸 것이라고 말했다.

그는 한 가지 예를 들어 설명했다. 상대방이 먼저 산 정상에 올라서면 우리는 상대방과 대등한 위치에 서고 싶어서 정상에 오르려고 애쓸 것이다. 하지만 우리가 산 정상에 막 오르려는 순간 상대방은 우리를 제압하려 할 것이다. 각종 수단을 써서 공급원을 차단하고 고립시켜 우리가 포기하도록 압박할 것이다. 우리가 사전에 준비를 잘해두어야 하는 이유는 이런 대격전이 기다리고 있기 때문이다. 이때 우리는 보관해두었던 '스페어'를 꺼내 비상수단으로 삼아 자신을 지탱해야 한다. 우리를 밀어낼 수 없다는 사실을 깨닫게 되면 상대방은 비로소 우리를 존중하고 평화롭게 공존하기를 바랄 것이다. 이제 둘은 화해의 악수를 하면서 서로의 존재를 인정하고, 산 정상에 함께 서서 우정을 나눌 수 있다.

그의 이야기는 나에게 어떤 깨달음을 줬다. 이런 큰 충돌과 갈등은 인간관계 측면에서도 있을 법한 일이다. 여기에서 진정으로 사이좋고 대등한 사이란 누구도 약자가 아닌 상태라는 의미다. 그는 완전히 자신을 신뢰하고 받아들이기 때문에 상대방의 억압에도 두려워하지 않고 갈등을 통해 오히려 관계를 발전시킬 수 있다고 믿었다. 그가 자신감을 잃고 정말로 산에서 내려왔다면 분명히 상대방이 자신을 겨냥했다는 생각에 깊이 원망했을 테고, 관계의 불평등을 받아들일 수밖에 없었을 것이다.

이런 맥락은 우리의 넓은 인간관계나 두 사람 사이의 친밀한 관계에도 대입할 수 있다. 관계 안에서 격렬한 갈등이 일어나는 순간 우리는 자신을 진정으로 받아들일 수 있는지, 한바탕 격전을 벌여야 하는지 알 수 있다.

결혼 생활에서 배우자의 지지를 얻지 못하는 것에 불만을 품고 있던 여성이 나를 찾아왔다. 그녀가 직업을 바꾸고 싶다거나 회계사 자격증 시험을 치르고 싶다거나 새로운 기술을 배우고 싶다고 하면, 남편은 늘 그녀의 생각을 부정하고 안 되는 이유를 주워섬기곤 했다.

처음에 그녀는 남편의 말을 전혀 귀담아듣지 않고 구직 활동을 했다. 몇 군데 회사에 이력서를 넣어봤는데 모두 실패하자 남편은 다시 이렇게 말했다.

"안 될 거라고 분명히 말했는데 내 말을 귓등으로도 안 듣더니 이게 뭐야. 이제는 내 말을 믿어야 하지 않겠어?"

그녀는 마음에 깊은 멍이 들었고, 다시 도전할 용기를 내지 못했다. 가슴속에서는 남편에 대한 원망이 날이 갈수록 커졌다.

사람들은 그녀가 겨우 몇 번 시도해보고 남편의 지지를 얻지 못했다고 해서 그렇게 쉽게 포기한 것을 의아해할 수 있다. 하지만 자기 수용력이 부족한 사람들에게는 다른 사람의 부정에 맞서면서 자기다워지려는 것이 쉬운 일은 아니다. 그들의 행동에는 간절한 목마름이 깃들어 있다. 몇 번의 시도만으로도 자신을 증명하고 싶어 하고 남들 눈에 놀랍게 변신한 사람으로 비치고 싶어 한다. 하지만 바로 그 때문에 금세 낙담하고 눈앞의 작은 난관에도 쉽게 부딪혀 넘어진다.

이력서를 몇 군데 냈지만 모두 좋은 결과를 얻지 못한 여성의 경험이 일반적인 우리 눈에는 특별하달 게 없어 보인다. 업무에 맞지 않았을 수도 있고 적합한 자리가 없었을 수도 있으니 말이다. 하지만 자기 수용력이 부족한 사람들은 자신의 시도가 성공하지 못한 것만으로도 자신이 대단히 부족한 사람이라고 여긴다. 실패 때문에 그녀는 자신감을 더욱 잃고 자기 수용의 기준을 더욱 낮출 것이다. 이때 남편이 다시 한번 불난 집에 부채질을 하면 그녀의 마음속에 자리해 있던 자신에 대한 의심은 완전히 굳어진다. 그녀는 자신이 가지고 있는 생각을 실현할 수 없어서 답답해질 것이다. 그러다가 모든 원망의 칼끝이 남편을 향하게 되고 결국 상대방이 지지해주지 않아서 자신의 자유가 억압됐다는 결론에 이르게 될 것이다.

친밀한 관계에서는 갈등이 쉽게 발생한다. 따라서 자신을 받아들일 수 있는지 아닌지는 친밀한 관계에 들어가면 바로 알 수 있다.

 03 ### 자기 수용의 정도가 관계의 저력을 결정한다

자신을 받아들이는 사람은 관계의 갈등 앞에서 자신을 지지하고 보호하며 자신을 위해 살 줄 안다. 자신을 받아들이지 못하는 사람은 문제에 부딪히면 자신을 쉽게 깎아내리고 부정하며 항상 다른 사람의 환심을 얻기 위해 살아간다.

자신을 받아들이고 자신을 위해 살아갈수록 더욱 존중받고, 자신을 지지할 저력이 생겨나며 자신감을 유지할 수 있다. 하지만 자신을 받아들이지 못하고 다른 사람의 생각에 지나치게 신경을 쓰며 관계 안에서 자신의 존재를 부정할수록 소중한

대우를 받지 못하고, 한 걸음씩 앞으로 나아갈 때마다 다른 사람이 주는 자신감을 필요로 하게 된다.

자기 수용 능력을 충분히 갖추고 있어야만 갈등 속에서 삶을 유지하기 위한 대비를 철저히 할 수 있고, 자신을 지지할 수 있고, 난관을 극복할 수 있다. 또한 갈등의 순간이 지난 후에도 대등한 위치에서 서로를 바라볼 수 있다. 대등한 관계를 유지할 수 있느냐 아니냐는 하늘이 내려주는 것이 아니라 자신을 수용하는 정도에 달렸다.

관계의 저력을 결정하는 요인은 무엇일까? 재산이나 신분 또는 어떤 외적 조건이 아니다. 설령 모든 면에서 완벽하지 않더라도 자신을 마음속 깊은 곳으로부터 진정으로 받아들이느냐 아니냐에 달렸다.

자신을 받아들이면 자신의 존재를 중요하게 느끼고 쉽게 부정하지 않으며 자신의 문제에 충분한 인내심을 발휘하게 된다. 또한 자신의 발전을 위해 더 많은 시간과 기회를 투자하게 된다. 다른 사람에게 비난을 받을 때도 자신에게 도움이 되는 말이 조금이라도 있다면 받아들일 수 있고, 눈앞에 닥친 어려움을 충분히 이해할 수 있다. 또한 통제력을 잃고 자신을 깎아내리지 않으며, 모든 일을 자기중심적으로 생각하지도 않는다. 탄탄한 토대를 쌓으며 그 위치까지 도달하면, 다른 사람이 어떻게 대하든 경험을 돌아보고 느끼고 감지하고 수용하는 과정을 통해 끊임없이 자기 발전을 위한 공간을 넓혀나간다. 그리고 마침내 다른 사람에게 존중받고 소중하게 여겨지는 삶을 살아간다.

자신을 받아들이지 못하면 누구를 만나도 마음이 억눌리고 답답해진다. 하지만 자신을 받아들이면 나를 소중히 대해주는 사람을 반드시 만날 수 있다.

--- 치유 노트 ---

1. 자기 수용을 이루지 못할수록 자신과 타협하는 방식을 통해 타인의 인정을 얻으려고 한다.
2. 자기 수용의 정도에 따라 관계의 저력이 결정되고, 자신의 역량을 어떻게 사용할지도 결정된다.
3. 친밀한 관계에서 갈등이 발생했을 때, 자신을 받아들일 수 있는지 아닌지를 가장 잘 검증할 수 있다.

3.

진정으로
나를 수용하는 법

여러 해 전에 만났던 한 내담자는 정신건강의학과에서 진찰을 받고 의사에게 약을 처방받았다. 약을 먹으면 효과가 있었지만 그는 재발할까 봐 두려워했다. 그런 그에게 의사가 이런 비유를 들려줬다.

'증상은 곡식을 체로 치는 과정과 같다. 먼저 불순물부터 털어낸 다음 체질을 한다. 체질을 한 후에 불순물을 또 털어내고 다시 체질을 한다. 모든 불순물이 체로 걸러질 때까지 이 과정을 여러 번 반복한다.'

우리가 문제에 직면했을 때도 이렇게 하면 된다. 문제의 일부가 나타나면 체로 걸러낸다. 체로 거른 후 문제가 다시 나타나면 또다시 체질을 한다…. 이렇게 하다 보면 문제는 점차 해결될 것이다.

이 과정은 지크문트 프로이트(Sigmund Freud)가 설명한 정신분석 치료에서 '굴뚝 청소'로 불리는 것과 비슷한 점이 있다. 이 과정의 가장 큰 역할은 사람들이 어떤 문제에 직면했을 때 단번에 해결할 수 있는 것이 아니라 일련의 과정을 거칠 필요가 있다는 사실을 이해시킬 수 있다는 것이다.

우리가 자신을 진정으로 받아들이려면 어떻게 해야 할까?

내담자들 중에는 단박에 자신을 받아들이려는 사람들도 있었다. 그들은 대중적으로 널리 알려진 심리학 관련 글을 많이 읽어 이미 자기 수용의 장점을 파악하고 있었고, 그것이 반드시 거쳐야 하는 길이란 점도 분명히 알고 있었다. 그들은 판단력도 뛰어났고 인지력에도 빈틈이 없었지만 지금 자신을 어떻게 받아들여야 하는지에 대해서는 전혀 감을 잡지 못했다. 결국 문제에 부딪히고서야 여전히 자신을 받아들일 수 없다는 것을 깨닫게 됐다. 자신을 받아들이고 싶지만 실제로는 그렇게 할 수 없는 팽팽한 줄다리기가 계속된 것이다.

많은 사람이 자신을 받아들이지 못하는 이유는 자신이 형편없어서가 아니다. 지금 당장 자기 수용의 결과를 얻고 싶은 마음에 비해 자기 수용의 과정을 소홀히 하기 때문이다.

 현재의 위치에서 앞으로 나아가도록 허용하는 것이 자기 수용의 첫걸음이다

외상을 입어서 의사를 찾아갔다면 상처 부위를 의사

에게 직접 보여주는 게 나을까, 아니면 옷을 몇 겹이나 껴입고 가서 의사더러 어디를 다쳤는지 맞혀보라고 하는 게 나을까? 어느 것이 우리에게 더 도움이 될까?

당연히 전자가 더 도움이 될 것이다. 그런데 심리적 성장 과정에서는 후자의 상황을 흔히 목격할 수 있다. 이를테면 심리 상담가를 만날 때 증상만 가지고 오는 게 아니라 자신의 방어 기제도 함께 데리고 오는 것이다.

사람들은 심리 상담가가 자신의 문제를 시원하게 해결해 주기를 바라면서도, 다른 한편으로는 문제 해결을 유보하여 안정감을 느끼려고도 한다. 남들 눈에 자신이 더 괜찮고, 더 유능하고, 더 가치 있는 사람으로 보이기를 바라기 때문이다.

자신을 받아들이지 못하기 때문에 자신의 문제를 감추는 것이라고 볼 수 있다. 긴장과 불안을 느끼기 때문에 자신의 이런 상황을 받아들이는 것으로 안전한 행동을 선택하는 것이다. 관계가 더 안정됐다고 느껴지면 자연스럽게 방어 태세를 풀게 된다. 하지만 자신의 이런 상황을 받아들일 수 없을 때도 있는데, 이런 자기 모습도 받아들여야 한다. 이것을 말로 표현하기는 어렵지만 의미는 대강 이런 것이다.

당신이 자신의 특정 모습을 받아들일 수 있든 없든 다 괜찮다. 그것들이 모두 당신의 진실한 느낌이고, 자신을 지금 이 상태에 머물도록 허용하는 것만으로도 충분하다. 당신이 개방적인 방법으로 진찰을 받든 아니면 옷을 몇 겹씩 껴입는 폐쇄적인 방법으로 진찰을 받든, 둘 중에서 무엇이 옳고 무엇이 그르다고 말할 수는 없다. 그저 자신의 상태를 바라보는 것만으로도 충분하다. 그것을 서둘러 바꾸려고 애쓸 필요는 없다.

　수용의 첫걸음은 더 나은 모습이 되기 위해 억지로 자신을 바꾸려 하지 않고 자신이 변하지 않아도 괜찮다고 허용하는 것이다. 수용하든 수용하지 못하든, 원망하든 원망하지 않든, 지금의 위치에서 자신이 처한 상황을 바라볼 수만 있어도 매우 큰 가치가 있다.

받아들이는 것은
진실하게 나를 관찰하는 것이다

　어렸을 때 우리는 자신을 완전히 받아들일 수 있었다. 배고프면 울고 기쁘면 웃었다. 자신의 단점에 대해서는 생각조차 하지 않았다. 하지만 우리가 감정을 드러낼 때마다 모든 양육자가 감당해낼 수 있는 것은 아니다. 일부 양육자는 조바심이 나서 아이에게 완성된 규칙을 가르치기 시작한다. 이후부터는 이 규칙을 내세워 아이를 통제하고 다스린다.

　이런 교육을 받은 아이는 사회화 과정을 거치면서 사회의 규칙도 전부 받아들이게 된다. 그와 함께 아이의 마음속에서 충분히 표출되지 못한 채 웅크리고 있던 감정이 천천히 잊히면서 무미건조한 규칙만이 그곳에 남아 아이를 지탱하게 된다. 간혹 나이는 어리지만 지나치게 철이 든 아이를 볼 수 있는데, 그런 아이는 자신을 받아들이는 데 종종 어려움을 겪는다.

　자신에게 그렇게 많은 제한을 두지 않는다면 모든 사람은 자신을 받아들이는 능력을 갖출 수 있을 것이다. 하지만 수용 능력이 갑자기 사라졌다면 자신의 역량보다 강한 힘에 가로막힌 것이다.

이런 힘이 반드시 양육자에게서 비롯되는 것은 아니고 친밀한 관계에서 우세를 보이는 배우자나 사회적 지위가 더 높은 손윗사람, 친구에게서 나올 수도 있다. 예컨대 당신은 스스로 약하다고 느껴질 때 힘의 비호를 받으려 할 것이다. 하지만 그 힘이 당신을 특정한 모습으로 바꾸려고 하면 당신이 현재 자기 모습을 받아들이는 데 방해가 될 것이다. 그 힘이 자신에게 도움이 될 줄 알았는데 도리어 일을 그르치는 것이다.

받아들이지 못하는 태도에는 조급함이 숨어 있다. 이미 정상에 올랐는데도 상대방이 있는 곳이 더 멋진 것만 같아서 단번에 그곳으로 뛰어넘어 가려고 하지만 결국 건너가지 못하는 것과 같다. 우리는 저마다 다른 내면의 모습을 가지고 있는데 자신이 가지고 있는 것을 포기하려는 사람이 많다. 자신을 이해하지 못하고 자신이 얼마나 중요한 존재인지 느끼지 못했기 때문이다.

여기 나무 한 그루가 있다. 뿌리가 발달하지 못한 나무는 필사적으로 영양분을 흡수해도 자라는 데 힘들다고 느낄 것이다. 나무는 자신이 형편없다는 생각이 들면서 다른 나무만 못하다고 느낄 수 있다. 만일 이 나무가 자신이 어떻게 지금의 모습으로 자랐는지, 어떻게 양분을 흡수하고 전달해서 성장했는지, 어떤 노력을 했는지, 어떤 어려움을 겪었고 어떻게 이겨냈는지,

어떤 느낌을 받았는지 알 수 있다면 자신에 대한 이해를 바탕으로 자신을 새롭게 정의할 수 있을 것이다.

나무가 자신을 잘 알게 된다면 더는 두렵지 않을 것이다. 여전히 잘 자라지 못해도, 뿌리가 튼튼하지 못해도, 자신의 문제를 계속 발견하더라도 더는 자신을 형편없다고 여기지 않고 지금의 위치에서 자신을 지지해나갈 것이다. 이것이 바로 자기 수용이다.

자기 수용은 좋은 점과 나쁜 점을 모두 괜찮다고 여기는 게 아니다. 일정한 과정을 거친 후에 최종적으로 내린 다음의 결론을 받아들이는 것이다.

'삶에 존재하는 모든 양상에는 심오한 의미가 깃들어 있어서 실패하고 후회하더라도 우리는 그것을 통해 자신을 충분히 지지할 힘을 얻을 수 있다.'

자신을 받아들인 사람만이 지속적으로 자신을 지지할 수 있고, 현실에서 내면이 이끄는 대로 변화를 만들어낼 수 있으며, 더욱 자기다운 삶을 살아갈 수 있다. 하지만 무엇보다 중요한 것은 변화하는 것이 아니라 인지하고 느끼고 감지하는 과정을 통해 자신의 내부로 깊숙이 들어가 자신을 받아들이는 것이다.

수용력은 우리가 행복하게 살아가는 데 필요한 네 가지 핵심 능력 중 마지막 요소다. 인지력과 감수성, 감지력이 충분히 발달해야만 갖출 수 있는 능력이다. 다시 말해 우리는 인지하고 느끼고 감지하는 능력을 갖춘 후에야 진정으로 자신을 받아들일 수 있다.

03 자기 수용의 단계

　　진정으로 자신을 받아들이려면 어떤 단계를 거쳐야 할까? 다음의 내용을 살펴보자.

　　첫째, 자신에게 호기심을 갖고 내면에서 떠오르는 것을 충분히 느낀다.

　　자신을 받아들이고 싶으면, 우선 자신이 이해하지 못하는 것이 있을 수 있다는 점을 인정하고 이를 전제로 해야 한다.

　　수용은 도의상 받아들이는 것이 아니며 맹목적으로 받아들이는 것은 더더욱 아니다. 이런 '위조된 수용'은 우리의 성장에 도움이 되지 않을뿐더러 오히려 진정으로 자신을 받아들이는 과정을 방해할 수 있다.

　　내가 무슨 말을 해도 다 이해해주고 긍정해주는 내담자가 종종 있다. 그럴 때마다 나는 특히 주의를 기울인다. 모든 것을 수용하는 것처럼 보이지만 실제로 그는 진정한 자신을 숨기고 있다. 우리는 오랜 시간이 지나고 '위조된 수용'이라는 연극의 막이 완전히 내려졌을 때 진실한 자신의 마음과 조우할 수 있다.

　　이 단계에서 자주 맞닥뜨리는 문제는 바로 이것이다. '좋다'는 기준에 익숙해져서 일단 느낌 안에서 좋지 않은 부분과 연결되면 왠지 모험을 하는 느낌이 든다는 것이다. 그 길은 이전에 가본 적이 없어서 극도의 두려움이 밀려온다. 이 두려움 때문에 자기 탐색이 도중에 중단되기 쉽다.

이 단계에서 가장 중요한 것은 예컨대 과거에는 목발을 짚어야만 걸을 수 있었던 사람이라면 천천히 목발에서 벗어나려고 해야 한다는 것이다. 의지하는 방식은 잠시 한쪽에 내려두고 자신에게 더 많은 호기심을 갖고 자신에게 일어난 일이 무엇인지 살펴봐야 한다.

둘째, 자신의 느낌에 따라 자신을 충분히 이해한다.

자신에게 충분히 호기심을 갖고 자기에게 공간을 남겨두면 우리 안에서 천천히 떠오르는 많은 정서와 감정을 느낄 수 있다. 이때 가장 중요한 것은 부정하거나 평가하지 않고 그것들을 이해할 수 있는 더 많은 공간을 자신에게 마련해주는 것이다.

아이가 큰 소리로 울어댈 때 가장 먼저 해야 할 일은 아이가 우는 데는 그 나름의 이유가 있다고 가정하는 것이다. 무력으로 울지 못하게 막는 것이 아니라 울게 내버려 둠으로써 감정과 느낌을 표현하도록 허락해야 한다. 이렇게 하면 아이는 자연스럽게 잠잠해질 것이고 우리는 그 이면에 숨겨진 근본적인 이유를 찾아낼 수 있다.

자신과 마주할 때도 아이를 대할 때처럼 너그러워져야 한다. 이때 우리가 어떤 생각을 하고 있거나 어떤 감정을 가지고 있든, 그런 것들은 모두 중요하지 않다. 중요한 것은 자신에게 분명한 이유가 있다고 믿어야 한다는 것이다. 자신의 이면에 숨겨진 근본적인 이유를 찾아서 과거의 망가진 부분들을 회복하면, 다른 사람에게 이해받을 만한 가치가 있는 사람이 될 것이다.

따라서 심적 외상을 겪은 사람들에게 가장 중요한 것은 성급하게 다른 사람의 조언을 통해서 안정을 얻으려고 하지 않는 것이다. 우선 자신이 흔들리면 흔들리는 대로 둔다. 다른 사람이 보기에 그렇게 놔두어서는 안 될 것 같더라도 잠시 내버려 둔다. 균형을 가장 빨리 회복하는 방법은 자신을 흔들리게 그냥 놔두는 것이다. 흔들어야 경직된 부분이 풀어지고 인생에서 더 큰 자유를 얻을 수 있다. 성장하기 위해 사춘기가 필요한 것처럼, 외롭고 흔들리고 남에게 이해받지 못하더라도 변함없이 자신을 믿고 나아가는 시기가 있어야만 단단한 사람으로 성장할 수 있다.

다른 사람에게 이해받지 못하더라도 끝내 자신을 포기하지 않을 때, 자신을 깊이 이해할 수 있고 자신과 가장 친밀한 벗이 될 수 있다. 어느 한 부분을 이해할 수 있으면 자신에 대해 더 많은 것을 이해할 수 있다. 자신의 어느 한 부분을 수용할 수 있으면 더 많은 자기 수용을 이룰 수 있다. 앞으로 더 큰 어려움에 직면하더라도 더는 두려움에 쉽게 무너지지 않을 것이다.

셋째, 감지와 확인을 통해 자신이 가장 바라는 인생을 살아간다.

과거의 어떤 느낌, 예를 들면 분노 같은 것에 계속 머무르며 그것을 이미 충분히 경험하면 그 감정의 고조는 언젠가 반드시 잦아든다. 이때 자신이 화를 내는 것으로는 계속 만족을 얻을 수 없다는 사실을 발견한다. 분노가 가라앉은 후에 우리는 심리적인 자기 공간을 더 많이 갖게 되고, 이곳에서 불만족을 느끼기 시작한다. 마음이 공허해지며 약간의 실망감도 느끼게 된다.

이 무렵 우리는 자연스럽게 자신을 채우기 위한 무언가를 찾으려 하고 현실에서 뭔가를 해야 할 것만 같아 견딜 수가 없어진다. 이렇게 약간 들뜬 상태에서의 혼란은 종종 감지력을 활성화한다. 내면에서 무언가가 솟구치는 듯한 느낌이 들면서 자신이 무엇을 원하는지 자신에게 확인해볼 수 있다.

확인을 하고 나면 마음속에 오랫동안 억눌려 있던 갈망이 되살아난다. 갈망은 우리의 가장 진실한 부분이다. 과거에는 그것을 담아놓을 공간이 없어서 한쪽에 밀어둘 수밖에 없었지만, 지금은 공간이 생겼으니 그것의 순수하고 역동적이며 선천적인 측면을 소중히 바라볼 수 있다.

인생이 이렇게 진실하고 생기 넘치는 모습으로 변해가면 인생 궤도를 수정할 수 있다. 진정으로 자신을 받아들였을 때 그것은 우리의 행동 안에 녹아들 것이다. 우리는 자신이 저력을 갖게 됐음을 느낄 수 있고, 현실에서 자신을 지지할 힘이 생겼다는 것도 느낄 수 있다. 상대방 역시 우리에게 큰 변화가 생겼음을 한눈에 알아볼 수 있다.

치유 노트

1. 현재의 위치에서 자신이 앞으로 나아가도록 허용하는 것이 자기 수용의 첫걸음이다.
2. 이해하는 만큼 자비롭게 받아들일 수 있다. 받아들이는 것은 진실하

게 자신을 관찰하는 것이다.

3. 일정한 인지력, 감수성, 감지력을 갖추고 난 후에야 진정으로 자신을
받아들일 수 있다.

4.

나의 핵심 성향을 찾는 것이
관계를 유지하는 밑바탕이 된다

배우 류타오(劉濤)가 출연한 드라마 〈아문도요호호적〉이 한때
큰 인기를 끌었다. 극중에서 그녀는 좋은 집안 출신으로 가족들
이 반대하는데도 집안 배경이 큰 차이가 나는 남자와 결혼했다.
일 중독인 남편은 오직 일에만 전념하여 마침내 아내에게 약속
했던 대로 호화 저택을 구입했다. 반면 아내는 결혼 후에 좋아
하던 일을 포기하고 전업주부가 되어 남편을 내조하고 자녀를
가르치는 데 매진했다.

　남편은 밖에서 접대할 일이 많아 얼굴조차 보기 힘들었고,
부부 사이에는 오랫동안 소통이 부족했다. 아내는 외로움과 고
통 속에서 시달리다가 심각한 우울증을 앓게 됐다. 하지만 아내
가 우울증 때문에 자살하려 했다는 소식을 듣고도 남편은 병원

으로 바로 달려가지 않았다. 남편은 자기가 일하는 것이 모두 아내와 아이에게 윤택한 생활을 제공하기 위한 것인데 아내는 인정해주기는커녕 항상 억지를 부리고 문제를 일으킨다고 생각했다.

이것이 바로 '쇼윈도 부부'라는 난관이다. 처음에는 남편과 아내가 모두 가정을 지키기 위해 최선을 다한다. 점차 남편은 일에서 전성기를 맞이하고, 아내는 일을 그만두고 전업주부가 된다. 이때까지만 해도 서로 부당하다고 여기지 않는다. 그러던 어느 날 아내와 남편은 둘 다 감정적인 외로움을 더는 견디지 못하게 된다. 남편은 소극적으로 현실에 안주하려는 아내를 무시하고, 아내는 소원한 관계를 더는 참지 못한 채 속으로 불만을 쌓아간다. 이 과정에서 남편도 아내와 똑같이 타격을 받긴 하지만 그가 직면한 고통은 그래도 아내보다 훨씬 가볍다. 관계의 어려움을 겪는 것은 마찬가지라고 해도, 아내는 결혼 생활을 위해 거의 모든 것을 포기했지만 남편은 그렇지 않기 때문이다.

이 드라마를 두고 일각에서는 극중의 아내가 가여워 보이기는 하지만 동정심을 불러일으키지는 못한다고 평가하기도 했다. 결혼 생활에서 아내가 잃은 것은 배우자가 아니라 자신이기 때문이다.

 **자신을 잃은 사람은
관계 속에서 아주 힘들게 살아간다**

이전에 내가 만났던 한 내담자도 전업주부였다. 그녀

의 남편은 젊고 유능해서 단기간에 유명 기업의 사장이 되었고 그녀는 가정에 남아 가족을 지키는 길을 선택했다.

결혼 후 2년 정도는 남편이 "여보, 너무 고생했어. 내가 반드시 당신을 행복하게 해줄게"라고 말하곤 했다. 하지만 3년째 무렵부터 남편은 툭하면 짜증을 냈다. 예를 들어 어떤 사회적인 견해에 대해 이야기를 나눌 때 그녀가 자신의 의견을 말한 적이 있다. 그러자 남편이 이렇게 말하는 것이었다.

"당신은 집에 있더니 바보가 된 거야? 아니면 이해력이 떨어지는 거야?"

뛰어난 커리어 우먼이었던 시절의 그녀였다면 분명히 호되게 받아쳤을 것이다. 하지만 3년 동안 집에 있으면서 매일 아이만 상대하고, 집안일과 장보기가 하는 일의 전부였던 그녀는 자신이 정말로 사회와 동떨어진 사람이 됐다고 생각했다. 남편에게 시대에 뒤떨어진 사람으로 보이고 싶지 않았다.

그녀는 우선 남편이 좋아하는 주제와 관련하여 여러 가지를 알아보고 공부했다. 이것을 바탕으로 남편과 대화를 해보려고 시도했는데 남편은 여전히 빈정댈 뿐이었다.

"모르면서 아는 척하지 마. 그게 더 꼴불견이라고."

개인적인 의견을 말하는 것뿐만 아니라 자녀 교육, 가사 분담에서도 남편은 언제나 위에서 내려다보는 시선으로 그녀에게 이거 해라 저거 해라 명령을 내렸다. 그래도 그녀는 어지간하면 남편에게 맞추려고 했다.

하지만 남편의 마음에 들려는 그녀의 노력은 헛수고였고

그는 오히려 그녀를 점점 더 싫어했다. 심지어 남편은 바람까지 피웠다. 그녀가 그 사실을 알고 따지자 남편은 적반하장 격으로 이런 말을 내뱉었다.

"내가 바람을 피운 건 다 당신이 자초한 일이야. 지금 당신 꼴을 봐. 배알도 없고, 성취욕이라고는 눈곱만큼도 없잖아. 당신은 괜찮을지 몰라도 난 더는 못 참겠어."

남편은 몰인정하게 그녀를 떠났다. 헤어질 때 그녀에게 재산을 더 챙겨주지도 않았다. 그제야 그녀는 자신을 잃어가며 아등바등했던 지난 몇 년 동안의 노력이 모두 헛수고였다는 것을 깨달았다. 그뿐만이 아니라 자신에 대한 자신감도 함께 사라졌다는 것을 깨달았다. 원래는 최선을 다해 가정과 결혼 생활을 위해 헌신하고 싶었을 뿐인데 그것이야말로 자신을 집어삼키는 거대한 함정이었음을 알게 됐다.

아픔이 가라앉은 후 실패를 되새기며 그녀는 자기 성장의 길을 나서기로 했다. 에너지 가득한 자기 모습을 되찾고 싶었다.

관계에서 오는 고통을 계속 참을 수 있는 사람은 없다. 결혼 생활을 더 오래 유지하고 싶다면 한없이 참는 게 아니라 관계 안에서 더 편안한 상태로 지낼 수 있도록 자신을 위해 더 많은 고민을 해야 한다.

02 친밀한 관계에서
내가 존중받을 만하다고 느끼게 하는 것은 무엇일까

도의적으로 존중에는 어떤 조건도 필요 없다. 사람이라는 것만으로도 우리에겐 존중받을 권리가 있다. 그런데 사람들의 심리 상태를 들여다보면 자신이 존중받을 만하다고 느끼는 정도는 저마다 다르다. 내가 자신을 별로라고 느끼면 다른 사람이 나를 무시하도록 허용하게 된다. 반대로 내가 자신을 좋아하면 내 입장에 서서 분명하게 자신을 위해 말할 수 있다. 관계 안에서의 존중은 상대방이 나에게 주는 것이면서도 내가 자신에게 주는 것이기도 하다.

스티브 잡스(Steve Jobs)의 아내 로린 파월 잡스(Laurene Powell Jobs)가 남편과 처음 만났을 때였다. 스티브 잡스는 당시 아직 사업적으로 그리 대단한 사람도 아니었고 사생활에서도 문제가 있어 보였다. 두 사람 사이에 아이가 생겼지만 그는 결혼하자는 말도 꺼내지 않았고 오히려 사방에 스캔들만 무성했다.

그녀도 고민이 깊어졌지만 그 때문에 실의에 빠지지는 않았다. 자신을 포기하는 일은 더더욱 없었다. 둘의 관계가 자신에게 주는 의미와 자신이 바라는 인생이 무엇인지 분명하게 정립한 후에 그녀는 더욱 확고한 길을 걸을 수 있게 됐다.

우여곡절 끝에 결혼한 후, 그녀는 인터뷰를 통해 다음과 같이 말했다.

"당신이 하고 싶은 일을 하세요. 당신이 생각하기에 중요하고도 영원할 것 같은 흔적을 남기세요. 그러면 삶은 헛되지 않을 것입니다."

결국 그녀는 성공한 투자자이자 자선사업가가 됐다. 과거에 스티브 잡스도 여러 자리에서 자신의 성공을 그녀의 공으로 돌리며 이렇게 말했다.

"제가 이룬 성과는 모두 저의 결혼과 아내 덕분입니다. 정말 고맙게 생각합니다. 아내는 저의 소울메이트입니다."

어떤 매체는 이런 평을 내놓기도 했다.

'로린 파월 잡스가 특별한 마력을 부린 것은 아니다. 그녀가 유일하게 한 일은 이 결혼 생활에서 그녀답게 행동한 것이다.'

사람이 최대한 자기답게 살아갈 수 있을 때 더 나은 자아 상태를 유지할 수 있고, 스스로 존중받을 만한 가치가 있다고 느낀다. 관계 안에서 자신이 존중받을 만하다고 느낄 수 있느냐 아니냐는 그 사람의 마음속에 의지할 수 있는 안정되고 견고한 것들이 존재하느냐 아니냐에 달렸다. 이것을 '중심 특질'이라고 부른다.

중심 특질이 부족한 사람은 줏대 없이 매사에 순종하거나 인내하거나 양보하거나 원망하는 식으로 무사안일하게 지내려고 한다. 그런 사람에게는 불확실한 도전에 맞서도록 자신을 이끌어줄 기준점이 없다. 반면 자신의 중심 특질을 확인하면 살아가는 데 필요한 참고 기준이 생기면서 어떤 일에 부딪혀도 혼란스럽지 않을 수 있다. 다른 사람에게 어떤 취급을 받든 상관하지 않고 자신의 마음이 견고한 확신을 바탕으로 삶의 의미를 찾을 수 있을 때, 우리는 내면과 외면에서 안정감을 얻고 관계 안에서 더욱 자신감이 생기며 자신을 더 많이 존중할 수 있다.

 03 아무리 어려워도 중심 특질을 확인하는 일을 포기해선 안 된다

이제 막 아이를 낳은 친구가 있다. 전업주부로 살 생각이 없었던 그녀는 일단 회사에 출산 휴가를 냈다. 그 완벽한 시간을 활용해 이전에 시간이 없어서 보지 못했던 양서를 마음껏 읽어보기로 했다. 앉아서도 읽고 서서도 읽고 누워서도 읽고 걸으면서도 읽고, 틈만 나면 책을 읽었다. 1년 후 업무에 복귀할 무렵 그녀는 거의 100권에 달하는 책을 읽은 상태였다. 과거 10년 동안의 독서량과 맞먹는 수준이었다.

이렇게 많은 책을 읽고 무엇을 얻게 됐는지 묻자 그녀가 답했다.

"책을 읽고 나 자신을 좋아하게 됐어. 책을 통해 확실히 시야도 넓어졌어. 특히 전문적인 사고에서 말이야. 예전에 난 계속 일만 하느라 바빴는데 이런 여유로운 시간이 나에게는 정말 특별했어."

직장으로 복귀하고 나서 그녀는 업무에 잘 적응했을 뿐만 아니라 몸도 출산 전의 모습으로 금세 회복됐다.

누군가는 이렇게 말할 것이다.

"그 사람은 팔자가 좋아서 그렇게 할 수 있었겠지. 보통 사람 같으면 아이를 돌보면서 어떻게 그렇게 짬을 내 책을 볼 수 있겠어!"

사실상 여건은 스스로 만드는 것이다. 예를 들어 아이가 자거나 학원에 간 시간, 평소보다 조금 일찍 일어난 시간 같은 것들이다. 중요한 것은 한가한 시간을 마련하기 이전에 자신에게 중요한 게 무엇인지 감지하는 것이다. 다시 말해 이 한가한 시간에 무엇을 집어넣느냐가 중요한 것이다.

'나는 왜 이렇게 재수가 없지?'라며 계속 불평하거나 '저 사람은 왜 나한테 퉁명스럽게 구는 거지?'라며 원망하는 것으로는 근본적인 변화를 이끌 수 없다. 많은 관계가 틀어지는 이유는 결국 두 사람이 각자의 위치에 머물며 성장을 위해 더 많은 노력을 기울이지 않기 때문이다.

자신의 중심 특질을 찾아내고 싶으면 절대 포기할 수 없는 일이 무엇인지 끊임없이 확인해야 한다. 다른 사람의 환심을 사기 위해서 무슨 일이든지 할 수 있는 사람이 되어선 안 된다. 이런 마음은 자멸로 이끌 것이다. 또한 자신에게 충분히 중요한 부분을 가려내 다른 중요하지 않은 부분과 구분할 수 있어야 한다. 그것이 아무리 어렵더라도 자기에게 중요한 부분은 견지해나가야 한다.

자신의 중심을 잡아 정체성을 확립했을 때 그것에 몰두하여 찾아낸 중심 특질은 우리의 관계를 가장 깊이 연결해준다. 관계의 안정을 유지하는 근원은 바로 우리 안에 있다. 관계가 틀어지는 것은 물론 쌍방의 잘못이다. 하지만 그 전에 관계의 변화를 원한다면 먼저 내가 속마음을 분명하게 밝히고 나에게 가장 중요한 내적 특질을 확정하여 그것을 견지하는 데 모든 노력을 기울여야 한다. 그렇게 했을 때 더욱 자신 있고 용감한 사람으로 거듭날 수 있다. 또한 자신이 매력적이고 사랑받을 만하다고 믿게 될 것이다.

─────────────── **치유 노트** ───────────────

1. 관계 안에서 자신을 잃은 사람들에게 가장 중요한 것은 상대방을 변화시키는 것이 아니다. 자기 성장을 통해 자신의 내재적 심리 메커니즘을 공고히 하는 것이 가장 중요하다. 그렇게 했을 때 관계 안에서 존중받을 수 있다.
2. 자신의 중심 특질이 무엇인지 확인하면, 살아가는 데 필요한 내적 참조 기준이 생기면서 어떤 일에 부딪혀도 당황하지 않을 수 있다.

5.

가장 좋아하는 내 모습으로 살아야
행복과 만날 수 있다

최근 몇 년 동안 대부분 내담자는 내가 말하는 '자기 성장'에 대
해 처음에는 별로 공감하지 못했다. 특히 결혼 생활에서 무력감
을 느끼는 사람들은 관계의 문제가 모두 상대방에게서 비롯되
는 것으로 여겼다. 상대방이 변하기만 하면 모든 문제가 저절로
해결될 텐데 잘못한 것도 없는 자신이 왜 성장해야 하는지 이
해할 수 없다는 반응이었다.

그들은 결혼 생활을 만회하려고 애써봤지만 끊임없이 높
은 벽에 부딪혔고, 그제야 마지못해 자신을 성장시키는 길에 발
을 올리기로 마음먹었다. 그들은 이 길에 들어서고 나서야 자신
을 바꾸는 것이 얼마나 어려운 일인지 이해하게 됐다. 또한 자
신이 처음에 상대방의 생각을 즉시 바꾸려 했던 시도가 얼마나

터무니없는 일이었는지도 깊이 깨닫게 됐다.

문제가 이미 발생했다면 부부 각자의 입장에서 상대방을 바꾸는 것은 절대 쉬운 일이 아니다. 하지만 관계 안에서 자신은 탐색하지 않으면서 상대방의 변화만을 바라는 사람이 얼마나 많은가.

 01 **상대방의 변화에 매달릴수록**
나의 성장은 가로막힌다

한 내담자는 어려서 부모의 말다툼이 끊이지 않는 환경에서 자랐다. 그녀는 앞으로 반드시 자기에게 잘해주는 사람을 만나 부모님이 겪었던 갈등의 패턴에서 벗어나겠다고 다짐했다.

결혼 전에 남자친구는 그녀의 말을 매우 잘 따라줬다. 그녀가 무슨 말을 하면 바로 들어줬다. 하지만 결혼하고 1년 후, 그들 사이에 심각한 의견 차이가 발생했다. 시간이 갈수록 두 사람 사이에는 항상 이견이 생겨났고, 그때마다 그녀는 남편에게 자기 의견을 따르라고 강요했다. 남편이 조금이라도 불쾌해하거나 화를 내거나 자신을 지지해주지 않으면, 남편에게 문제가 있다고 여겼다. 사실 남편이 그녀 말을 대부분 따라주는 편이었는데도 그녀는 남편에게 불만이 많았다. 다른 집 남편들처럼 무조건 자기를 이해해주고 긍정해주고 지지해주지 않는다며 원망을 쏟아냈다.

결혼 3년 후, 그녀는 절망에 빠졌고 남편에게 이혼하겠다고 말했다. 결혼이 자기를 자유롭지 못하게 만들어 자기답게 살아갈 수 없다고 판단한 것이다. 그녀는 줄곧 남편이 바뀌기를 바랐지만 남편은 변하지 않았고, 불만이 계속 쌓이면서 마음이 괴로워졌다. 하지만 결혼 생활에서 벗어나면 어떻게 살아갈 수 있을지 그녀 자신도 알 수 없었다.

내가 물었다.

"당신의 불만은 아주 오래전부터 시작된 것으로 보이는데, 왜 자신을 위해 무언가 행동을 취하진 않으셨나요?"

그녀가 대답했다.

"이혼에 대해 말씀하시는 건가요? 이혼 이야기를 꺼내긴 했어요. 그런데 아직 제대로 생각해본 적은 없어요. 그 사람에겐 안 좋은 점도 있지만 여전히 저에겐 많은 면에서 정말 필요한 사람이거든요. 다만 불만인 건 제 생각이 분명히 옳은데도 그 사람이 인정해주지 않는다는 거예요."

"남편분이 인정해주지 않는데 당신이 계속 자기 생각을 밀어붙인다면 어떻게 될까요?"

"생각도 하기 싫지만 분명히 크게 다투겠죠. 그러다가 결국 이혼하게 될지도 모르죠. 아니면 제 부모님과 마찬가지로 평생 싸우면서 결국 이해하지 못하는 채로 살 수도 있고요."

"그럼, 남편이 지지해주지 않아도 자기 생각을 꿋꿋이 지켜나간 적은 없나요?"

"네, 없어요. 저는 말이죠, 저는 줄곧 기다리고 있었다고요! 좋은 사람을 만나서 그 사람의 인정을 받고 제가 달라질 수 있기를 바랐어요. 하지만 보시다시피 그 사람은 조금도 절 이해해주지 않아요. 정말 너무나 실망스러워요."

"상대방이 당신을 인정하지 않더라도 자기 생각대로 살아가거나 자신이 좋아하는 모습으로 새롭게 태어나는 것에 대해서 생각해본 적이 있으신가요?"

"그게 가능하려면 답은 하나밖에 없어요. 우리가 이혼하는 거죠."

우리는 이 내담자에게서 깊은 무력감을 엿볼 수 있다. 이런 무력감은 그녀가 직면한 문제에서 비롯된 것이 아니다. 그녀가 몇 년 동안 계속 불평만 했지 그런 상황에 처한 자신을 위해 무엇을 할 수 있는지 깨닫지 못한 데서 비롯된 것이다.

남편이 바뀌지 않고 자신을 인정해주지 않는 것에 대해 계속 원망하기만 하면 그녀는 스스로 성장하기 위해 노력하지 않아도 된다. 하지만 인생의 모든 불행을 남의 탓으로 돌리는 것은 어린아이의 사고 패턴에 불과하다.

그녀에게 관계 개선을 위해 왜 노력하지 않느냐고 하면 그녀는 분명히 수긍하지 않고 이렇게 반박할 것이다.

"저도 노력했어요. 그냥 말로도 해봤고 싸워도 봤는데 그 사람이 저를 인정해주지 않으니 제가 뭘 어떻게 하겠어요?"

여기에서 주의를 기울여 살펴볼 점이 있다. 그녀의 행동은 분명히 자신의 생각을 인정받으려는 노력의 일부이지만, 동시에 안정감을 얻으려는 행동이기도 하다는 사실이다. 그녀가 자신의 많은 에너지를 논쟁하거나 인정받는 데 소모하는 것은 생각대로 행동하기 어려운 자신의 부족함을 가리기 위한 것이다.

즉 그녀는 제자리에서 한 발짝도 움직이지 못하는 자신을 상대방이 왜 앞으로 밀어주지 않는지 원망만 하고 있는데, 이는 그녀가 앞으로 나아갈 힘이 없는 자신의 실체를 타인에 대한 원망을 통해 감추려 하는 것이다.

이런 태도로는 앞으로 나아가는 능력을 발전시키지 못한다. 그뿐만이 아니라 자신을 헛된 의존에 빠뜨려 계속 다른 사람을 원망하고 자기 자신과 마주하는 일에서 도망치게 한다.

 02 행복은 남이 주지 않아도 내가 나에게 줄 수 있다

인정받기를 간절히 바랐던 여성의 사례와 마찬가지로, 헌신적인 노력을 기울이면 배우자가 자신을 행복하게 만들어주리라고 믿는 것 역시 일종의 안전 행동 패턴이다. 그런 관계 안에서 좋은 점을 찾을 수 없다는 게 아니다. 단지 어떤 것에 완전히 의존하는 것은 자신이 지금 서 있는 곳에 어떤 장애물이나 결함이 존재할 수 있음을 의미한다는 얘기다.

부부 사이에서 항상 최선을 다하고 남편에게 매우 극진한 여성이 있었다. 그녀는 자신이 헌신한 만큼 남편도 동등한 수준으로 자신을 존중해주기를 바랐다. 하지만 상황은 뜻대로 흘러가지 않았다. 남편은 호의를 누리기만 했지 그녀가 바라는 만큼 세심하게 그녀의 느낌을 보살펴주지는 않았다. 그녀는 솔직하게 말하지 못하고 마음속으로 계속 섭섭함을 느꼈다. 그러다가 정말로 참을 수 없는 지경에 이르렀을 때 그녀가 심정을 털어놓자 남편은 오히려 이렇게 받아쳤다.

"내가 당신더러 이렇게 잘해주라고 한 적 없잖아. 하기 힘
들면 좀 작작 하라고!"

상대방에게서 행복을 얻으려 했던 그녀의 시도는 실패로
끝이 났다.

이것은 우리 주변에서 흔히 볼 수 있는 광경이다. 사람들은
자신이 상대방에게 잘하면 자기가 원하는 것을 돌려받을 수 있
다고 생각한다. 하지만 아무리 잘해줘도 상대방이 반드시 돌려
주는 것은 아니고, 관계 역시 좋아지는 것은 더더욱 아니다.

헌신이 보답을 받기는 어려운 법인데, 왜 사람들은 그토록
공을 들이며 노력을 멈추지 못하는 걸까?

분명한 것은 그들이 헌신을 통해 스스로 안정감을 느낀다
는 것이다. 도의적인 수준에서 자신이 최선을 다하면 행복도 얻
을 수 있다고 생각한다. 하지만 이것은 행복을 완전히 타인에게
의탁하는 것이다. 관계 안에서 아무리 자신을 버려도 행복을 가
져올 수는 없다.

안정감을 얻기 위한 이런 행동은 일시적인 고통에서 벗어
날 수 있도록 도움을 주기도 하지만, 동시에 자신을 발전시킬
자리에 올라서지도 못하게 한다. 그들은 인정이나 보답을 받기
위해서 상대방에게 헌신한다. 이제 상대방이 바뀌기만 하면 자
신은 더 이상 고통스럽지 않으리라고 생각한다. 고통의 진짜 원
인은 자신의 무력감인데 그것을 깨닫지 못하는 것이다.

앞서의 두 가지 사례를 살펴보면, 전자의 여성은 안정된 자

아를 갖추지 못하고 관계 안에서 자기 삶을 살지 못해 상대방이 인정해주기만을 힘겹게 바라고 있었다. 실제로 그녀 내면에서 자신을 부정하는 목소리가 남편이 그녀를 부정하는 목소리보다 훨씬 크다. 후자의 여성은 남편에게 헌신하고 잘 보이려는 것 이외의 방식으로는 자신의 가치를 느낄 수 없었다. 따라서 항상 그런 방식만이 자신을 행복하게 할 수 있다고 여겼다. 그녀가 그렇게 헌신하면서도 자신을 인정하지 못하는 것은 남편이 그녀를 인정하지 않는 것보다 정도가 훨씬 심했다.

사람들은 심리적 발전 과정에서 벽에 부딪혔을 때 다른 방법으로 엄청난 노력을 기울여 그 벽에 대한 보상을 받고 싶어 한다. 하지만 이런 바람이 뜻대로 이루어질 리 없다. 게다가 상대방이 그의 끝없는 보상 심리를 이용해 더욱 큰 상처를 줄 수도 있다.

관계 자체로 돌아가 자신의 성장에 대해 각자 책임을 져야 한다. 상대방에게 잘해주면 그가 다시 나에게 잘해주는 방식보다는 일단 내가 행복한 마음으로 살아가고 상대방과 나의 관계에 대해서 되도록 홀가분한 마음을 갖는 것이 더 좋다.

행복은 다른 사람에게서 받는 것만이 전부가 아니라 내가 나에게 주는 것이기도 하다. 이 두 가지 사이에는 매우 깊은 관련성이 있다. 내가 나를 소중히 여길 때 삶은 더욱 행복해진다. 나아가 다른 사람이 함부로 나에게 상처 주는 것도 더는 허락하지 않게 된다.

어떤 상황에 처하든, 다른 사람에게 어떤 대우를 받든 내가 나의 열렬한 지지자이자 충실한 동반자가 되어 자신에게 이렇게 물어보면 된다.

'더 행복해지려면 나를 위해 무엇을 해야 할까?'

03 새로운 모습으로 거듭나면 새로운 인생을 선택할 수 있다

대부분 사람은 친밀한 사이가 되면 그 관계가 언제나 가장 아름다운 모습으로 머물러 있기를 바란다. 하지만 이런 간절한 바람을 가지고 있는 자기 모습을 받아들이면서도 한편으로는 관계가 늘 변한다는 사실 역시 받아들여야 한다.

모든 사람은 변화에 적응하기 전에 일정 기간 부적응에 직면하며, 자신이 고집하는 특유의 안정감을 얻기 위해 특정 행동을 취할 수도 있다. 현실적인 필요에서 비롯된 것이지만 이것 때문에 사람은 단번에 새로운 모습으로 바뀔 수 없다.

최근 2년 동안 나와 남편 사이에 약간의 변화가 생겼다. 남편은 가정적이고 자상한 남자에서 잠시도 쉴 틈이 없는 일 중독자로 변신했다. 이전에는 내가 무얼 해도 항상 그 사람이 내 곁에 있었다. 나는 운전면허를 딴 지 오래됐지만 줄곧 운전대를 잡을 일이 없었다. 크고 작은 일을 막론하고 남편이 모든 일을 해결해주었기 때문이다. 하지만 그는 지금 새벽같이 나가서 밤늦게 들어올 뿐만 아니라 집에 돌아와서도 전화, 메시지, 회계 업무를 처리하느라 눈코 뜰 새 없이 바쁘다. 나와 아이가 잠든 후에야 겨우 일을 끝낸 남편은 침대에 얼굴을 파묻자마자 잠이

들고 다음 날 우리가 일어나기 전에 집을 나선다.

처음에는 그저 대수롭지 않게 여겼다. 하지만 어느 정도 시간이 지나자, 내가 그 사람에게 더는 의지할 수 없고 이렇게 가다가는 우리 관계가 틀림없이 깨질 거라는 생각이 들었다. 우리는 이 문제에 대해 이야기를 나눴고 남편은 그렇게 될 일은 없다고 단호하게 말했다. 하지만 나의 마음은 이미 견디기 어려운 극한에 다다라 있었다.

시간이 좀 더 흐르면서 나는 이해할 수 있게 됐다. 내가 이전에 바빴을 때 그 사람도 이런 마음이지 않았을까? 지금 그 사람이 바빠지면서 나의 삶은 기존의 안전지대에서 벗어나야만 했고, 그것은 내가 도전을 해야 한다는 것을 의미했다. 다만 나는 서로 의지할 수 없이 걸어가야 하는 이 길이 앞으로 어떤 여정이 될지 알 수 없어 두려웠다.

나는 한동안 컨디션을 조절하는 데 공을 들였다. 다시 운전을 배웠고, 더 효율적으로 일할 수 있도록 나 자신을 바꿨으며, 최대한 시간을 내서 아이를 직접 등하교시켰다. 이 모든 변화를 겪어내면서 나는 현 상태가 처음에 상상했던 것보다 나쁘지 않다는 것을 깨달았다. 자기 확인의 과정도 충분히 해낼 수 있을 것 같다는 느낌이 들었다.

양란이 이런 말을 한 적이 있다.

"성장의 과정에는 반드시 고통이 따릅니다. 제 청춘의 일부분은 잃었지만 그 대신 소중한 경험을 얻었습니다. 얻은 것이 잃은 것보다 훨씬 많고 귀중합니다."

이제는 과거에 남편과 서로 의지하던 때로 돌아가려 해도 돌아갈 수 없다. 하지만 과거에 가장 소중하게 여겼던 것을 잃은 대신 나는 더 귀한 것을 얻었다.

삶은 정말이지 예기치 못한 만남의 연속이다. 이런 과정을 겪고 나서야 새로운 인생이 더 행복하고 자유롭다는 사실을 깨닫게 됐다. 이전보다 더 많이 바빠지긴 했지만, 몸이 꾸준히 단련되면서 더 건강해졌다.

변화를 두려워하는 사람들에게 가장 바람직한 모습은 세상을 더 넓게 바라보는 시야를 갖추는 거라고 생각한다. 더 넓은 세상으로 나아가면 어떤 도전과 직면하게 될지 알 수 없지만, 더 잘 어울리는 자기 모습을 새롭게 찾을 수 있을 것이다. 그 새로운 자기 모습은 앞으로의 인생길에 많은 변화를 불러올 것이다. 행복을 붙잡으려고 애쓰기보다 최대한 자신이 가장 좋아하는 모습으로 살아갈 수 있다면 더 많은 행복에 다다를 수 있을 것이다.

치유 노트

1. 문제에 부딪혔을 때 계속 남을 원망하는 행동의 가장 큰 이점은 자신의 성장과 마주할 필요가 없다는 것이다.
2. 어떤 상황에 처하든, 다른 사람에게 어떤 대우를 받든 우리는 자신의 열렬한 지지자이자 충실한 동반자가 되어야 한다.
3. 변화 앞에서 모든 사람은 일정 기간 부적응에 직면하며, 단번에 새로운 모습으로 바뀔 수 없다.

7장

행복력은
나를 자그마한
우주의 중심이 되게 한다

1.

무
감
각
과
자
기
확
인
●

마음속에서 돋아난 행복력이
가장 튼튼하다

영화 〈비치인생〉에서 위세를 떨치던 랠리 레이서 장츠(張馳)는 불법 레이싱으로 출전 정지를 당하면서 인생이 순식간에 천국에서 바닥으로 굴러떨어졌다.

5년 후 마침내 레이싱 경기장으로 돌아왔을 때 그는 이런 말을 했다.

"바인부루커 초원에는 109킬로미터에 달하는 1,462개의 커브길이 있어. 잔머리를 좀 굴리면 100미터까지는 이길 수 있을지 몰라도 100킬로미터는 이길 수 없어. 내가 가진 비장의 무기가 무엇이냐고 묻는다면 오직 두 글자로 답할 수 있지. 올인! 당신의 모든 것을 당신이 뜨겁게 빠져 있는 것에 전부 바치는 거야. 나는 머릿속으로 매일 스무 번씩 5년 동안 3만 6,000번도

287

넘게 운전을 해봤어. 모든 커브길을 기억하고 있지."

이것이 바로 고수의 차분함과 여유로움이다. 그들은 우연에 기대지 않는다. 자신의 전부를 바치고 모든 노력을 기울여 모든 커브길을 훌륭하게 통과한다.

나는 종종 이런 질문을 받는다.

"저는 좀 더 성숙해지고 싶어요. 어떻게 해야 차분하고 여유로운 사람이 될 수 있을까요?"

그럴 때마다 이렇게 답한다.

"그러면 반드시 경험해야 합니다. 차례차례 경험해보세요."

경험의 한 가지 방식은 현실에서 직접 체험하는 것이고, 또 다른 방식은 느낌 속에서 되짚어보며 자아의식을 심화하는 것이다. 현실에서의 경험은 한계가 있지만 느낌 속의 경험은 무한하다.

01 자기 무감각과 자기 확인의 차이점

아무것도 경험해보지 않고 차분하고 여유로운 사람이 되기를 바라는 것은 레이싱 선수가 트랙의 모든 위험을 무시한 채 목숨을 내걸고 돌진하는 것과 다름없다. 이것이 바로 자신에 대한 무감각이다.

경험 속에서 끊임없이 감지하거나 느낌 속에서 무수한 자기 확인을 한 후에야 가야 할 길이 확실히 정해지고 자아가 견고해진다. 이 과정을 통해 내면에서 우러나오는 진정한 차분함과 여유로움을 얻을 수 있다. 안으로부터 솟아나오는 힘을 바탕으로 나아갈 때 현실에서 역량을 펼칠 수 있고, 모든 커브길을 잘 통과할 능력을 충분히 갖추고 있다고 스스로 확신할 수 있다.

자신에 대한 무감각은 자신이 가지고 있는 문제를 무시하는 것이고, 자신에 대한 확인은 직면한 문제를 끊임없이 규명하는 것이다. 두 가지의 근본적인 차이는 이렇다. 전자는 백지를 보고 아름다운 그림이라며 눈 가리고 아웅 하는 자세다. 평소 자신과 남을 속이다가 어려움에 직면하면 속으로는 매우 당황하게 된다. 후자는 진정으로 자신을 이해하고 존재의 발전 법칙을 깨우치는 자세다. 현실의 갈등 앞에서 자신이 어떤 선택을 해야 할지 더욱 확실히 결정할 수 있다.

자신을 확인하는 사람들은 행복력을 끌어올릴 수 있다. 그들은 내적 처리 능력을 지속적으로 업그레이드하여 실생활에서 테스트해보고 더 쉽게 처리되는 느낌이 들 때까지 계속해서 수정한다. 삶에 대한 확신은 여기에서 비롯된다.

관계에서 안정감을 느낄 수 없다고 말하는 사람들이 종종 있다. 그들은 자신의 안정감을 다른 사람이 책임져야 한다고 생각하는 것 같다. 사실상 관계에서 안정감을 느낄 수 없는 것은 그 자체로 문제가 아니라 하나의 신호다. 관계가 힘들고 버겁다고 느끼는 것으로, 우리의 내적 능력이 현재 직면한 어려움을 견디기에는 역부족임을 의미한다.

이때 마음속의 두려움과 불안을 살피지 않고 오직 불평하고 원망하기에만 급급하면 자신의 느낌에 무감각해진다. 마음 깊은 곳에서 전해 오는 신호를 성장의 밑거름으로 삼을 수 없게 된다. 반대로 현실에서 상대방에게 상처를 받았더라도 상대방에 대한 신경을 끄고 마음속에 존재하는 불안감을 지속적으로 느끼며 자신을 탐색하면, 과거의 상처를 회복할 수 있고 자기를 더 명확하게 확인할 수 있다. 이렇게 했을 때 관계는 원래 모습과 변함이 없어 보일지라도 관계 안에서 우리의 모습은 근본적으로 바뀌게 된다.

 ## 자기 자신에게
낯선 사람이 되어서는 안 된다

여성 A는 늘 애정 문제에서 순조롭지 못했다. 그녀의 첫 번째 남자친구는 대학 동창으로 처음에는 그녀를 따뜻하고 자상하게 대해줬다. 하지만 이내 다른 여성에게 한눈을 팔더니 그 여성과 가까이 지냈다. 한 친구가 그녀에게 이 사실을 일러줬지만 그녀는 믿지 못했다.

"그럴 리 없어. 그 여자는 그 사람의 평범한 '여사친'일 뿐이야. 아무 일도 아니니까 걱정 마."

하지만 졸업을 앞두고 남자친구는 이미 다른 여성과 결혼을 준비하고 있었다. 그제야 그녀는 남자친구가 뒤도 돌아보지 않고 떠나버리는, 피도 눈물도 없는 사람이라는 것을 깨달았다.

졸업 후 A는 맞선을 통해 첫 번째 남편과 만났다. 두 사람은 서로에게 첫눈에 반했고 반년 만에 결혼했다. 하지만 결혼하고 3년이 지나서 아이가 겨우 17개월이 됐을 때 남편은 직장 동료와 바람을 피웠다.

　이런 사실을 알게 됐을 때도 그녀는 매우 침착하게 말을 이어나갔다.

　"전 무조건 제 남편을 믿어요. 그이는 이런 일을 할 사람이 아니에요."

　그녀는 그들이 도대체 무슨 관계인지, 그들 사이에 무슨 일이 있었는지 더는 알려고 들지 않았다. 단지 자신에게 이렇게 속삭일 뿐이었다.

　'그 사람이 진짜로 그렇게 난잡한 짓을 하고 다닐 리 없어. 그래도 정말 그런 짓을 했다면 반드시 이혼할 거야.'

　그러던 어느 날 동서가 A를 찾아왔다. A의 남편이 어떤 여자를 데리고 고향에 내려왔는데 두 사람의 관계가 심상찮아 보였다는 것이다. 그녀는 남편에게 누구를 데리고 고향에 갔는지, 왜 자신에게 말하지 않았는지 물었다. 이 말에 남편은 오히려 큰 소리를 쳤다.

　"당신은 바보인 척을 하는 거야, 아니면 진짜 바보인 거야?"

　그녀는 얼떨떨해져서 다시 물었다.

　"내가 당신하고 이혼할까 봐 걱정도 안 돼요?"

　남편이 대답했다.

　"당신이 직접 그 얘기를 꺼내주면 더할 나위 없이 좋지. 난 이날만을 기다리고 있었으니까."

　그녀는 거기에서 물러서지 않았다.

　"당신 진짜 그 여자랑 무슨 관계예요?"

남편은 귀찮다는 듯 한마디를 내뱉었다.

"당신이 알아서 생각해!"

A가 나를 찾아왔다. 그녀는 이렇게 하소연했다.

"선생님, 그 사람들이 절 속이고 있는 거 아닐까요? 제 남편
이 다른 여자랑 바람이 났을 리가 없어요. 동서가 원망스러워
요. 동서가 저랑 남편 사이를 이간질한 것 같아서요."

그 후에 그녀는 남편에게 사과했다.

"미안해요. 당신을 의심해서는 안 되는데 말이죠. 모두 다
내 잘못이에요. 앞으로 다시는 다른 사람이 함부로 떠드는 소리
에 넘어가지 않을…."

그녀의 말이 채 끝나기도 전에 남편은 자리를 떠났다.

나는 그녀에게 남편이 이렇게 대할 때마다 어떤 의문이 들
거나 어떤 느낌이 떠오르는지 물었다. 그녀가 대답했다.

"전 그 사람을 잘 알아요. 원래 그런 사람이라 전 다 이해해
요. 그래도 선생님, 저도 느낄 수 있어요. 그 사람이 정말로 바람
을 피웠다면 저도 이혼할 거예요. 믿어주세요."

난 이 말이 그녀에게 아무것도 생각하지 않아도 될 핑계에
지나지 않는다는 것을 잘 알고 있었다. 그녀는 남편이 정말로
바람을 피웠든 아니든 아무 상관이 없었다. 그런 날벼락 같은
소식을 듣고 분명히 괴로웠을 텐데 그녀에게는 괴로워하는 모
습이 전혀 보이지 않았다. 의도적으로 무언가를 피하고 있는 것
이 틀림없었다.

연속으로 두 번의 애정 관계에서 모두 똑같은 문제가 발생

했다면 그녀는 확실히 자신에 대해 모르는 게 많다고 볼 수 있다. 그녀가 이전의 관계에서 문제를 직시할 수 없었다면 당연히 지금의 관계에서도 마찬가지일 것이다. 또한 관계의 대상이 바뀌어도 여전히 상대방에게 믿음을 가질 수 없었을 것이다. 이것은 마치 레이싱 선수가 항상 1등을 하겠다고 큰소리는 치지만 차의 성능, 문제점이나 결함, 자신의 운전 기술 등을 전혀 모르는 것과 같다. 반드시 이기겠다는 신념이 있더라도, 그것만 가지고 어떻게 이길 수 있겠는가.

차분하고 여유로운 삶을 살고 싶으면 운명의 고비를 앞두고 당황하거나 조급해하지 말고 평소에 자기 자신을 많이 알아두어야 한다. 전문적인 레이싱 선수가 자기 차를 대하는 것처럼 항상 자신을 관리하고 정비해야 한다. 도전에 직면했을 때는 자신의 더 깊은 곳으로 들어가 확인하고 조정해야 한다. 이렇게 했을 때 우리는 어려움을 만나도 쉽게 다치거나 쓰러지지 않는다.

 03 **마음속에서 돋아난 행복력이 가장 튼튼하다**

한 여성 내담자에게 이런 말을 들은 적이 있다.

"과거에는 제 능력이 20퍼센트에 불과했다면, 지금은 상담을 하는 것만으로도 70퍼센트는 거뜬히 넘는 것 같아요."

상담을 하는 것만으로 그녀의 능력이 향상됐다는 게 사실일까? 안타깝게도 그렇지 않다. 상담을 하면서 특별한 과정을 거쳐야 능력이 향상될 수 있다.

확실히 상담을 통해서 그녀는 막히거나 경직된 기능을 발전시키는 데 도움을 받았을 수도 있다. 예를 들어 앞에서 언급했던 인지력, 감수성, 감지력, 수용력 등인데 이런 기능들은 한 사람의 내재적인 그릇에 해당한다. 그녀가 이 그릇을 가지고 있다면 문제에 부딪혔을 때 쉽게 내적 소모에 빠지지 않고 냉정하게 문제를 처리할 자기 공간을 더 많이 가질 수 있다. 분명한 것은 그녀가 더는 지난날처럼 쉽게 혼란에 빠지지 않고, 안에서 밖으로 시원하게 뻥 뚫린 느낌을 체득했다는 것이다. 항상 문제에 갇혀 옴짝달싹할 수 없었던 과거와 비교할 때 그녀는 지금 자신에게 더 많은 능력과 역량이 생긴 것 같은 느낌을 받았을 것이다.

실제로 모든 사람은 성장하는 과정에서 많든 적든, 정도가 심하든 약하든 높은 벽에 부딪히기 마련이다. 다만, 이렇게 가로막힌 기능을 발전시켜 몸과 마음의 안정과 역량을 끌어올릴 수 있다. 일명 '나무통 법칙'이란 것이 있다. '가장 짧은 널빤지가 이 나무통에 물을 얼마나 담을 수 있을지를 결정한다'는 내용이다. 많은 사람이 자신을 형편없다고 생각하는데 그것은 모든 널빤지가 짧아서 그렇게 생각하는 것이 아니라 일부 널빤지의 길이가 너무 짧아서 인생 전체를 혼란에 빠뜨리기 때문이다. 가장 짧은 널빤지의 길이를 늘이면 다른 널빤지가 가지고 있는 장점까지 활용할 수 있고 자신의 잠재력도 충분히 발휘할 수 있다. 즉 자신의 부족한 능력을 내면에서 발전시키면 전체적인 능력을 고도로 끌어올리는 데 도움이 된다. 또한 이전에 느껴본

적 없는 새로운 역량도 점차 깨달을 수 있다.

여기까지 읽고 혹시 이런 의문이 들었는가?

'마음속에서 돋아난 행복력이 가장 튼튼하다는데 난 왜 행복력을 기르지 못했을까?'

이것은 우리의 성장 과정에 대한 이해와 관련이 있다. 우리가 지금 이 정도까지 자랄 수 있었던 것은 주변 사람들이 관심을 갖고 지켜봐 줬기 때문이다. 이를테면 우리가 아직 어린아이였을 때 부모와 주위 사람들이 우리에게 부여한 포지션, 낙인, 시선과 같은 것들이다. 우리가 다시 새롭게 성장해야 하는 분명한 이유는 과거에 직면하지 못했던 시선들과 다시 직면할 수 있는 사람이 되어야 하기 때문이다. 이는 곧 관계 안에서 확인을 얻지 못했다면 자신에게 다시 확인을 얻어야 한다는 뜻이다.

하지만 아무리 성장하고 싶어도 처음에는 자신을 확인하는 일이 쉽지 않다. 아주 오랫동안 혼자서 자신의 마음을 구축해온 사람은 관계에 일단 진입하면 밑바닥이 드러나고야 만다. 심리 상담을 통해 일정 기간 지속적으로 자기 분석과 자기 확인을 반복해야 관계로 다시 돌아왔을 때 달라진 점을 발견할 수 있을 것이다.

상담을 통해 형성된 관계에서 상담가가 지켜본다는 전제하에 내담자가 자신을 다시금 확인하는 것이다. 그러고 나면 전체적인 능력이 향상돼 내면의 나무통에 더 많은 물을 담을 수 있다.

결국 커브길은 자기 능력이 견고한지 아닌지 확인할 수 있는 테스트에 불과하다. 행복력을 갖춘 사람들은 인생의 중대한 고비마다 자신을 더욱 포용하고 마음속 깊은 곳의 뜻에 따라 선택한다. 반면 행복력을 갖추지 못한 사람들은 자신의 단점을 어쩔 수 없이 받아들이면서 자신을 모호한 상황으로 더 자주 빠뜨린다.

치유 노트

1. 경험에는 두 가지 방식이 있다. 하나는 현실에서 직접 체험하는 것이고, 다른 하나는 느낌 속에서 되짚어보며 자아의식을 심화하는 것이다.
2. 모든 사람은 성장 과정에서 높은 벽에 부딪힐 수 있다. 다만, 이렇게 가로막힌 기능을 발전시켜 몸과 마음의 안정과 역량을 끌어올릴 수 있다.

2.

마음속 간절한 목마름을
찾아내라

모든 사람에게는 행복해질 기회가 균등하게 주어진다. 다만 그 기회를 붙드느냐 아니냐는 자신을 얼마나 소중히 여기는지에 달렸다. 고통스러운 현실일지라도 자신을 소중히 여기면 인지력, 감수성, 감지력, 수용력을 발전시킬 기회를 얻을 수 있다. 나는 이것이 행복을 얻는 데 필요한 네 가지 능력이라고 믿는다.

불행한 사람들을 보면 그들이 성장을 통해 상황을 개선해야 한다는 점을 분명히 알 수 있다. 하지만 그 반대의 경우는 어떨까? 예를 들어 남들 눈에는 항상 행복해 보이고 그 자신조차 마땅히 행복해야 한다고 생각하는 사람이 있다. 하지만 실제로 그가 행복을 느끼지 못한다면 그 이유는 무엇일까?

01 행복은 처한 상황에 영향을 받긴 하지만
결국 자신의 내재적 평가 시스템에 달렸다

부지런한 성품으로 알뜰살뜰하게 살림을 꾸려나가는 아주머니 한 분이 있다. 지금은 집안 살림이 넉넉해졌고 집도 여러 채 가지고 있어서 돈에는 궁하지 않을 터인데, 늘 돈과 불편한 동거를 한다. 주고받는 소액의 축의금도 꼭 계산했고 다른 사람이 잘사는 꼴도 보지 못했다. 어느 집이 얼마를 벌었다고 하거나 어느 집 아이가 얼마나 잘됐다는 이야기가 들리면 못마땅한 표정으로 비아냥거리곤 했다.

그녀의 환경은 이미 근본적으로 변화를 이뤘고 제법 행복한 삶을 영위할 수 있게 됐다. 하지만 그녀의 마음은 여전히 결핍되어 있었고 불안으로 가득했다. 특히 다른 사람이 자기를 뛰어넘는 상황을 두려워했다. 이렇게 그녀의 상황과 현실이 조화를 이루지 못하면서 현실의 행복을 체득할 공간이 마련되지 못했고 그녀의 내면은 두려움과 초조함으로 가득 차게 됐다.

또 다른 여성 내담자는 남편이 매일 자신에게 충분한 관심과 사랑을 주기를 원했다. 실제로 남편은 그녀가 원하는 대로 확실히 관심과 사랑을 줬지만, 그녀는 남편이 항상 그렇게 해주지 않는다고 생각했다. 남편은 계속 노력했지만 그녀는 느끼지 못했다.

고통스러운 처지에서 살아가는 사람들과 이런 유형의 사람들을 비교해보면 한 가지 차이점이 보인다. 현실이 괴롭히지 않는데도 그들은 계속 고통을 느낀다는 것이다. 주위 사람들은 대단한 일도 아닌 것을 가지고 왜 저렇게까지 괴로워하는지 모르겠다고 생각할 것이다. 하지만 그들에게는 절대 간단한 문제가 아니다.

예를 들어 앞서 언급한 아주머니는 늘 다른 사람에게 짜증이 났다. 누가 자기보다 돈을 더 많이 벌었다는 이야기 같은 것들이 언제나 기분을 상하게 했다. 남편이 항상 자신에게 관심을 주길 원하던 여성도 사랑을 느낄 수 없는 것은 전부 남편이 부족한 탓이라며 남편을 바꾸려고만 애썼다. 이 두 사람은 내재적 평가에서도 불안정했다. 전자는 재산을 잃게 될까 봐 걱정했고, 후자는 자신이 소중히 여겨질 자격이 없다고 생각했다. 이와 같은 내재적 평가에 따른 속박이 그들이 삶에서 얻는 느낌을 결정했다.

행복은 당연히 처한 상황과 관련이 있지만 내재적 평가에 더 크게 좌우된다. 아예 손에 넣지도 못해 괴로워하는 사람뿐만 아니라 일단 손에는 넣었지만 여전히 거북하고 불안한 마음으로 살아가는 사람들 역시 행복력을 길러야 내재적 평가를 바꿀 수 있다.

 노력의 방향에 따라
인생에 대한 기대도 달라진다

이런 말을 하는 사람들이 종종 있다.

"제가 10년 동안 매일같이 가족을 위해 헌신하고 피땀 흘려가며 아이를 키운 것은 행복한 삶을 살기 위해서였어요. 하지만

10년이 지나고 20년이 지나도 갈수록 고생만 늘 뿐이에요. 모든 것이 계속 변화하고 있지만 이젠 그런 것들에 맞설 힘조차 없어요."

무엇이 그들의 삶에서 행복에 대한 기대를 사라지게 했을까?

우리는 모두 입체적인 메커니즘을 갖추고 있다. 이 메커니즘 안에는 가정, 일, 취미, 친구 그리고 우리가 하고 싶어 하는 여러 가지 일이 포함되어 있다. 이 입체적인 메커니즘은 어느 한 부분을 잃었다고 해서 전체가 무너지지는 않는다. 하지만 어느 한 부분 때문에 다른 부분을 전부 포기하면 메커니즘이 입체에서 평면으로 바뀐다. 이때 다시 문제에 직면하게 되면 더는 물러설 곳이 없어지고 그저 자신을 보살펴달라고 하늘에 비는 수밖에 없다.

홀가분하고 편안한 마음으로 살고 싶어서 인생에서 외면했던 모든 것은 잠시 잠깐의 편안한 순간이 지난 후에 되살아나서 우리에게 과거의 숙제를 다시 떠맡길 수 있다.

나를 이해하고 싶어 하는 사람이 나를 이해하는 것은 쉽지만, 나를 이해하고 싶어 하지 않는 사람이 나를 이해하는 것은 매우 어렵다. 따라서 관계 안에서 오해를 받기 시작하면 계속 억울함을 느끼게 된다. 이때 특히 주의해야 할 점은 이런 상황이 반드시 자신에게 문제가 있어서 일어난 것이 아니라는 점이다. 상대방이 나를 천천히 이해할 수 있도록 공간을 내줄 수는 있지만 이를 위해서 갑절의 노력을 기울일 필요는 없다. 상대방이 나의 문제가 아닌 것을 나의 문제로 간주한다면, 내가 얼마나 노력했는지는 상관하지 않고 불만족스러울 때마다 모든 책임을 나에게 떠넘길 것이 분명하기 때문이다.

자신이 특별히 기울였던 노력을 인정으로 보상받으려면 자신을 되돌아보고 감지하는 과정이 필요하다. 우리는 다른 사람의 눈으로 자신을 확인할 수 없으며, 나를 이해하고 싶어 하지 않는 사람을 통해서는 더더욱 자신을 확인할 수 없다.

먼저 자신을 받아들일 수 있는 사람을 찾는 게 좋다. 예를 들면 친구, 심리 상담가와 같은 사람인데 그들의 도움을 통해 더욱 안정된 자아를 얻을 수 있다. 그러면 내가 다른 사람에게 요구하는 바에도 변화가 생기고 관계에도 변화가 일어날 것이다.

관계 안에서 좌절과 무력감을 느낄수록 자신의 성장을 지지해줄 더 많은 버팀목을 찾아야 한다. 자신을 계속해서 꽉 붙잡아주는 것이 있으면 점점 더 자신감이 생기고 도전을 두려워하지 않을 것이다. 그런데 만약 전력을 다해 다른 사람을 바꾸려고 들면 나를 왜곡하는 낙인만 더 많이 따라붙게 되어 점점 무기력하고 수동적으로 변하게 될 것이다. 자신의 행복력을 끌어올리고 더욱 견고한 사람으로 발전하려고 노력하지 않으면, 달걀로 바위를 치듯 아무리 노력해도 그 단단한 벽을 깨지 못할 것이다. 처한 환경을 바꿀 것인지 자신을 성장시킬 것인지, 자신의 선택에 따라 인생의 가능성은 다른 방향으로 펼쳐진다.

03 마음속의 간절한 목마름이 무엇인지 밝혀내야만 행복한 삶을 살 수 있다

나는 늘 최선을 다해 자기 성장의 중요성을 강조해왔다. 또한 더 많은 사람이 자신에게 흥미를 갖고 자기 마음속의 간절한 목마름이 무엇인지 분명히 밝혀낼 수 있기를 바랐다. 그것이 행복으로 가는 지름길이기 때문이다.

사람들은 누군가를 만나러 가기 전에 항상 이런 생각으로 깊은 고민에 빠진다.

'무슨 말을 해야 하지? 어떻게 말해야 괜찮아 보일까? 어떻게 해야 그가 나에게 좋은 인상을 가질까? 어떻게 해야 그가 나를 기억할 수 있을까?'

하지만 아무리 머리를 쥐어짜고 궁리해봐도 이에 대한 답을 구하기란 쉽지 않을 것이다. 결국 말 한마디 제대로 하지 못할 것이고, 상대방도 이쪽의 말과 행동에 특별한 반응을 보이지 않을 것이다.

만약 당신이 이런 문제로 계속 고민해왔다면 누군가를 만나야 할 때마다 괴로웠을 것이다. 만나도 분위기가 이상해지고 결국 어색해져서 점점 사이가 멀어졌을 것이다. 반대로 당신이 무엇을 위해 만나는 것인지, 간절히 바라는 것이 무엇인지 자신에게 직접 확인하고 항상 진실하게 표현했다면 당신의 마음은 매우 편안해지고 상대방 역시 편안함을 느꼈을 것이다.

이런 느낌은 관계 안에서도 똑같이 적용된다. 상대에게 잘 보이고 싶은데 그를 잘 모르면, 관계 안에서 너무나 괴로워지고 상대방도 불편함을 느낄 것이다. 자기 자신을 더 많이 확인할수록 안락하고 편안하게 자기다운 삶을 살아갈 수 있다.

사실 대부분 사람은 왜 사는지 생각해본 적이 없을 것이다. 간혹 생각해보는 사람도 있겠지만 답이 쉽게 떠오르지 않아 이내 포기하고 말 것이다. 소수의 사람만이 자기 마음속에 담긴 간절한 목마름을 지속적으로 확인한다. 많은 사람이 삶에 질질 끌려가고 있을 때 자신을 확인한 사람들은 뿌리를 내리는 데 온 힘을 쏟아 자기다운 삶을 살아갈 수 있다. 자연히 그들의 삶은 더 풍부한 생동감으로 채워지고 더욱 커다란 만족을 느낄 수 있다.

행복을 바란다면 먼저 자신을 확실히 정립해야 한다.

- 나는 무엇을 원하는가?
- 나에게 행복이란 어떤 의미인가?
- 행복해지기 위해 나를 어떻게 발전시켜야 할까?

주의해야 할 사항은 여기에서의 행복이 일차원적이어서는 안 된다는 것이다. 우리를 구성하는 메커니즘과 마찬가지로 입체적이고 다차원적이어야 한다.

1. 행복은 처한 상황과 관련이 있지만 우리의 내재적 평가 시스템에 더 크게 좌우된다.
2. 어려움에 직면했을 때 처한 환경을 바꿀 것인지 자신을 성장시킬 것인지, 자신의 선택에 따라 인생의 가능성은 다른 방향으로 펼쳐진다.
3. 마음속의 간절한 목마름이 무엇인지 분명히 밝혀내는 것이 행복으로 가는 지름길이다.

행복력은
인생의 폭과 깊이를 확장한다

원칙대로라면 삶은 모든 사람에게 공평한 것이어서, 확고한 신념과 충분한 자신감만 있으면 모든 개개인이 원하는 대로 세상을 살아갈 수 있고 사회에서 인정을 얻을 수 있어야 한다. 하지만 실제로 우리는 독자적으로 존재할 수 없다. 태어날 때 어머니의 탯줄에 연결되어 있었던 것처럼, 자기 삶을 살고 싶어도 단독으로 존재할 수 없는 운명이다.

　이 세상에서 잘 살아가려면 반드시 이 세상 그리고 사람과 연결되어야 한다. 하지만 관계는 가장 배우기 어려운 분야 중 하나다. 관계에 들어가면 예외 없이 어느 정도의 부자유와 압박감을 느끼게 된다. 다른 사람의 시야 안에서 자기 삶을 살아가기가 어렵다는 것을 깨닫게 된다.

많은 사람이 처하는 어려움이란 이런 것이다. 멋진 인생을 꿈꾸고 떵떵거리며 살기를 간절히 소망하지만, 어떤 관계에도 깊이 들어가지 못해 외로움에 시달린다. 관계의 장벽을 뛰어넘지 못한 사람은 아무리 뛰어난 능력을 갖추고 노력을 기울여도 사회에서 가치를 인정받지 못한다. 이것이 많은 사람이 느끼는 무력감의 근원이다. 예를 들어 전날 밤까지만 해도 꿈을 향한 열정이 불타올랐지만 다음 날 집을 나서자마자 의기소침해지는 것과 같은 상황이다. 또 항상 계획은 치밀하게 세웠지만 막상 하나도 달성하지 못했을 때의 느낌과도 같다. 이제부터 남에게 절대 기대지 않고 혼자서 세상을 헤쳐나가겠다고 마음속으로 결심했지만 첫걸음을 떼자마자 주눅이 들어 바로 뒷걸음질을 치는 것과도 같다.

모든 사람에게 자유롭게 쓸 수 있는 삶의 공간이 있다면 다음과 같은 차이를 분명히 느낄 수 있을 것이다. 어떤 삶의 공간은 무한한 기회와 가능성으로 가득 채워져 있지만 어떤 삶의 공간은 자신에게 한숨 돌릴 작은 여유 공간조차 되지 않는다. 대중은 종종 잘사는 사람은 '대단한 인물'의 위치로 끌어올려 떠받들지만 궁색하게 사는 사람은 '노력하지 않는 하찮은 사람'의 위치로 끌어내려 얕잡아본다. 어른이라면 누구나 자기 삶을 잘 꾸려나갈 책임이 있다. 하지만 다른 누군가가 자기 인생을 잘 꾸려나갈 수 있는지 없는지는 겉으로 드러난 것만으로 단순하게 판단할 수 없다는 사실도 깨달아야 한다.

01 내 삶의 공간은 누가 주는 걸까?
나는 그것을 다시 누구에게 주는 걸까?

원가족 안에서 성장할 때 우리의 공간은 부모가 준 것이다. 부모는 우리가 무엇을 해도 되고 무엇은 하면 안 되는지를 정해주고, 긍정적인 행동을 장려하며, 그들이 받아들일 수 없는 행동은 부정한다. 이것이 우리의 작은 공간을 형성한다.

심리적으로 아이가 올바른 방향을 결정하지 못하면 부모라는 나침반이 아이에게 규칙을 받아들이게 하고 스스로 올바른 방향을 찾아가도록 인도해야 한다. 하지만 불행하게도 침이 구부러진 나침반을 만난다면, 아이가 남쪽을 가리켰을 때 나침반은 그곳이 북쪽이라고 알려줄 것이다. 다시 아이가 북쪽을 가리키면 나침반은 그곳이 남쪽이라고 알려줄 것이다. 게다가 아이가 그것에 어떤 문제가 있다는 걸 밝혀내려고 해도 이런 부모는 그럴 공간을 마련해주지 않고 오히려 부정, 위협, 모욕이나 무시 등의 방법으로 아이의 탐색 욕구를 철저히 짓밟을 것이다. 자기 공간이 철저하게 침탈되면 가장 원초적인 관계 안에서 우리는 심한 억압을 느끼게 된다.

원가족은 우리의 소우주다. 이 소우주에서 느낀 것은 우리가 실제로 큰 세계, 즉 사회로 들어가서 느끼는 것으로 이어진다. 집에서 자신의 공간을 갖지 못한 사람은 사회에 들어가서도 자신의 공간을 찾기 어렵다.

부모와 함께 살면서 심한 억압을 느끼는 여고생이 있었다. 그녀는 대학에 들어가 하루빨리 부모와 떨어져 살 수 있기를 간절히 바랐다. 하지만 멀리 떨어진 곳에 있는 대학에 다니면서도 그녀는 계속 부모와 가까운 관계를 유지했고, 늘 내적 갈등을 겪었으며, 정신적으로 힘겨운 상황에 종종 직면했다.

그녀가 부모에게서 멀어진 것은 분명한 사실이다. 그녀에게는 아주 많은 현실적인 공간과 거리가 생겼다. 하지만 그녀는 친구들과 함께 나가서 밥 먹는 시간을 포기하고 부모님과 통화를 해야 했다. 이것 때문에 그녀는 전화상으로 부모님과 한 시간을 다투었다.

자기 공간을 심각하게 점령당한 사람들은 외재적 공간에서 존재감과 가치를 얻을 수 없기 때문에 원가족과의 관계로 다시 돌아가 매달리게 된다. 그들은 실제 사회에 진입할 용기를 얻기 위해 이곳에서 더 큰 공간을 쟁취하고자 한다. 하지만 유감스럽게도 이런 길은 언제나 험하고 가기 어렵다. 자기 삶의 공간을 더 많이 얻게 되더라도, 그들은 좌절과 직면했을 때 그 공간을 원가족에게 넘겨주기 쉽다.

원가족이 아이에게 매우 비좁은 자기 공간을 제공하면 아이는 상처를 준 가정에 유달리 충성을 다할 것이다. 하지만 원가족이 아이에게 넉넉한 자기 공간을 제공하면 아이는 독립된 자아를 바탕으로 바깥의 드넓은 세계를 추구할 수 있을 것이다.

02 이해받지 못했던 아이는 언젠가 다시 자라난다

상처받은 아이가 원가족에게 유달리 충성을 다하는

왜곡된 행동을 보이는 이유는 무엇일까? 바로, 갇혀 있기 때문이다.

　미성숙한 아이들이 원가족에 얽매이는 현상을 깊이 들여다보면 항상 극단적인 모습이 발견됐다. 아이와 부모의 대화에서는 부모가 죽겠다거나 아니면 아이가 죽겠다는 얘기가 나왔다. 무엇이 그들을 그렇게 극단적으로 몰아갔을까?

　바로, 절망이다. 주위에 있는 가까운 사람은 자신의 느낌 속에서 가장 쉽게 감정적으로 연결되는 사람이다. 그런데 주위의 가까운 사람이 우리에게 감정을 연결할 기회조차 주지 않으면, 우리는 온 세상에 절망하고 남들과의 관계나 사회 안으로 들어갈 용기를 잃는다.

　우리가 사회로 들어가는 과정은 암벽 등반과 같다. 원가족 안에서 우리는 홀드 지점을 확실히 지정한 후에 발을 디딜 위치를 하나하나 확인해본다. 그리고 지정한 곳에 마침내 올라섰을 때 충분히 해낼 수 있다는 느낌을 얻는다.

　이런 충분히 해낼 수 있다는 느낌은 자신을 이해해줄 사람이 있다는 믿음과 자신은 이해받을 만한 가치가 있다는 믿음에서 비롯된다. 하지만 원가족 안에서 이런 초보적인 시도조차 계속 성공하지 못하고 자신이 하는 대부분의 생각과 행동이 부정당하거나 이해받지 못하면, 암벽 등반을 매우 두려워하게 되고 실수할 것을 걱정하거나 불확실한 것에 극도로 불안해지고 초조해진다. 이런 암벽 등반 훈련을 한 번도 해보지 못하고 사회에 진출한 사람에게 직접 암벽을 기어올라 보라고 하면 겁이 나서 뒷걸음칠 것이 분명하다. 나약해서가 아니라 심리적 역량이 부족하기 때문이다.

미성숙한 아이들이 원가족과 싸우면서까지 어떻게든 가정 내에서 인정을 받고자 하는 것은 자신의 가장 근원적인 역량을 기르고 싶어서다. 자신의 앞길이 마치 낭떠러지처럼 보이기 때문이다. 하지만 이런 투쟁은 종종 시간을 질질 끌면서 반복적으로 그들에게 상처를 줄 뿐이다. 일부 부모나 양육자는 아주 오랫동안 경직된 위치에 머물러 있기에 자신들의 생각과 행동에 문제가 있다는 사실을 깨닫게 하기가 매우 어렵다. 게다가 그들 대부분 역시 과거에 피해자였고 여전히 자기감정의 소용돌이 속에서 방황하고 있기 십상이다.

원가족에 기대어 자신을 구제할 가능성은 거의 없다. 하지만 우리가 자기답게 살아가기 위해서 가장 포기할 수 없는 것이 다른 사람과의 관계다. 우리는 결국 다른 사람 그리고 이 사회와 연결되어야 한다. 물론 그 전에 관계를 바탕으로 다시 자신을 확인하고 다른 사람과 연결되는 경험을 얻어야만 이 한 걸음을 내디딜 수 있다.

운이 좋은 사람들은 자신을 존재하게 하는 소중한 사람을 만나 자기 확인을 완성할 수 있다. 또 누군가는 가까운 곳에 있는 배우자로부터 자기 확인을 얻으려고 노력할 것이다. 또 심리 상담을 통해 충분한 자기 확인을 얻는 사람도 있다. 사람마다 선택하는 방식은 다르지만, 자기 확인은 반드시 다른 사람과의 상호 작용을 바탕으로 이루어진다. 즉 독자적인 판단으로 자기 확인을 이루기란 어렵다는 말이다. 자신을 관계 안에 놓아두고 경험하고 느껴야만 최종적인 확인을 이룰 수 있다. 어떤 사람에게는 이것이 매우 어려운 모험이다. 관계가 불안하다고 느껴질수록 심리 상담 등의 더 안전하고 안정적인 방식을 통해 자기 확인을 진행할 필요가 있다.

만약 원가족에게서 희망을 찾을 수 없다면 다른 가능한 관계에서 확인을 얻어야 한다. 실패와 좌절에 직면하더라도 자신을 일으켜 세울 모든 가능성을 찾아야 한다. 그동안 이해하지 못했던 자신이 어쩌면 아주 오랫동안 당신을 기다리고 있었을지도 모른다!

03 삶에 의식을 뿌리내리게 하고 나의 모든 것을 재정의한다

우리는 재확인을 통해 과거에 가로막혔던 능력을 다시 발전시킬 수 있다. 예를 들어 당신이 과거에는 문제에 부딪힐 때마다 쉽게 심리적 충격을 받았다고 하자. 이때 선택지에서 심리 상담가란 답을 고른다면 심리 상담가는 당신과 함께 호기심 갖기, 느끼기, 감지하기, 수용하기의 절차를 진행할 것이다. 심리 상담가와 함께 탐색하는 과정은 천천히 당신의 능력으로 내면화될 것이다.

당신이 삶과 직면하는 능력을 더 많이 갖출수록 암벽을 등반하는 과정에서처럼 한 걸음씩 위를 향해 오르며 끊임없이 확인과 지지를 얻을 수 있다. 그리고 마침내 작지만 어엿한 산봉 우리를 딛고 올라서면 승리에 한층 가까이 다가선 것이다. 이 때 당신은 마음속에 수많은 힘이 자라나 있는 것을 느낄 수 있다. 이제 당신은 더 높은 곳에 오르고 싶어지고 더 많은 호기심, 생각, 감지를 할 수 있다. 이에 대해 확인이 충분히 이루어지면 당신의 능력은 더욱 발전되고 견고해지며 마침내 더 높은 산의 정상에 올라서게 될 것이다.

당신이 많은 역량을 갖추고 의식이 이미 삶 속에 깊이 뿌리를 내리면 타인에게서 과도하게 확인을 얻을 필요가 없고, 과거에는 아주 어렵게 느껴졌던 일도 잘 해결할 수 있다. 관계에서는 점점 자신을 솔직하게 드러낼 수 있고 갈등에 부딪혀도 꿋꿋하게 자신을 지지해나갈 수 있다. 이때 당신은 다시 한번 자신을 성장시킬 수 있다. 원가족이 당신에게 준 편협한 공간에서 벗어나 더 넓은 자기 공간에서 몸을 활짝 펼 수 있다. 이 공간에서 당신은 인생에서 이렇게 다양한 것을 경험할 수 있다는 사실을 깨닫게 될 것이다.

왜 행복력을 발전시켜야 할까? 인생을 되는 대로 흘려보내고 싶지 않기 때문이다. 모든 사람은 자기다운 삶을 살고 싶어 하고 존엄함을 얻고 싶어 하며 높은 수준의 삶을 살고 싶어 한다. 그러려면 자신의 의식이 뒷받침되어야 한다.

어떤 사람들은 여행지에서 그냥 걸어 다니며 눈으로 보는 데 그치지만, 어떤 사람들은 사전에 철저히 준비해 깊이 있는 여행을 즐긴다. 주마간산으로 구경만 했던 사람은 돌아와서 이번 여행은 정말 재미도 없고 특별한 것도 없었다고 말할 것이다. 하지만 깊이 있는 여행을 한 사람은 주변 사람들과 매우 깊고 풍부한 경험을 나눌 것이다. 대강 둘러보고 온 사람은 다시는 그곳에 가고 싶지 않을지도 모르지만, 깊이 있는 여행을 한 사람은 그곳에 또 가고 싶다고 생각할 것이다.

우리가 인생을 마주하는 것도 이와 마찬가지다. 마음속에 계획이 있어야 나아가는 모든 길마다 내실을 다질 수 있다. 내실은 삶의 의미를 형성한다. 삶의 의미는 우리가 더 심오한 동기를 가지고 앞으로 걸어 나가게 해준다. 결국 깊은 것은 더욱 깊어지고 얕은 것은 더욱 얕아진다. 자유를 간절히 바란다면 계획을 세워 인생의 모든 한계를 스스로 뛰어넘을 수 있어야 한다.

치유 노트

1. 원가족은 우리의 소우주다. 이 소우주에서 느낀 것은 우리가 실제로 큰 세계, 즉 사회로 들어가서 느끼는 것으로 이어진다.
2. 원가족에게서 희망을 찾을 수 없다면 다른 가능한 관계에서 확인을 얻고, 자신을 일으켜 세울 모든 가능성을 찾아야 한다.

4.

내가 느꼈던 행복으로
사랑과 감동을 전달하자

아들이 세 살쯤일 때 나는 아들과 함께 《애벌레에서 나비로
(From Caterpillar to Butterfly)》라는 그림책을 자주 봤다.

작고 못생긴 애벌레 한 마리가 있었다. 첫날 애벌레는 빵을
먹고 조금 자랐다. 다음 날에는 바나나와 케이크를 먹고 조금
더 자랐다. 엿새째 되는 날, 많이 먹고 많이 자란 애벌레는 잎사
귀 아래에 고치를 지었다. 그리고 일주일 뒤 아름다운 나비 한
마리가 고치를 뚫고 나왔다.

아들은 책을 보고 또 보면서 "애벌레가 뭘 먹었지? 와, 또
컸네! 또 뭘 먹었지? 와, 나비가 됐어!"라고 외치곤 했다. 아마도
누군가가 마술을 부리고 있다고 생각하는 듯했다.

모든 사람이 자기다운 삶을 살고 싶어 하는 것은 애벌레가

나비가 되고 싶어 하는 것과 마찬가지다. 그 과정이 바로 성장이다. 성장은 우리에게 제한과 고통을 주는 동시에 웃음과 기쁨도 가져다준다.

 **01 나는 애벌레일까,
나비일까**

한때 나는 나 자신이 못난 애벌레라고 생각했다. 나는 아무것도 아닌 존재이고 세상에는 너무 많은 불공평이 존재한다고 생각했다. 부모님은 내가 이상적으로 생각하는 위대한 부모의 모습도 아니었다. 원가족을 원망하는 다른 사람들처럼 나도 그렇게 내 가족을 원망했다.

이런 생각은 어린 시절부터 청소년기를 거쳐 성인이 될 때까지, 심지어 내가 아이를 가졌을 때까지 아주 오랫동안 이어졌다. 이제 철이 들었으니 이 모든 것을 이해해야 한다고 생각했지만, 실제로는 그렇게 할 수 없었다. 싸우고 원망하고 대들고 절망하고 멀리하면서 집에 대해 냉랭한 감정을 유지했다. 이때의 나는 자신에게 문제가 있다는 생각을 전혀 하지 못했다. 오히려 내 삶은 평범하지만 그런대로 괜찮다고 생각했다.

하지만 개인 심리 상담을 진행한 이후에 여러 감정이 내 안에서 소용돌이치기 시작했다. 내가 태어났을 때 할머니는 내가 여자아이인 것을 알고 못마땅해하셨다. 하지만 아버지와 할아버지가 나란 존재를 꿋꿋하게 지켜주셨다.

하지만 내가 어릴 때 부모님은 항상 바빠서 나를 돌볼 여유가 없었다. 나는 많은 일을 혼자서 해결해야 했다. 그런 와중에 부모님의 농사일까지 도와야 했다. 부모님은 나를 등한시했고 내 기분이 어떤지, 내가 어디 아픈 곳은 없는지 전혀 관심이 없었다. 동시에 나를 간섭하는 일도 거의 없어서 나는 충분한 자유를 누릴 수 있었다.

다섯 살 이전까지 내 주위에는 같이 놀아줄 친구가 없어서 대부분의 시간을 혼자서 보내야 했다. 할아버지, 할머니와 함께 농사일을 했던 기억이 오히려 아름다운 추억으로 남아 있다.

내가 학교에 다니기 시작하면서 사촌 오빠들과 함께 어울릴 시간이 많아졌다. 오빠들은 언제나 나를 잘 챙겨줬고 어디를 가든 나를 데리고 다녔다. 우리는 온 산천을 누비며 야생에서 자란 열매를 따 먹고, 논에 들어가 잔고기를 잡고, 돌계단에서 조개껍데기를 걸고 내기를 하고, 여러 가지 재미있는 물건을 직접 만들기도 했다. 그러다 보면 눈 깜짝할 사이에 오후가 지나 있었다. 그런 행복한 시간은 열 살 남짓까지 계속됐다.

즐겁게 놀던 시절이 지나고 내가 공부에 매진하던 시기에는 나를 각별히 지지해주고 나에게 관심을 기울여준 선생님이 계셨다. 학교를 졸업한 후에는 일생을 통틀어 손꼽을 수 있는 몇몇 중요한 사람과 인연을 맺었다. 여러 직장을 옮겨 다니면서 만난 네 명의 직장 상사는 모두 좋은 분들이었다. 그리고 남편과 그의 소중한 가족을 만났다.

이전에는 이 모든 것을 깊이 생각해보지 못했다. 지금에 이르러서야 내가 살아오면서 이렇게 좋은 사람들을 많이 만났고,

그들 덕에 내 마음속에 감격과 감동이 가득해졌다는 사실을 발견했다. 나는 호기심이 생겼다. 그동안 원가족에 대해 불만이 많았는데 그것에서 벗어날 수 있도록 나에게 힘을 실어준 것은 무엇일까? 그동안 나를 지지해주고 도와준 사람들 외에 원가족 역시 커다란 역할을 했다는 생각이 서서히 들었다.

나의 어머니는 예민하고 냉정한 부분이 있지만 꿈을 잃은 적이 없는 분이다. 나의 아버지는 나약하고 고집스러운 부분이 있지만 결정적인 순간에는 뒤로 물러선 적이 없는 분이다. 그들은 나에게 원시적인 부드러움과 용기, 희망을 줬다. 이렇게 많은 것을 전해줬는데도 내가 세심하게 느끼지 못했던 것이다. 그 사실을 깨달았을 때 가슴속에 맺혀 있던 것이 뻥 뚫리는 느낌이었다.

내 머릿속에는 아직도 할머니의 모습이 맴돌고 있다. 나는 계속 할머니를 원망해왔다. 인생의 마지막 몇 년 동안 할머니는 정신이 온전하지 못해서 아무도 알아보지 못하셨다. 밤이 되면 당황한 기색이 역력한 얼굴로 누군가를 찾아 여기저기를 헤매고 다니셨다. 사람들이 대체 누굴 찾느냐고 물으면 할머니는 나의 어릴 적 이름을 대면서 내가 두세 살 때의 모습을 손으로 그려 보이셨다. 당시 난 이미 열 살이 훌쩍 넘어 있었다. 내가 직접 앞에 서서 "할머니, 나 여기 있어요"라고 말해봤지만 할머니는 고개를 가로저을 뿐이었다. 난 너무 당황스러운 나머지 머릿속이 하얘졌다. 시간이 흐르고 그때의 일을 다시 떠올리자 나도 모르게 눈가에 회한의 눈물이 그렁그렁 맺혔다. 할머니가 나를 그렇게나 깊이 마음에 품고 계셨던 생각에 목구멍이 뜨겁게 조여오는 듯했다.

이런 감정은 내가 살아오면서 30년 동안 전혀 느끼지 못했던 것들이다. 그 감정들은 내 마음속에 돌처럼 고요히 가라앉으면서 과거의 일들을 차례차례 떠올리게 했다. 내 안은 어쩔 수 없는 많은 것으로 가득 채워졌고 나는 무력해졌다. 사랑받지 못할 것이라는 생각도 들었다. 그런 나를 다시 살아나게 한 것은 심리 상담의 경험이었다. 내가 자란 과정을 되돌아보면서 스스로 고치를 뚫고 나와 다시 한번 더 살아갈 새로운 힘을 얻었다.

감정을 다시 들여다보고 그것에 선명한 색이 입혀지면서 내 인생의 퍼즐도 거의 완성된 느낌이 들었다. 이런 마음속의 사랑과 감동을 다른 사람들에게 전달하여 더 많은 사람이 사랑의 아름다움을 깨달을 수 있기를 간절히 바라게 됐다.

사랑받고 소중히 여겨지고 존중받는 것에서 비롯되는 느낌은 늘 멈추지 않는 눈물과 함께 왔다. 나는 너무나도 많은 것을 얻었다. 나를 밝게 비췄던 여러 갈래의 빛이 나를 통과하면서 모두를 앞으로 이끌어주는 한 줄기 빛이 되어 다른 사람들에게 계속 이어질 것이다. 그것이 아마도 내가 찾아낸 내 인생의 의미와 사명일 것이다!

이전의 내 모습과 마찬가지로, 오래된 상처에 얽매여 감정의 흐름이 막히고 삶의 행복을 느낄 공간마저 잃어버린 사람이 많을 것이다. 그런 고민을 오히려 자신을 탐색하는 계기로 삼아 행복력을 발전시키고 삶 속에서 더 많은 사랑과 감동을 발견할 수 있기를 바란다.

모든 사람의 인생에는
무한한 가능성이 있다

지금 우리가 나비라면 애벌레에서 성장해온 경험이 반드시 있다. 지금 우리가 애벌레라도 마음속에 간절한 바람만 있다면 반드시 나비로 거듭날 수 있다.

1970년대에 미국의 에드워드 로렌츠(Edward N. Lorenz)라는 기상학자가 대기 시스템 이론을 설명하는 자리에서 다음과 같은 주제로 발표를 한 적이 있다.

'아마존 우림에 있는 나비 한 마리의 우연한 날갯짓이 2주 뒤 미국 텍사스에 토네이도를 일으킬 수 있다.'

이것을 '나비 효과'라고 부르는데, 가정이라는 서로 아주 긴밀하게 연결된 일련의 시스템에서 상당히 뚜렷하게 나타난다.

내담자들이 일정 기간 상담을 진행하고 나면, 그 가족은 내담자들에게서 상당한 변화를 느끼게 된다. 늘 화만 내던 사람이 상대방의 생각을 존중하고 궁금해하기 시작하는가 하면, 상대방을 더는 어린아이처럼 대하지 않고 감정을 함부로 터뜨리지도 않는다.

가족 중 한 사람이 성장을 이루면 가족 전체에 커다란 변화가 일어난다. 배우자의 변화를 이끌 수 있을 뿐만 아니라 부모 세대의 경직된 인지도 완화할 수 있다. 더욱 중요한 것은 바로 우리 다음 세대의 운명도 바꿀 수 있다는 점이다.

어떤 가정에서 태어났든, 지금 어떤 배우자와 어떤 아이가 있든, 주변에 좋은 친구와 사랑하는 사람이 있든 없든, 이 모든 것을 개의치 말고 자신을 계속 탐색해나갔으면 좋겠다. 또한 자신이 쉽게 계속 포기해버리는 사람이라고 생각하지 않기를 바란다. 이 책을 발판으로 삼아 자신에게 알맞은 성장 공간을 찾고 자신의 성장을 지지해줄 사람을 찾으면, 마침내 삶의 무한한 가능성을 되찾을 수 있을 것이다.

성장을 바탕으로 이전에는 맛보지 못했던 행복과 기쁨을 느끼게 되거든 여기에서 얻은 사랑과 감동을 다른 사람에게 전달해줬으면 좋겠다. 주변에 아직 나비로 성장하지 못한 애벌레들을 충분히 믿고 지지해줌으로써 그들이 더욱 성장하고 활짝 피어날 수 있도록 도와주길 바란다. 점점 더 많은 사람이 성장하고, 행복을 느끼고, 사랑과 감동을 다른 사람에게 전한다면 우리가 사는 이 세상이 사랑으로 가득 채워져 더 아름다워질 것이다.

치유 노트

1. 여러 감정으로 가득 찼을 때 자신이 지은 고치 안으로 혼자 들어가 있는 시간이 필요하다.
2. 가족 중 한 사람이 성장을 이루면 가족 전체에 커다란 변화가 일어난다.

5.

인 생 의 전 환 점

나의 인생이
아름다워질 수 있도록

하버드대학교에서 학생들을 대상으로 인생의 목표를 조사한 적이 있다. 조사 결과에 따르면 그중 27퍼센트는 목표가 아예 없었고, 60퍼센트는 모호한 목표를 가지고 있었으며, 10퍼센트는 분명한 단기적 목표가 있었고, 3퍼센트는 뚜렷한 장기적 목표를 가지고 있었다.

25년이 지난 뒤의 상황을 추적 조사한 결과 장기적 목표를 가졌던 3퍼센트의 사람들은 사회 각계각층에서 최고로 성공한 인사가 되어 있었다. 단기적 목표를 가졌던 10퍼센트의 사람들은 자기 분야에서 없어서는 안 될 전문가가 되어 있었다. 모호난 목표를 가졌던 60퍼센트의 사람들은 안정된 직업을 갖고 안정된 생활을 할 수 있었지만 특별한 성과를 이루지는 못했다.

그리고 나머지 27퍼센트의 사람들은 인생이 뜻대로 풀리지 않았고 항상 원망만 늘어놓는 삶을 살아갔다.

다행히 당신이 상위 13퍼센트에 해당한다면 진심으로 축하한다. 분명한 목표가 상당한 안정감을 가져다준 덕분일 것이다. 하지만 만약 나머지 87퍼센트에 해당한다면 다음 질문을 찬찬히 고민해보길 권한다.

'지금 내 인생의 리부팅 버튼이 있다. 그 버튼을 누르면 3년이나 5년, 10년 후 내 모습이 원하는 대로 바뀐다고 할 때 내가 바뀌고 싶은 모습을 떠올릴 수 있는가?'

자신을 잠시 멈춰 세우고 이 질문을 진지하게 고민해보자. 이것은 정말로 중요한 작업이다. 지금 자신이 미래를 위해 얼마나 중요한 버튼을 누르고 있는지 전혀 눈치채지 못했을 수도 있다. 하지만 정말 그 버튼을 누르는 것만으로도 우리는 원하는 삶을 실현할 수 있다.

2016년 8월 22일, '부부 관계의 질은 여성의 자기 성장에 달렸다'라는 제목의 글을 쓴 적이 있다. 당시 내가 글을 쓴 이유는 순전히 글쓰기가 즐거웠기 때문이다. 내가 스스로 느낀 바를 함께 나누고 싶었다. 하지만 막상 무엇을 써야 할지 아이디어가 금방 떠오르지 않았다. 하는 수 없이 이런저런 글자를 계속 끄적였는데, 그러다가 비로소 실마리가 잡혔다.

글이 게재된 직후에는 별다른 반응이 없었다. 한참이 지나고 나서야 온라인 공식 계정들로 글이 잇따라 퍼 날려졌다. 당시의 나는 3년 후에 내가 여성들이 자기 삶을 살 수 있도록 도와주는 상담가가 될 줄은 꿈에도 몰랐다.

때때로 인생은 정말 신기하다는 생각이 든다. 중요한 한 걸음을 내디뎠을 때 우리는 잘 알아차리지 못한다. 먼 길을 한참 헤매다가 돌아왔을 때 비로소 당시 겪었던 일이 얼마나 대단한 인생의 전환점이 됐는지 새삼 깨닫게 된다.

나는 줄곧 나 자신이 특별히 똑똑하다고 생각하지 않았다. 나는 선지적인 지식을 지닌 부류에 속하지도 않고, 앞서의 13퍼센트에 해당하는 사람도 아니다. 하지만 계속 한 걸음씩 앞으로 나아가며 끊임없이 우여곡절을 겪으면서 비로소 내가 가기에 알맞은 길을 선택했다.

내가 말하고 싶은 바는 이것이다. 모든 사람이 처음부터 분명한 목표를 갖지는 못한다. 대부분 사람은 머릿속으로 미래에 대한 모호한 생각을 때때로 해볼 뿐 뚜렷한 목표를 세우지는 못한다. 하지만 처음에 뚜렷한 목표를 세우지 못한 사람도 자기 성장을 통해 멋진 인생을 살아갈 수 있다.

포스트모던 심리 치료에 대해 공부하던 시기에 어느 선생님의 설명을 듣고 굉장히 감동한 적이 있다. 사람이 변화하는 과정에 관한 이야기였다. 선생님은 우리가 모두 침잠(沈潛)하고 부화(孵化)하고 발광(發光)하는 과정을 겪는다고 하셨다. 다만 사람마다 성장 속도가 다르기 때문에 이 과정을 무리하게 재촉할 필요는 없다고 말씀하셨다. 그것을 의식하게 됐을 때가 바로 그 순간이라는 것이었다.

01 침잠: 행복은 처한 상황에 영향을 받긴 하지만 결국 자신의 내재적 평가 시스템에 달렸다

침잠은 가장 원시적인 과정이다. 컴퓨터의 전원이 켜지자마자 저절로 실행되는 프로그램처럼, 우리는 무슨 문제가 있는지도 모르고 무엇을 원하는지도 모르는 채 계속 살아갈 뿐이다. 우리는 자신의 의식을 깨우지 못하고 단지 그곳에 머물러 있다.

하지만 우리를 침잠시키는 것이 산성 용액인지, 염기성 용액인지, 바닷물인지, 수돗물인지에 따라 우리에게 미치는 영향과 침투하는 정도가 모두 다르다. 따라서 저마다 다른 느낌을 얻게 되고, 그것은 더 나아가 두려움과 위기로 바뀔 수도 있다. 심지어 이것들에 이리저리 끌려다니다가 사방의 벽에 부딪히며 고통스러워질 수도 있다.

우리는 걱정, 두려움, 고통이 밀려와도 어쩔 수 없다고만 생각한다. 세상 사람들도 모두 이렇게 살고 있으니 나도 참을 수밖에 없다고 생각한다. 하지만 어느 날 다른 사람이 걸어간 길을 우연히 발견하고 자신이 살아온 길 이외의 가능성이 존재함을 깨닫게 되면, 새로운 삶을 찾기 위해 의지를 다지며 용감하게 앞으로 나아갈 수 있다.

새로운 삶을 얻고자 하면 상처를 치료하고 안정된 지지를 얻고 자신을 깊이 이해할 방법을 외부 세계에서 찾아야 한다.

좋지 않은 상황에 처해 있거나 자신이 무엇을 원하는지 모르더라도, 상처받았을 때의 아픔과 벽에 부딪혔을 때의 분노가 남아 있

다면 의식의 스위치가 켜질 것이다. 벽에 부딪힌 경험을 통해 반성
하고 성장하면 우리 인생은 다시 피어날 기회를 얻을 수 있다.

 **부화: 작은 불씨가 활활 타오르는 불꽃으로 번지듯
나의 자아가 모습을 드러내기 시작한다**

　　요즘은 정말 살기 좋은 시대라고 말한다. 전문적인 심
리 상담 서비스와 사회적 지원 역량이 갖춰지면서 누구든 원하
기만 하면 자기 성장의 발판을 마련해주는 곳을 쉽게 찾을 수
있다.

　　과거에는 우리 목소리 대부분이 집단의 목소리에 파묻혔
다. 우리는 자신에게 무슨 일이 일어나고 있는지 몰랐고, 자신
이 무엇을 원하는지 몰랐고, 자신이 어떤 가치를 지니고 있는지
는 더더욱 몰랐다. 하지만 우리를 소중하게 대해주는 한 줄기
빛이 나타나 우리를 밝게 비춰주고, 우리 말에 귀 기울여주고,
우리가 자신을 이해하는 과정을 곁에서 도와주고 있다. 이를 통
해 우리 마음에 조금씩 울림이 퍼지며 감동이 밀려오고 과거에
희미했던 의식이 갈수록 또렷해지고 있다. 우리는 기꺼이 자기
이야기를 들려주게 됐고 하고 싶은 것을 할 수 있게 됐다.

　　이제 우리의 자아는 알을 깨고 밖으로 나와 끊임없는 확인
과정을 거치고 있다. 그리고 마음속에서 가물거리던 작은 불씨
는 마침내 활활 타오르는 불꽃이 됐다.

　　우리는 자신의 힘과 용기를 느끼게 됐다. 이것은 너무나도
좋은 느낌으로 다가오고 있다. 우리는 진정한 자기 모습에 다가

서며 자신의 존재를 온전히 느끼기 시작했다. 무시당하고 부정당하고 공격당하고 모욕당했던 경험 때문에 발전을 멈췄던 내면의 어린아이가 다시 성장을 시작한 것이다. 자신과 타인에게서 이해를 받으면, 겉으로는 여전히 같은 모습일지라도 내면은 이전과 놀랄 만큼 달라질 것이다.

03 발광: 나의 가치를 발견하면 행복의 의미를 찾을 수 있다

나에게 상담을 받으러 오는 많은 사람은 침잠에서 바로 발광의 위치에 도달할 수 있기를 희망한다. 그들은 자신에게 가치가 있으면 가족이 자기를 대하는 방식도 바뀌리라고 생각한다.

계속 소중하게 대우받지 못했다면 자신이 가치가 없다는 느낌을 받았을 것이다. 하지만 우리는 그 느낌을 소홀히 했다. 자신의 가치를 실현하고 원하는 것을 추구하려고 할 때마다 우리는 무력감을 느끼고 뒤로 물러설 수밖에 없었다.

드라마 〈도정호: 가족의 재발견〉의 여주인공 쑤밍위(蘇明玉)는 매우 왜곡된 형태의 원가족 내에서 자랐다. 그래도 다행히 스승 멍즈위안(蒙志遠)을 만나 충분한 신임과 사랑, 관심을 받게 되면서 자기 확인을 이룰 수 있었고 견고한 자아를 가질 수 있었다. 멍즈위안에게 받은 것에 대한 감사의 마음은 그녀의 부모에 대한 감정을 뛰어넘었다. 어머니가 세상을 떠났을 때도 눈물 한 방울 흘리지 않았던 쑤밍위는 스승의 병이 위중하다는 소식을 듣고 세상이 무너진 듯 펑펑 울었다. 그녀와 스승이 최종적으로 선택하는 길이 같든 같지 않든 쑤밍위가 성장을 이루는 데 스승의 역할이 얼마나 중요했는지는 두말할 필요도 없다.

우리 마음속의 작은 불씨는 다른 사람에 의해서 큰 불꽃으로 피어날 수 있다. 그러면 자신을 믿고 용감하게 자신의 가치를 발견하고, 확인하고, 추구해나갈 수 있다. 이때 우리는 비로소 역량을 지닌 사람으로 발돋움하여 세계에 커다란 영향을 미치는 사람이 될 수 있다.

치유 노트

1. 중요한 한 걸음을 내디뎠을 때 우리는 그 순간 그 의미를 잘 알아차리지 못한다. 먼 길을 한참 헤매다가 돌아왔을 때 비로소 당시 겪었던 일이 얼마나 대단한 인생의 전환점이 됐는지 새삼 깨닫게 된다.
2. 사람마다 성장 속도가 모두 다르기 때문에 무리하게 재촉할 필요는 없다. 그것을 의식하게 됐을 때가 바로 그 순간이다.

나는 왜 매번 불행을 선택할까

초판 1쇄 인쇄 2022년 11월 1일 **초판 1쇄 발행** 2022년 11월 9일

지은이 뤄진웨
옮긴이 이효선
펴낸이 이승현

출판1 본부장 한수미
와이즈 팀장 장보라
편집 양예주
디자인 함지현

펴낸곳 ㈜위즈덤하우스 **출판등록** 2000년 5월 23일 제13-1071호
주소 서울특별시 마포구 양화로 19 합정오피스빌딩 17층
전화 02) 2179-5600 **홈페이지** www.wisdomhouse.co.kr

ⓒ 뤄진웨, 2022

ISBN 979-11-6812-502-5 03180

* 이 책의 전부 또는 일부 내용을 재사용하려면 반드시 사전에 저작권자와
  ㈜위즈덤하우스의 동의를 받아야 합니다.
* 인쇄·제작 및 유통상의 파본 도서는 구입하신 서점에서 바꿔드립니다.
* 책값은 뒤표지에 있습니다.